会計不正の予防・発見と内部監査

リスク・マネジメントとガバナンス強化に向けた活用

清原　健
武井洋一
三宅英貴
鈴木正人
【編著】

南部芳子
谷口靖美
結城秀彦
町田祥弘
【著】

同文舘出版

はしがき

1　本書のねらいと想定する読者層

　企業の重要な経営課題の1つである企業グループの管理，リスク・マネジメント（とくに会計不正を含む不正リスクの管理）について，内部監査のモニタリングや評価機能を活用して，その実効性の向上を図ることは，経営者および取締役会が検討すべき合理的なアプローチといえる。

　しかし，内部監査担当者向けの実践的で優れた実務書は多数あるものの，これまでに，内部監査を利用する側の経営者，取締役会のメンバーその他の関係者に向けられた概説書は必ずしも多くなかった。

　本書は，主たる読者層として，経営者，取締役（とくに社外取締役），社外監査役といった内部監査の利用者側とともに，企業の経理・財務・経営企画・法務担当者，弁護士，投資家などを想定して，不正リスク（とくに会計不正の問題）への対応を念頭において，内部統制・内部監査を理解するうえで重要な概念，関連する諸原則の解説とともに，実務上の留意点，法的問題，運用面での課題を検討するものである。さらに公認会計士を念頭におき，監査人と内部監査部門との連携の実効性向上に向けた実務を検討した章も設けており，監査役や内部監査人の方々にも，参考にしていただけるであろう。

2　本書の概要

　本書は，企業不祥事のなかで，とくに会計不正をメインテーマとし，内部監査の関わりに焦点をあてたものであるが，編集委員（4名）が所属する第一東京弁護士会・総合法律研究所「会計・監査制度研究部会」の主催により2018年2月に開催された講演会を起点としている。本書の執筆者は，内部監査の実務家，公認会計士のほか，弁護士，監査論の学者と多岐にわたり，それぞれ異なる視点から，内部監査をめぐる重要な事項の解説や実務上の問

題・課題を多角的に検討している。各章のポイントと特徴は以下のとおりである。

　第1章「不正リスク管理と内部監査の役割」は，第2章以下の導入として，取締役会等による内部監査機能の実効的な活用という視点から，内部監査の理解を深めるうえで重要となる基本概念に関して，日本および国際的な内部監査の基準・実務指針等の主要な事項に言及しつつ，内部監査の主要なテーマ（内部監査計画の策定におけるリスク・アプローチ，リスク・マネジメントに関する内部監査の役割，不正リスク管理の評価，内部監査部門による報告，経営者不正，内部監査部門の独立性等）を取り上げ，実務法曹（弁護士）の観点からチェックポイントや留意事項を検討する。

　第2章「不正リスクの管理と内部監査の役割及び課題」は，第3章から第5章の執筆者でもある3名のパネリストによる紙上パネル討論の形式により，内部監査をめぐる実務上の課題をコンパクトに議論するものであり，第3章から第5章の解説の導入としても位置付けられる。

　第3章「内部監査の基本的な捉え方」は，内部監査の歴史を概観したうえで，わが国の内部監査の特徴や組織上の位置付けのほか，内部統制と内部監査の関係，専門職として内部監査人に求められる能力・正当な注意，不正リスク管理における内部監査の役割等の基本的な概念をコンパクトに整理する。

　第4章「グローバル・ベスト・プラクティスから見た内部監査の課題」は，内部監査に関するコンサルタントの観点から，国際的な内部監査人の団体であるIIAの専門職的実施の国際フレームワーク（IPPF）と2013年改訂COSOフレームワークをベースに，グローバルな視点から，日本の内部監査実務の課題について解説する。国際的な内部監査実務の動向・水準と比較してわが国の内部監査実務の課題を理解し，海外の実務慣行との整合性を図りながら内部監査の高度化を進めるという視点は，海外を含む子会社の管理体制の整備・グループ内部監査の実効性向上策の企画・実施を進めるうえで有用であろう。

　第5章「公認会計士等監査における内部監査への期待と課題」は，内部監査に精通した公認会計士の立場から，監査人と内部監査部門との連携・協働

について，監査人が内部監査に何を期待するかという観点から，「情報共有」，「作業の利用」，「依拠」という3つの切り口で具体的な方策に踏み込んで解説したものである。監査人と内部監査部門の連携・協働を考える際に，「連携」という標語だけで満足せずに，どのように連携・協働できるか，その実質を丹念に検討する実践的な解説である。関連する基準（会計監査と内部監査の監査基準）および法令・規範を横断的に解説している点でも参照価値が高く，会計監査の実務に即した提言を含む点で，公認会計士だけでなく，常勤監査役，内部監査部門の方々にも参考にしていただきたい内容である。

第6章「内部監査の論点および実務上の課題の法的検討」は，内部監査をめぐる法的論点の分析（平時および有事・不正対応）を中心として，内部監査に関する主要な論点について，法的なポイントをQ&A形式で編集委員3名の弁護士が解説したものである。内部監査は法的な要請ではないとの理解が一般的であるが，内部監査機能の整備を求める法令・取引所規則などの規範を横断的に俯瞰したうえで，その整備を積極的に進めるべきとの提言（Q1，Q2）や会計不正に関して不正防止プログラムの整備は法的な要請であるとの議論（Q5）の他，内部統制システムの監視・監督と内部監査の評価（Q3），監査等委員会・監査委員会との関係（Q4），企業グループの管理における内部監査部門の活用（Q6），上場会社における不祥事予防プリンシプルにおける内部監査の位置付け（Q7），不正調査における内部監査部門の役割（Q8），内部通報制度との関係（Q9），不正調査報告書の再発防止策における内部監査に関する留意点（Q10）を解説する。内部監査の利用者の視点を意識して，これまで意識的に議論されていなかったイシューについても法的な観点から検討をしているので，参照されたい。

第7章「不正リスクに対する内部監査の役割と他の監査との連携」は，監査論を専門とする研究者の執筆に係る章である。わが国の内部監査が変容して現在に至るまでの流れを3つの転機・契機とともに概観したうえで（第1節），財務諸表監査の監査規範における内部監査の利用・連携や今後の連携の可能性について，制度的な制約にも言及しつつ検討し（第2節），監査役等と

内部監査に関しては，内部監査部門を監査役の監査補助者と位置付ける議論について批判的に検討のうえ，今後の解釈・実務の方向性について提言する（第3節）。そして不正リスク対応の観点からの内部監査部門の独立性強化の主張に対して，内部監査の担う多様な機能の観点から疑問を呈するほか，経営者不正の問題への対策としては，人事上の課題を解決すべき方策の1つとして提示するなど，内部監査の機能の充実化に向けた解決の方向性を示す（第4節）。

　本書は，上記のとおり，異なる視点から各章が執筆されており，読者の関心に応じて，どの章からでも読み進めていただくことができるようになっている。本書を通じて，内部監査が内部統制・リスク・マネジメントやガバナンスにどのように関わり，どのように貢献できるのか，内部監査機能の充実が平時の企業経営にどのように貢献できるのか，についての理解が深まり，その機能を内部統制やリスク・マネジメントの実効性の向上やガバナンスの強化に向けて活用していただけることを期待している。さらに，自社の不正リスク管理の整備・運用状況に関して，内部監査部門による評価・改善提言を受けて，取締役会の適切な監督の下で実効性の向上を図るという一連の活動において，本書が読者の参考になれば幸いである。

　本書の出版にあたっては，上記「会計・監査制度研究部会」のオブザーバーで第7章の執筆者でもある町田祥弘教授（青山学院大学大学院会計プロフェッション研究科）には，本書の企画のアドバイザーとして数多くの貴重な助言を賜ったほか，秋坂朝則教授（明治大学専門職大学院会計専門職研究科）には，第6章に関して貴重なご助言を賜った。同文舘出版株式会社専門書編集部の青柳裕之氏，有村知記氏にも諸々のご配慮・サポートをいただいた。ここに記して感謝申し上げる。

　2019年4月

編集代表　弁護士　清原　健

目 次

はしがき　i
凡例・略語一覧　xiii
本書の見取り図　xiv

第1章　不正リスク管理と内部監査の役割

1. 現在の課題と内部監査機能の活用の意義 ……………………………… 002
　（1）現在の課題　002
　（2）内部監査機能の活用　004
2. 内部監査に関する主要な基本概念について ……………………………… 004
　（1）内部監査の監査対象領域—会計・経理の監査　004
　（2）「3つのディフェンス・ライン・モデル」
　　　（The Three Lines Defense Model）　006
　（3）モニタリング（日常的評価と独立的評価）　008
　（4）内部監査計画の策定とリスク・アプローチ　008
　（5）内部監査の対象範囲（ガバナンス・プロセス，リスク・マネジメント，
　　　コントロール）の考え方　009
3. リスク・マネジメントに関する内部監査の役割 ……………………………… 011
　（1）リスク・マネジメント・プロセスに係る役割分担　011
　（2）リスク・マネジメントの評価対象　012
　（3）改善のための提言のあり方　013
4. 不正リスク管理の評価 ……………………………………………………… 014
　（1）不正リスク管理に係る内部監査部門の役割　014
　（2）不正リスクの評価に関して求められる内部監査人の能力と正当な注意　015
5. 内部監査部門の報告とフォローアップ ……………………………… 017
　（1）報告事項　017

（2）フォローアップ　018
　6. 経営者不正 ………………………………………………………… 019
　　（1）内部統制の限界　019
　　（2）経営者による内部統制の無効化　019
　　（3）経営者による内部統制の無効化への対応策　020
　7. 内部監査部門の独立性 ……………………………………………… 023
　8. 今後の展望と課題 …………………………………………………… 026
　　（1）社外取締役への投資家の期待と内部監査の活用　026
　　（2）内部監査に係る開示の充実と説明責任の向上　027
　関連する法令・基準等と参考文献・報告書等　029

第2章　紙上パネル・ディスカッション「不正リスクの管理と内部監査の役割および課題」

1. 内部監査の対象 ……………………………………………………… 033
2. 3つのディフェンス・ライン ……………………………………… 037
3. 内部監査人と会計監査人のコミュニケーション ……………… 040
4. 虚偽表示リスクの評価 ……………………………………………… 041
5. 人事・予算面での制約と実務的な対処方法 …………………… 043
6. リスク・マネジメントと内部監査 ……………………………… 046
7. 不正リスクの管理と内部監査 …………………………………… 049
8. 内部監査部門の独立性と客観性 ………………………………… 052
9. 不正とグループ監査 ………………………………………………… 056
10. 不正と内部統制 ……………………………………………………… 060
11. 調査委員会の報告書における再発防止策の提言と内部監査 … 062
12. まとめ ………………………………………………………………… 064

第3章 内部監査の基本的な捉え方

1. はじめに ……………………………………………………………………… 068
2. 内部監査の歴史 ……………………………………………………………… 068
3. 今日の内部監査の特徴 ……………………………………………………… 070
4. 内部統制と内部監査 ………………………………………………………… 074
5. 内部監査人に求められる要件 ……………………………………………… 079
6. 不正と内部監査 ……………………………………………………………… 082
7. むすび ………………………………………………………………………… 085

関連する法令・基準等と参考文献・報告書等　　085

第4章 グローバル・ベスト・プラクティスからみた内部監査の課題

1. 内部監査のイメージギャップ ……………………………………………… 088
   (1) 日本におけるイメージギャップ　　088
   (2) 「経営監査」という日本の内部監査の意識・イメージ改革　　090
   (3) 米国と日本の内部監査のギャップ　　092
2. 内部監査に期待される役割 ………………………………………………… 097
   (1) COSOの内部統制フレームワーク（2013年）における内部監査　　097
   (2) 3つのディフェンス・ライン・モデルにおける期待　　099
   (3) 不正リスクにおける内部監査の期待　　101
   (4) ERM（全社的リスク・マネジメント）における期待　　103
3. 内部監査の品質評価からの考察 …………………………………………… 106
   (1) 内部監査の品質評価─外部評価とは　　106
   (2) 内部監査の品質評価からみる内部監査の課題　　108
   (3) 内部監査が直面している課題　　110
   (4) 今後予想される内部監査の課題　　112

関連する法令・基準等と参考文献・報告書等　　114

第5章 公認会計士等監査における内部監査への期待と課題

1. はじめに―内部監査への期待と課題― ……………………………………… 118
2. 内部監査への期待―公認会計士等監査において内部監査は
   どのように位置付けられているか？― ……………………………………… 118
   (1) 公認会計士等監査におけるリスク・アプローチ　120
   (2) 公認会計士等監査における内部監査の位置付け～内部監査への期待　122
      ①固有リスク，統制リスクの識別・評価―「情報共有」　123
      ②統制リスクの軽減―内部監査を含む内部統制への「依拠」　125
      ③発見リスクの軽減―「作業の利用」　126
      ④不正リスクへの対応における「情報共有」「作業の利用」「依拠」への期待　127
3. 公認会計士等監査による「情報共有」「作業の利用」「依拠」への
   期待に関連する内部監査の実務 ……………………………………………… 129
   (1) 公認会計士等監査による「情報共有」「作業の利用」に関連する
       内部監査の実務　129
      ①東京証券取引所「コーポレートガバナンス・コード」にみられる内部監査と
        公認会計士等監査の連携の確保の要請　129
      ②日本内部監査協会「内部監査基準」における公認会計士等監査との連携の要請　130
      ③「内部監査基準」におけるリスクの識別・分析・評価の要請　130
      ④「内部監査基準」における不正リスクの識別・分析・評価の要請　131
      ⑤「内部監査基準」における情報の入手，監査証拠資料の評価および
        監査調書の保存および記録の要請　132
   (2) 公認会計士等監査による「依拠」に関連する内部監査の実務　132
      ①「内部監査基準」にみられる内部監査の役割　132
      ②「内部監査基準」にみられる内部監査と法定監査との関係　133
4. 「情報共有」「作業の利用」「依拠」に関する課題と対応 ……………………… 134
   (1) 「情報共有」が十分に行われているか？　134
      ①想定している監査上のリスクや重点事項の前広な情報共有　136

②内部監査から入手される情報の公認会計士等監査における活用の深化　138

　　③公認会計士等監査から入手される情報の内部監査における活用　140

　(2)「作業の利用」「依拠」が適切に行われているか？　142

　　①財務諸表項目に対する実証手続における「作業の利用」　143

　　②内部監査人による公認会計士等監査の直接補助の禁止による制約　145

　　③内部監査を含む内部統制への「依拠」が適切に行われているか？　146

　(3) 内部監査の内部統制における位置付けを正しく理解して

　　　「情報共有」「作業の利用」「依拠」が図られているか？　149

　　①直接的・間接的な内部統制の重合的な関係と内部監査の位置付けの理解　150

　　②内部統制の継続的実施を監視する経営者評価とこれを担う内部監査の重要性の

　　　再認識　153

　　③内部統制報告制度における内部監査等による経営者評価に関する取組み姿勢の

　　　見直し　155

　　④不正リスクへの対応〜経営者による内部統制の無効化に関する課題　158

　　⑤グループ監査の進展に対応した「情報共有」が十分に行われているか？　163

　　⑥監査手法の進化に対応した「情報共有」「作業の利用」「依拠」が

　　　検討されているか？　164

5. おわりに―根底にある課題への対応― ………………………………………… 166

　(1) 公認会計士等監査と内部監査の「情報共有」「作業の利用」「依拠」

　　　―情報・作業等に対するニーズの相互理解　167

　(2) 公認会計士等監査と内部監査の「情報共有」「作業の利用」「依拠」

　　　―根底にある意識・態度・態勢の変革　168

　(3) 連結環としての監査役　169

　(4)「三様監査」から「コーポレート・ガバナンスのために連携する３つの監査」へ

　　　170

　(5) コーポレート・ガバナンスのために連携する３つの監査　171

関連する法令・基準等と参考文献・報告書等　172

第6章 内部監査の論点および実務上の課題の法的検討

Q1 内部監査に関する法令・規則上の規律（1）
〜会社法・金融商品取引法に基づく規律〜　176
1. 内部監査基準に基づく内部監査と法令の関係　176
2. 会社法に基づく内部統制システムと内部監査　177
3. 金融商品取引法による規律：財務報告に係る内部統制報告制度と内部監査　179

Q2 内部監査に関する法令・規則上の規律（2）
〜証券取引所規則に基づく規律〜　182
1. 証券取引所規則における内部監査の位置付け　182
2. 新規上場の場面における規律　183
3. 上場後の管理等の場面における規律　184
4. その他のルール（1）コーポレートガバナンス・コード　185
5. その他のルール（2）不祥事予防プリンシプル　186

Q3 取締役会の内部統制システムに対する監視・監督機能と
内部監査の評価　189
1. 取締役会による監視・監督義務と内部監査　189
2. 内部監査部門の会社組織上の位置付け　190
3. 内部監査の実効性の確保について　193
4. 内部監査部門の報告に対する取締役会の留意点　195

Q4 監査等委員会（監査委員会）の監査業務と内部監査部門との関係　197
1. 監査等委員会・監査委員会と取締役会の監視・監督権限との関係　197
2. 監査等委員会による監視・監督権限の行使　198
3. 監査等委員会による内部監査部門の利用と連携　199

Q5 内部統制報告制度と不正リスク対応　202
1. 内部統制報告制度の概要　202
2. 内部統制報告制度の運用の実効性　204
3. 内部統制に関する内部監査人の役割と責任　205

Q6 企業グループの管理における内部監査部門の活用　208
1. 企業グループにおける内部統制システムの整備　208
2. グループ内部統制システムの運用の実効性の確保について　209
3. 取締役会のチェックのポイント　210

Q7 上場会社における不祥事予防プリンシプルと内部監査　213
1. 不祥事予防プリンシプルの意義　213
2. 内部監査の留意点①：原則1（実を伴った実態把握）　214
3. 内部監査の留意点②：原則2（使命感に裏付けられた職責の全う）　215
4. 内部監査の留意点③：原則4（不正の芽の察知と機敏な対処）　215

Q8 不正調査と内部監査部門の役割　217
1. 不正調査で内部監査人に期待される役割　217
2. 社内調査委員会が設置される場合の不正調査の状況　218
3. 社内調査委員会の調査での内部監査人の関与が少ない状況の分析　219

Q9 不正防止のための内部通報制度の整備と内部監査　222
1. 内部通報制度の意義と状況　222
2. コーポレートガバナンス・コードの要請　223
3. 実効性評価　224
4. 内部通報制度についての主要な検討事項　225
5. グローバルな内部通報制度の導入と課題　226

Q10 不正調査における再発防止策としての内部監査部門の強化の留意点　227
1. 不正調査における原因分析と再発防止策の提言の重要性　227
2. 原因分析と再発防止策の提言の実務の現状　228
3. 指摘を行う際の留意点①：間接的な発生原因としての指摘　229
4. 指摘を行う際の留意点②：内部監査に関する具体的な指摘事項　230
5. 指摘を行う際の留意点③：的確な原因分析と再発防止策の提言を行うための留意点　231

関連する法令・基準等と参考文献・報告書等　232

第7章 不正リスクに対する内部監査の役割と他の監査との連携

1. わが国における内部監査の位置付け ………………………………………… 236
2. 財務諸表監査と内部監査 ……………………………………………………… 240
3. 監査役等と内部監査 …………………………………………………………… 244
4. 内部監査に対する役割期待と今後の課題 …………………………………… 249
関連する法令・基準等と参考文献・報告書等　　252

凡例・略語一覧

正式名称	略語
Committee of Sponsoring Organizations of the Treadway Commission (COSO), Internal Control - Integrated Framework (2013)（八田進二・箱田順哉監訳『COSO内部統制の統合的フレームワーク』日本公認会計士協会出版局，2014年）	2013年版COSO内部統制フレームワーク／2013年版COSO／COSOの内部統制フレームワーク
監査基準委員会報告書	監基報
監査における不正リスク対応基準	不正リスク対応基準
最高裁判決	最判
最高裁判所民事判例集	民集
財務報告に係る内部統制の評価及び監査の基準	内部統制基準
財務報告に係る内部統制の評価及び監査の実施基準	内部統制実施基準
上場会社における不祥事対応のプリンシプル	不祥事対応プリンシプル
上場会社における不祥事予防のプリンシプル	不祥事予防プリンシプル
専門職的実施の国際フレームワーク（International Professional Practices Framework）	IPPF
地方裁判所判決	地判
内部監査基準実務指針	実務指針
内部監査の専門職的実施の国際基準	IIA基準
判例時報	判時
有価証券上場規程（東京証券取引所）	上場規程

正式名称	英語表記	略語
管理会計士協会	Institute of Management Accountants	IMA
公認内部監査人	Certified Internal Auditor	CIA
公認不正検査士	Certified Fraud Examiner	CFE
国際財務担当経営者協会	Financial Executives International	FEI
トレッドウェイ委員会支援組織委員会	Committee of Sponsoring Organizations of the Treadway Commission	COSO
内部監査人協会	Institute of Internal Auditors	IIA
米国会計学会	American Accounting Association	AAA
米国公認会計士協会	American Institute of Certified Public Accountants	AICPA

本書の見取り図

			章	節(Q)	項
内部監査の基礎と意義	内部監査の基礎	内部監査の歴史	3	2	
		今日の内部監査の特徴	3	3	
	内部監査の対象領域	内部監査の監査対象領域-会計・経理の監査	1	2	(1)
		内部監査の対象	2	1	
		内部監査のイメージギャップ	4	1	
	内部監査の意義	現在の課題と内部監査機能の活用の意義	1	1	
		わが国における内部監査の位置付け	7	1	
内部監査と他の監査との関係	公認会計士の財務諸表監査と内部監査	公認会計士等監査における内部監査の位置付け	5	2	
		財務諸表監査と内部監査	7	2	
	監査役・監査(等)委員会と内部監査	監査等委員会(監査委員会)の監査業務と内部監査部門との関係	6	4	
		監査役等と内部監査	7	3	
内部監査の活用と今後の課題	内部監査の活用	社外取締役への期待と内部監査の活用	1	8	(1)
	開示と投資家の期待	内部監査に係る開示の充実と説明責任の向上	1	8	(2)
	内部監査への今後の課題と期待	内部監査が直面している課題	4	3	(3)
		今後予想される内部監査の課題	4	3	(4)
		内部監査に対する役割期待と今後の課題	7	4	
内部監査部門の位置付けと規範的要請	組織上の内部監査部門の位置付け	内部監査部門の独立性	1	7	
		内部監査部門の独立性と客観性	2	8	
	内部監査に関する規範	内部監査に関する法令・規則上の規律(1)～会社法・金融商品取引法に基づく規律～	6	1	
		内部監査に関する法令・規則上の規律(2)～証券取引所規則に基づく規律～	6	2	
関連する基本概念との関係	COSOの内部統制フレームワーク	COSOの内部統制フレームワーク(2013年)における内部監査	4	2	(1)
		内部統制と内部監査	3	4	
	3つのディフェンス・ライン・モデル	3つのディフェンス・ライン・モデル	1	2	(2)
		3つのディフェンス・ライン	2	2	
		3つのディフェンス・ライン・モデルにおける期待	4	2	(2)
	内部監査のモニタリング	モニタリング(日常的評価と独立的評価)	1	2	(3)
	監査計画・リスクアプローチ	内部監査計画の策定とリスク・アプローチ	1	2	(4)
	内部監査の対象範囲	内部監査の対象範囲(ガバナンス・プロセス,リスク・マネジメント,コントロール)の考え方	1	2	(5)
	内部監査報告	内部監査部門の報告とフォローアップ	1	5	
	内部監査機能の向上	内部監査人に求められる要件	3	5	
		人事・予算面での制約と実務的な対処方法	2	5	

	内部監査の品質評価	内部監査の品質評価からの考察	4	3	(1)(2)
	取締役会と内部統制システム	取締役会の内部統制システムに対する監視・監督機能と内部監査への評価	6	3	
	内部統制報告制度	不正と内部統制	2	10	
		内部統制報告制度と不正リスク対応	6	5	
	内部統制の限界	内部統制の限界	1	6	(1)
リスク・マネジメントと内部監査	リスク・マネジメントと内部監査	リスク・マネジメントに関する内部監査の役割	1	3	
		リスク・マネジメントと内部監査	2	6	
		ERM(全社的リスク・マネジメント)における期待	4	2	(4)
公認会計士監査からの内部監査への期待	リスク情報の共有	内部監査人と公認会計士等のコミュニケーション	2	3	
		虚偽表示リスクの評価	2	4	
	位置付け	公認会計士等監査から見た内部監査の内部統制における位置付け	5	4	(3)①〜③
	期待	公認会計士等監査における「情報共有」「作業の利用」「依拠」への期待に関連する内部監査の実務	5	3	
	情報共有,利用,依拠	「情報共有」に関する課題と対応	5	4	(1)
		「作業の利用」「依拠」に関する課題と対応	5	4	(2)
		グループ監査と「情報共有」	5	4	(3)⑤
	監査手法の進化(ITの活用)	進化する監査手法と「情報共有」等	5	4	(3)⑥
	課題と対応	「情報共有」「作業の利用」「依拠」の根底にある課題への対応	5	5	
不正リスク管理と内部監査	不正リスクと内部監査(基礎)	不正と内部監査	3	6	
		不正リスクにおける内部監査の期待	4	2	(3)
	不正リスク管理と内部監査	不正リスク管理の評価	1	4	
		不正リスクの管理と内部監査	2	7	
	経営者不正と内部監査	経営者不正	1	6	(2)(3)
		公認会計士等監査からみた経営者による内部統制の無効化に関する課題	5	4	(3)(4)
予防・発見・調査と内部監査	不正予防(一般)	上場会社における不祥事予防プリンシプルと内部監査	6	7	
	不正予防・グループ	不正とグループ監査	2	9	
		企業グループの管理における内部監査部門の活用	6	6	
	内部通報と内部監査	不正防止のための内部通報制度の整備と内部監査	6	9	
	不正調査と内部監査	不正調査と内部監査部門の役割	6	8	
	再発防止策	不正調査における再発防止策としての内部監査部門の強化の留意点	6	10	
		調査委員会の報告書における再発防止策の提言と内部監査	2	11	

第1章

不正リスク管理と内部監査の役割

1. 現在の課題と内部監査機能の活用の意義

(1) 現在の課題

　企業不祥事の抑止，予防，早期発見は，上場会社における重要な経営課題の1つであり，日本企業の海外展開が急速に進むなか，海外子会社を含むグループ会社の管理体制の整備は，多くの企業で喫緊の課題の1つといえる。

　企業の不祥事のなかで，とくに影響が大きい問題は会計不正である。日本を代表する大手上場会社の会計不正事案を契機として，2016年3月に「『会計監査の在り方に関する懇談会』提言―会計監査の信頼性確保のために」が取りまとめられた（図表1-1参照）。同提言に従い，会計監査の信頼性の確保に向けた各種の施策が実施されている[1]。本書のテーマとする内部監査との関係では，とくに実効的な内部統制の確保が重要であり[2]，上場会社における内部統制システムの整備の在り方について，内部統制報告制度の運用と実効性の検証とあわせて，再検討すべき時期にあるというべきであろう[3]。

　上場企業の内部統制の整備・運用の実効性の向上策は，規制の強化としてではなく，コーポレートガバナンス・コードにおいても採用されているプリンシプル・ベースのアプローチの考え方を適用することが合理的であろう。

1　主要な施策として，監査法人のガバナンス・コード（2017年3月），監査基準の改訂（監査報告書の透明化）（2018年7月），企業内容等の開示に関する内閣府令の改正（有価証券報告書等における会計監査に関する開示内容の充実）（2019年1月）などがある。「会計監査についての情報提供の充実に関する懇談会」報告（2019年1月）も参照。

2　上記提言では，「内部統制報告制度の運用状況については必要な検証を行い，制度運用の実効性確保を図っていくべき」と提言されている（同提言13頁）。

3　図表1-1の施策のうち，内部統制のほかに，上場企業としては「企業による会計監査に関する開示の充実（具体的には，有価証券報告書等における会計監査に関する開示の充実）」と「企業の会計監査に関するガバナンスの強化（具体的には（コーポレートガバナンス・コードに基づく）各企業における監査人の選定・評価のための基準の策定）と各企業における適正な監査の確保への取組み（（監査役会・監査委員会等の独立性・実効性確保と会計監査人との連携の強化，適切な監査時間の確保，監査報酬の決定の在り方等）」の実施が重要な課題である。

図表1-1 ●「会計監査の在り方に関する懇談会」提言の5つの柱と施策

目的	施策
監査法人のマネジメント強化	・監査法人のガバナンス・コード ・大手上場会社等の監査を担える監査法人を増やす環境整備
会計監査に関する情報の株主等への提供充実	・**企業による会計監査に関する開示の充実**（有価証券報告書等における会計監査に関する開示の充実） ・会計監査の内容等に関する情報提供の充実
企業不正を見抜く力の向上	・会計士個人の力量の向上と組織としての職業的懐疑心の発揮 ・不正リスクに着眼した監査の実施
「第三者の眼」による会計監査の品質チェック	・監査法人の独立性の確保 ・当局の検査・監督態勢の強化 ・協会の自主規制機能の強化
高品質な会計監査を実施するための環境の整備	・**企業の会計監査に関するガバナンスの強化**（（コーポレートガバナンス・コードに基づく）各企業における監査人の選定・評価のための基準の策定と各企業における適正な監査の確保への取組み（監査役会・監査委員会等の独立性・実効性確保と会計監査人との連携の強化，適切な監査時間の確保，監査報酬の決定の在り方等）） ・**実効的な内部統制の確保**（内部統制報告制度の運用と実効性の検証） ・監査におけるITの活用

出所：同提言の要旨である「施策の全体像」から筆者が抜粋。太字は上場企業にかかる施策。

2013年に改訂されたCOSOの内部統制の統合的フレームワーク[4]（以下，2013年版COSOフレームワーク，または2013年版COSO）においても，プリンシプル・ベースのアプローチが採用され，内部統制の5つの構成要素（統制環境，リスク評価，統制活動，情報と伝達，モニタリング活動）に対応した17の原則が示されている[5]。わが国の上場会社が自社の内部統制やリスク管理の実効性を高める方策を考えるうえでも，内部統制の果たすべき機能や関連制度の趣旨・精神を踏まえて，自社の状況に適した内部統制やリスク・マネ

---

[4] The Committee of Sponsoring Organizations of the Treadway Commission（COSO），*Internal Control - Integrated Framework*（2013）．（八田進二・箱田順哉監訳『COSO内部統制の統合的フレームワーク』日本公認会計士協会出版局，2014年）

[5] 日本の内部統制報告制度は，1992年のCOSOのフレームワークをベースにしているため，今後，改訂に向けた議論があるかもしれない。

ジメントの在り方を検討し，その整備・運用状況の評価を通じて改善点を探り，実効性を高めていくという自律的なプリンシプル・ベースでのアプローチが妥当であろう。

(2) 内部監査機能の活用

そのように，各社が自律的に実効性の向上を図っていくには，内部統制やリスク管理のモニタリング機能を担う内部監査の活用がカギとなるというべきであろう。具体的には，内部監査による自社グループのガバナンス・プロセス，リスク・マネジメント，コントロールの有効性・妥当性の評価，改善の提言を踏まえて，経営者が改善策を実施し，取締役会がこれをチェックしていくというアプローチが適切であり，そのためには，内部監査の価値を正当に理解し，必要な経営資源を適切に配分のうえ，これを有効に活用していくことが求められる。

そして，内部統制・リスク管理の整備・運用の実効性の向上策の一環として，不正リスク管理プログラムを国内外のグループ会社に体系的・実効的に展開していくことが期待される。

【関連する解説：第3章74-76頁，85頁，第4章97-99頁】

2. 内部監査に関する主要な基本概念について

本書の主要なテーマである会計不正の予防・発見や調査と内部監査に関する具体的な議論に先立ち，以下では内部監査に関する基本的な概念を整理し，取締役会によるチェック・ポイントという観点から，他の章での記述の一部を補充する。

(1) 内部監査の監査対象領域──会計・経理の監査

会計不正の予防・発見に関して，内部監査部門がどのような役割を果たせるかを考えた場合に，もし仮に自社の内部監査の対象が専ら業務監査や内部

統制監査にとどまり、経理・会計面での内部監査がほとんど行われていない状況にあるとすれば、その妥当性を一度検討すべきであろう。

　財務報告に係る内部統制の評価制度が導入されたことに関連して、内部監査における会計監査の比率が相対的に減ってしまった面があるかもしれない。しかしながら、内部監査はそもそも会計監査と業務監査を対象とするものであり、たとえば旧内部監査基準（昭和35年）の前文の「3. 内部監査の領域」において「内部監査における業務監査は、多くは会計資料を通して行われるもの」であり、「業務監査を重視するあまり、会計監査を軽視するようなことがあってはならない」とされていたことに留意すべきである[6]。

　2016年にとりまとめられた日本監査役協会の提言「会計不正防止における監査役等監査の提言―三様監査における連携の在り方を中心に―」（2016年11月24日）において、会計監査人と内部監査部門との役割の分担に関して「業種や業態によっては、例えば、原価計算、費用管理、現品実査、資産処理等は社内プロセスや事業内容に精通した役職員の方が精緻な検証をすることができる場合も考えられる」とされ、「M&A実行後の会計処理についても業界実態に精通した役職員の方が実情を反映できる領域がある場合も考えられる」とされている。このような場合には、「内部監査部門に適切な人員を配置し、会計監査において補完的役割を委ねることも考えられる」と示唆されている[7]。

　また、日本を代表するある著名な事業会社では、リスク評価の面につき、「内部監査の経理業務監査等で指摘した会計上の論点について、6か月ごとに『会計監査人への要望事項』をまとめ、内部監査部門から会計監査人に呈示」するほか、「不正リスクに関する内部監査部門の調査結果に基づき、会計監査人が親会社グループ全体の不正リスクの重要性、発見の網羅性を検討し、内部監査の監査手続きを牽制する」等の取組みをしている[8]。

---

[6] 本書の第2章の注2参照。
[7] 同提言18頁。
[8] 蓮沼利建「日立グループの三様監査連携推進による監査・監督機能の改革―相互評価による緊張感のある連携の事例」『現代監査』27号75頁（2017年）。同グループの経理・調達業務の内部監査とリスク評価における会計監査人と内部監査部門の相互牽制（同75-76頁、図7・図8）も参照。

このように，業種・業態や内部監査部門のリソースによっては，リスク評価の結果を勘案のうえ，経理・会計業務についても内部監査の重点的な対象とすることが妥当な場合もあるだろう。現在の自社での運用状況を当然視せず，自社グループの内部監査部門の監査対象について検討のうえ，必要に応じて見直しをしていくことが適切といえよう。

【関連する解説：第2章33-36頁，第5章143-145頁】

(2)「3つのディフェンス・ライン・モデル」(The Three Lines Defense Model)

3つのディフェンス・ライン・モデル[9]について，本書では第3章および第4章で2013年版COSOフレームワークとともに紹介しているが，本章では金融庁による解説の紹介とあわせて留意点について確認しておきたい。

3つのディフェンス・ライン・モデルは，欧米の金融機関の監督から派生してきた内部統制およびリスク管理の考え方であり[10]，わが国では金融庁や日本銀行の主導により金融機関において最初に普及したものである。

2018年10月にとりまとめられた金融庁「コンプライアンス・リスク管理に関する検査・監督の考え方と進め方（コンプライアンス・リスク管理基本方針）」では，「リスク管理の枠組みに関する着眼点」において，①事業部門による自律的管理，②管理部門による牽制，③内部監査部門による検証という「三つの防衛線」（3つのディフェンス・ラインと同義）の考え方が紹介されている[11]。

そこでは，①事業部門（事業部門は，収益を生み出す事業活動に起因するリスクの発生源であり，一般的に，リスク管理の第一義的な責任を有する，

---

[9] IIA Position Paper: *The Three Lines of Defense in Effective Risk Management and Control*（2013）.
[10] たとえば，バーゼル銀行監督委員会の銀行向けのコーポレート・ガバナンス原則では，2015年改訂版において取り入れられている。Basel Committee on Banking Supervision, *Guidelines Corporate governance principles for banks*（2015）.
[11] コンプライアンス・リスク管理基本方針7頁。

とされる)による自律的なリスク管理に対して，②コンプライアンス部門・リスク管理部門等の管理部門が「独立した立場から牽制すると同時に，それを支援する役割を担う」とともに，「リスクを全社的にみて統合的に管理する役割も担う」と位置付けられ，さらに，③事業部門や管理部門から独立した立場で，内部監査部門は「コンプライアンス・リスクに関する管理態勢について検証し，管理態勢の構築やその運用に不備があれば，経営陣に対し指摘して是正を求め，あるいは管理態勢の改善等について経営陣に助言・提言をすることが期待されている」との整理が示されている。

そのうえで，この「三つの防衛線」の考え方に関して，「どの機能をどの防衛線の部門・部署が担うかを意識的に整理することを通じて，最適な態勢の構築に役立てるための概念」であって，「各防衛線の役割を定型的・形式的に考える必要はなく，…組織の実情を十分に踏まえ，総合的にみて適切にリスク管理を行うことのできる態勢を自ら考えることが重要である」と注意を促す[12]。

このような考え方は，金融機関だけでなく，事業会社が自社の部門・部署間の機能・責任を整理する際にも十分に通用するものである。また，内部監査を含む実務上の対応策の検討においては，「『三つの防衛線』の考え方は，リスク管理を行う上での一つの手段であって，明確に区分して態勢整備を行うこと自体が目的ではない」との金融庁による指摘も重要である[13]。

【関連する解説：第2章37-39頁，64頁，第3章76-77頁，84頁，第4章99-101頁，第5章151-154頁】

---

[12] 同方針7頁注3。ただし，従来の傾向として，「事業部門が，コンプライアンス・リスク管理を，手続等を所管する管理部門の問題であるとサイロ的に捉えており，自らリスク管理をすべきという主体的・自律的な意識を持っていない」との指摘は重要であり(コンプライアンス・リスク管理基本方針4頁)，リスク管理の枠組みに関する着眼点として，「事業部門の役職員自身が，コンプライアンス・リスク管理の責任を担うのはまさに自分自身であるという主体的・自律的な意識の下で，業務を実施していくことが重要となる」との注意喚起を踏まえて(同7頁)，リスク管理の第一義的な責任を負うべき事業部門(第1線)の責任が疎かになることがないように留意する必要がある。

[13] 同7頁注3参照。

(3) モニタリング（日常的評価と独立的評価）

　内部統制やリスク管理のモニタリングに関して，日常的評価・モニタリングと独立的評価・モニタリングの2通りがある点も留意すべきである。

　2013年版COSOフレームワークの原則16の解説において，「日常的評価は，ビジネスプロセスに組み込まれ，状況の変化に対応して即時に実施される定型的業務」と定義され，これに対して，「独立的評価は，特に，客観的な経営陣，内部監査および／または外部の団体によって定期的に実施される」と定義されている[14]。

　この整理は，3つのディフェンス・ライン・モデルの考え方を前提としたものということができ，内部監査などの行う独立的評価は，「統制を定期的に評価するように設計されており，事業体の日常業務に組み込まれてはいない」点で，通常は「日常的評価においてより早く問題を識別することが多い」ものの，「内部統制の構成要素に関する独立的評価を実施して，日常的評価の結果を再確認」するなど，内部監査を含む独立的評価には客観的な意見の提供が期待されている[15]。

【関連する解説：第5章125-126頁】

(4) 内部監査計画の策定とリスク・アプローチ

　第2章および第5章では，会計監査におけるリスク・アプローチへの言及があるが，これと区別するうえでも，内部監査におけるリスク・ベースの監査計画の策定と取締役会のチェック・ポイントについて本章で確認する。

　まず，「リスク評価に基づいて監査の対象範囲を決定し，監査計画を策定し，監査を実施することによって，監査リスクを合理的に低い水準に抑える手法」をリスク・アプローチという。そして，内部監査における監査リスクは，「内部監査人がガバナンス・プロセス，リスク・マネジメントおよびコン

---

[14] 『2013年版COSOフレームワーク』158頁。
[15] 同158頁。

トロール上の重要な不備を看過することによって誤った意見を形成する可能性」をいう[16]。

　監査計画の妥当性は適切なリスク評価が前提となるため，取締役会としては，内部監査計画の承認に際し，内部監査部門長が適切なリスク評価に基づき計画を策定しているかを検討することがポイントとなる。

　なお，内部監査計画には，中長期の内部監査計画と年次／年度の内部監査計画とがある。前者は，内部監査計画と組織体の中期経営計画との整合性を確保するために，中・長期基本方針に基づいて策定され，適宜更新される。

　後者については，内部監査部門長が組織体の目標に適合するよう内部監査実施の優先順位を決定すべく，最低でも年次で行われるリスク評価の結果に基づいて策定される。年度の内部監査計画は，年度全般にわたる監査方針，監査の対象，実施の時期等を定めるために策定するものであり，この計画には，組織体の経営管理や内部統制上の重要課題等，最高経営者，取締役会および経営管理者がとくに関心をもつ経営上の課題を適切に反映させた内容が盛り込まれなければならない，とされる。そのため，リスク評価のプロセスにおいては，最高経営者および取締役会からの意見を考慮することが求められている[17]。

【関連する解説：第2章41-45頁，64頁，第4章109頁，111-112頁，第5章118-122頁】

(5) 内部監査の対象範囲（ガバナンス・プロセス，リスク・マネジメント，コントロール）の考え方

　内部監査基準によれば，内部監査の対象範囲は，原則として，組織体およ

---

[16] なお，「リスク評価に基づき組織体にとって受容できないリスクが存在すると予見できる範囲に具体的な監査範囲を絞り重点的に監査を実施することにより，監査の効率化を実現でき，組織体にとって受容できないリスクが存在すると予見できる範囲のすべてを内部監査の対象範囲に含めることによって，監査の網羅性を達成できる」と考えられている。実務指針6.0「内部監査の対象範囲」(2017年3月公表) 指針3「内部監査の対象範囲の決定」。

[17] 内部監査基準5.2.1。実務指針5.2「リスク評価に基づく監査計画の策定」(2017年3月公表) 指針1「内部監査計画の策定及び更新」参照。

びその集団に係るガバナンス・プロセス，リスク・マネジメントおよびコントロールに関連するすべての経営諸活動である，とされるが，さらに組織体の目的を達成するよう，それらが体系的に統合されているかも対象としなければならない，とされる。

そして，上記（4）のとおり，内部監査部門長は，リスク評価に基づき，具体的な監査の対象範囲を決定し，監査計画を策定し，監査を実施することとなるが，対象範囲の決定にあたって，監査リスクが合理的水準に抑制されていなければならない[18]。

ここで，内部監査の対象範囲であるガバナンス・プロセス，リスク・マネジメントとコントロールの相互の関係は，実務指針6.0において，図表1-2のように整理されているので，参考にされたい。

図表1-2 ● ガバナンス・プロセス，リスク・マネジメントとコントロールの相互の関係

> 　組織体の基本目標は**ガバナンス・プロセス**を通じて決定され，基本目標を達成するための下位目標は**リスク・マネジメント**のプロセスを通じて決定される。リスク・マネジメントは，目標達成のための戦略実施に伴うリスクを識別，分析および評価し，リスクへの対応を決定する。リスクを取って戦略を実施すると決定した場合，そのリスクが組織体にとって受容可能な水準に収まっているように行われるすべての活動が**コントロール**である。適切かつ十分なコントロールは，組織体の目標の達成を合理的に保証する。また，ガバナンス・プロセス，リスク・マネジメントおよびコントロールは，経営諸活動が効果的かつ効率的に機能しているかを監視および監督し，必要に応じて適切な措置を行うことによって継続的な改善を行う機能も発揮する。

出所：実務指針6.0「内部監査の対象範囲」指針1「内部監査の対象範囲の考え方」より（太字は筆者による）。

【関連する解説：第3章71-72頁】

---

[18] 内部監査基準6.0.1。

3. リスク・マネジメントに関する内部監査の役割

(1) リスク・マネジメント・プロセスに係る役割分担

　内部監査部門は，組織体のリスク・マネジメントの妥当性および有効性を評価し，その改善に貢献しなければならない。

　もっとも，内部監査部門は，リスク・マネジメントの確立や改善について経営管理者を支援する場合であっても，経営管理者のリスク・マネジメントに関していかなる責任も負ってはならない，とされている点に留意すべきである[19]。

　もし内部監査部門がリスク・マネジメント・プロセスの妥当性・有効性に係るアシュアランスの提供を超えて，そのプロセスに積極的・継続的に参加する場合には，

- 経営管理者がリスク・マネジメントに対する責任を負い続けること，および内部監査部門は経営管理者に代わっていかなるリスクも管理しないことについて，明確にされていること
- 内部監査部門の役割は，リスク・マネジメントに関する意思決定を行うのではなく，最高経営者ないし経営管理者の意思決定に対する助言，異議申立および支援の提供にとどめること

という2つの条件を充足することが求められていることに留意する必要がある[20]。これらは，内部監査部門の独立性および客観性が維持されるうえで必要だからである。

---

[19] 内部監査基準6.2.1 (7)。
[20] 実務指針6.2「リスク・マネジメント」(2017年3月公表) 指針1「リスク・マネジメント・プロセスに係る役割分担」。

(2) リスク・マネジメントの評価対象

リスク・マネジメントに関して、内部監査基準6.2.1が求める具体的な評価の対象は図表1-3のとおりである。

図表1-3 ● 内部監査基準上のリスク・マネジメントの評価対象

- 組織体のガバナンス・プロセス、業務の実施および情報システムに関するリスク・エクスポージャーの評価（内部監査基準6.2.1（1））
- 組織体のリスクの受容水準に沿った適切な対応が選択されているかの評価（同（2））
- 識別されたリスクの情報が適時に組織体の必要と認められる箇所に伝達されているかの評価（同（3））
- 組織体が不正リスクをいかに識別し、適切に対応しているかの評価（同（4））

リスク・マネジメントの評価として、①リスク・マネジメント・プロセスの整備状況の妥当性・有効性の評価・改善の提言とともに、②リスク・マネジメント・プロセスの運用状況の妥当性・有効性の評価・改善の提言があるので、内部監査部門の報告を受ける際には、両者を区別してチェックすることが妥当である。

①リスク・マネジメント・プロセスの整備状況の評価では、整備内容が組織体の活動に比して十分に包括的かつ適切なものであるかの評価と、改善のための提言が行われる。

②リスク・マネジメント・プロセスの運用状況の評価では、(a) 事象の識別[21]、(b) リスクの分析・評価[22]、(c) リスクの管理[23]、(d) リスクのコン

---

[21] 組織体の目標の達成に影響を与える事象が、マイナスの影響を与える「リスク」とプラスの影響を与える（またはマイナスの影響を打ち消す）「機会」とに的確に識別されているか。識別されたリスクの情報が、最高経営者および組織体内の適切な部署に適時に伝達されているか。実務指針6.2指針3（1）「事象の識別」。

[22] リスクをどのように管理するかを判断する基礎として、それぞれのリスクが分析・評価されているか。実務指針6.2指針3（2）「リスクの分析・評価」。

[23] それぞれのリスクについて、回避、低減、共有、受容のいずれかの対応策を的確に選択しているか。実務指針6.2指針3（3）「リスクの管理」。

トロール[24]，(e) 定期的なリスク評価及び環境変化への対応[25]，という各リスク・マネジメント・プロセスの運用状況の妥当性・有効性の評価と，改善の提言が行われる[26]。

「専門職的実施の国際フレームワーク（IPPF）」の一部を構成するIIA基準において，リスク・マネジメント・プロセスが有効であるか否かの判断は，図表1-4の項目の評価に基づくとされているので，参考になる。

図表1-4 ● リスク・マネジメント・プロセスの有効性の評価項目

- 組織体の目標が，組織体の使命を支援し，かつその使命に適合しているかどうか
- 重大なリスクが識別され評価されているかどうか
- 適切なリスク対応が選択され，諸リスクを組織体のリスク選好に沿ったものにしているかどうか
- 関連するリスクの情報が適時に組織全体として捕捉かつ伝達され，組織体の職員，経営管理者および取締役会が職責を果たすことができるようになっているかどうか

出所：IIA基準2120の解釈指針。

(3) 改善のための提言のあり方

改善のための提言のあり方について，実務指針では，「リスク・マネジメント・プロセスの評価を通じて把握されたコントロール上の課題に係る本質的な問題の解消を図る改善策について，最高経営者および組織体内の適切な部署に提言を行うことが望ましい」とされる。しかし，同時に「この場合，内部監査部門は，そのような改善（関連するルールの改善など）に関与し過ぎ

---

[24] 当事者によってとられる具体的な行動によって，組織体のリスクが受容可能な水準にまで低減され，組織体の目標やゴールが効率的かつ経済的に達成されようとしているか。実務指針6.2指針3(4)「リスクのコントロール」。

[25] 組織体において，少なくとも年に1回は，リスクの識別からリスクのコントロールまでの一連のプロセスが実施され，関連するコントロールの運用状況が最高経営者および取締役会に報告されているか。組織体の内外の環境（経済，産業，規制，または組織もしくは業務の運用状況等）に著しい変化が生じた場合には，適時かつ適切にリスク・マネジメント・プロセスが見直されているか。実務指針6.2指針3(5)「定期的なリスク評価および環境変化への対応」。

[26] 実務指針6.2・指針2「リスク・マネジメント・プロセスの整備状況の評価」，同指針3「リスク・マネジメント・プロセスの運用状況の評価」。

ることで，該当するコントロールの整備および運用に係る責任を負うようなことがあってはならない」との注意喚起がなされている点に留意が必要である[27]。

コントロールの整備・運用責任は最高経営者または経営管理者にあり，また，上記（1）で述べたとおり，内部監査部門の独立性および客観性の維持のために，内部監査部門が関与しすぎることは妥当ではない。

【関連する解説：第2章46-48頁，第4章103-105頁，第5章158-159頁】

4. 不正リスク管理の評価

(1) 不正リスク管理に係る内部監査部門の役割

図表1-3に記載のとおり，不正リスクの管理の評価はリスク・マネジメントの評価対象の一部であるが，本書のメインテーマでもあり，別の考慮も必要となることから，項を改めて検討する。

不正リスクの管理（Fraud Risk Management）における内部監査部門の役割を考える際に，第一に確認すべき点は，不正リスクの管理に係る第一義的責任は，内部統制の整備の責任を負う経営者にある，ということである[28]。すなわち，経営者が整備し運用する不正リスクの管理体制について，内部監査部門が独立した観点から評価するのである。

次に，内部監査が不正リスク管理の評価を行い，保証をするとはいえ，内部統制の評価と同様に，それは合理的な保証にすぎず，絶対的な保証ではないことについて，誤解されないようにしておく必要がある。

---

27 実務指針6.2・指針5「改善のための提言の在り方」。
28 不正リスク管理のためのガイドラインとして，これまでに，たとえば，2012年にIIA，AICPA，ACFEによる *Managing the Business Risk of Fraud: A Practical Guide*（「企業不正防止リスク管理のための実務ガイド」『企業不正防止対策ガイド（新訂版）』（日本公認会計士協会出版局，2012年）に所収））があるほか，2016年にはCOSOから *Fraud Risk Management Guide*（『決定版COSO　不正リスク管理ガイド』（日本公認会計士協会出版局，2017年））が刊行されている。以下，それぞれ『企業不正防止対策ガイド』，『COSO不正リスク管理ガイド』という。

内部監査部門は，リスク・マネジメントの評価の1つとして，「組織体が不正リスクをいかに識別し，適切に対応しているかを評価」することが求められるが[29]，具体的には，「潜在的な不正および違法行為の発生可能性を識別，評価するプロセス，ならびに不正および違法行為に関するコントロールの整備状況および運用状況を評価」することが求められている[30]。

　内部監査部門は，リスクのコントロールの妥当性・有効性の評価について，「当事者によってとられる具体的な行動によって，組織体のリスクが受容可能な水準にまで低減され，組織体の目標やゴールが効率的かつ経済的に達成されようとしているか」を評価することが求められている。このことを不正リスクの管理にあてはめると，内部監査は，不正リスクのマネジメントの評価を通じて，不正の発生の可能性を合理的に低い水準に抑えることができているかどうかを評価することが求められている，ということになる[31]。

(2) 不正リスクの評価に関して求められる内部監査人の能力と正当な注意

　不正リスクのマネジメントの評価に関して，IIA基準では内部監査人の能力および正当な注意として，「内部監査人は，不正のリスクを評価し組織体がそのリスクを管理する手段を評価するための，十分な知識を有して」いることが求められる[32]。また，内部監査人が専門職としての正当な注意を払う際に「重要な誤謬，不正またはコンプライアンス違反の可能性」について配慮すべきことも求められる[33]。

　ただし，内部監査人は，「不正の発見と調査に第一義的な責任を負う者と

29　内部監査基準6.2.1（4）。
30　実務指針6.2 指針4「不正リスクのマネジメントの評価」。
31　「企業不正リスク管理のための実務ガイド」では，IIAの内部監査の定義に照らし，「不正との関連では，内部監査は，組織のリスク許容度に照らして適正な統制が整備されていることを取締役会と経営者に保証することを意味している」とする。『企業不正防止対策ガイド』151頁。
32　IIA基準1210「熟達した専門的能力」1210.A2。なお，わが国の内部監査基準には関連する規定はない。
33　IIA基準1220「専門職としての正当な注意」1220.A1。なお，この点は，わが国の内部監査基準においても，専門職としての正当な注意として留意すべき事項の1つとして，「違法，不正，著しい不当および重大な誤謬のおそれ」があげられている。内部監査基準3.2.2 ④。

同等の専門知識を持つことは期待されていない」[34]。上記のとおり，不正の発見・調査に第一義的な責任を負うのは経営責任者である[35]。これに対し，内部監査人は，「コントロールの専門家として，内部統制やリスクマネジメントに組み込まれる不正管理プロセスの有効性を評価し，改善を提案することにより，経営者を支援する役割を果たす」のである[36]。

なお，内部監査がその職責を果たす上で，とくに不正リスクとの関係では，懐疑心が重要となる。日本の内部監査基準とIIA基準のいずれにおいても懐疑心に直接言及する基準はないが，IPPFの実施ガイドにおいて懐疑心について複数個所で言及がある[37]。

会計監査の分野では，不正リスクへの対応において職業的懐疑心[38]が重要である点は，「監査における不正リスク対応基準」(2013年3月策定)において特に強調されている。内部監査は，会計監査とは異なる点が少なくないが，監査における不正リスク対応基準の前文では，「監査人は，不正リスクに対応するためには，誤謬による重要な虚偽表示のリスクに比し，より注意深く，批判的な姿勢で臨むことが必要であり，監査人としての職業的懐疑心の保持及びその発揮が特に重要であると考えられる」との考え方が示されている点は，内部監査においても参考になろう。

【関連する解説：第2章41-42頁，49-51頁，第3章82-84頁，第4章101-103頁，第5章156-157頁】

---

34 IIA基準1210.A2。
35 不正が存在すれば，内部統制の「目的の達成は阻害されるので，内部統制に，不正に対応するコントロール，すなわち不正管理プロセスが組み込まれていなければならない。」。松井隆幸「現代内部監査における内部監査人の不正に対する責任」『現代監査』20号38頁（2010年）。
36 同38頁。
37 IIA基準実施ガイダンス（基準1130「独立性または客観性の侵害」の基準の実施に当たって考慮すべき事項），（基準2300「内部監査（アシュアランスおよびコンサルティング）の個々の業務の実施」の基準の実施に当たって考慮すべき事項），（基準2320「分析および評価」の基準の実施に当たって考慮すべき事項）。
38 日本公認会計士協会「監査基準委員会報告書の体系及び用語」では，職業的専門家としての懐疑心は「誤謬又は不正による虚偽表示の可能性を示す状態に常に注意し，監査証拠を鵜呑みにせず，批判的に評価する姿勢をいう」と定義される。

第1章 不正リスク管理と内部監査の役割 017

5. 内部監査部門の報告とフォローアップ

(1) 報告事項

　内部監査の結果の報告に関して，実務指針では，内部監査計画の実施状況と結果を示すことが求められるとともに，少なくとも図表1-5の事項を含めることが求められている[39]。

図表1-5 ● 内部監査の報告内容

①内部監査部門の計画と実際との比較，ならびに重要な差異がある場合には当該事実，その理由，影響度および必要な措置（内部監査基準5.1.2参照）
②重要な指摘事項および勧告－例えば，以下の事項を記載する。
　・不正，または法令もしくは定款違反
　・財務上またはレピュテーション上重大な影響を及ぼす可能性のある，ガバナンス・プロセス，リスク・マネジメント，コントロール上の不備
　・不適切な会計処理
　・上記以外の統制環境上の重大な不備または組織横断的な問題
③是正措置の進捗状況（内部監査基準8.5.1参照）

　上記のほか，必要な場合には，最高経営者および取締役会等がその責任を果たすのに資する事項（例えば以下の事項）

①最高経営者，取締役会およびその他の利害関係者のニーズを考慮した内容（内部監査基準8.1.3参照）
②総合意見（内部監査基準8.2.4参照）
③アドバイザリー業務の遂行過程において判断した，アシュアランス業務の対象とすべき組織体にとっての重要な問題（内部監査基準8.4.1参照）
④他の監査対象に推奨すべきと判断した，当該監査対象が行っているガバナンス・プロセス，リスク・マネジメントおよびコントロール上の実務（内部監査基準7.1.1④参照）

出所：実務指針5.7「最高経営者および取締役会への定期的な報告」指針4「報告内容」より筆者作成。

　これらは，IIA基準において，内部監査計画に対する業務遂行状況について定期的に報告すべき事項とされ，「報告には，不正のリスクや，ガバナンス

---

[39] 実務指針5.7「最高経営者および取締役会への定期的な報告」（2017年3月公表）指針4「報告内容」。

上の課題，最高経営者および取締役会，またはそのいずれかが関心を払うべきその他の事項等の，重大なリスクとコントロール上の課題も含まれなければならない」としている点に，対応するものである[40]。

(2) フォローアップ

　内部監査部門は，報告事項のフォローアップとして，内部監査の結果に基づく指摘事項および勧告について，対象部門や関連部門がいかなる是正措置を講じたかに関して，その後の状況を継続的にモニタリングするためのフォローアップ・プロセスを構築し，これを維持していくことが求められている[41]。

　そして，もし是正措置が実現困難な場合には，その原因を確認して阻害要因の除去等についての具体的な方策を提言するなどのフォロー活動を行うことが求めていられる[42]。

　さらに，組織体にとって受容できないとされる水準のリスクを経営管理者が受容していると結論付けた場合には，内部監査部門長は，その問題について最高経営者と話し合うことが求められる。それでもなお，その問題が解決されていないと判断した場合には，当該事項を取締役会および監査役（会）または監査委員会に伝達しなければならない[43]。

　取締役会や監査役（会）等としては，是正措置のフォローアップ状況について，内部監査部門からの報告を受動的に待つだけでは十分ではないこともあろう。継続的なモニタリングのためのフォローアップ・プロセスが機能しているか，内部監査部門長から適切に報告がなされているか，内部監査部門長からの報告を阻害する状況や要因がないかなどについて確認のうえ，適切に監視義務を果たすべきである。なお，IIA 基準および解釈指針では，上記の報告事項に加えて，「『倫理綱要』や『基準』への適合性，および適合性に

---

[40] IIA 基準 2060「最高経営者および取締役会への報告」。
[41] 内部監査基準 8.5.1。
[42] 内部監査基準 8.5.2。
[43] 内部監査基準 8.5.3。

係る重大な課題へ対処するための改善措置の計画」や「内部監査部門の独立性」についての報告が求められている点をも参考にすべきであろう[44]。
【関連する解説：第5章 160-161頁】

6. 経営者不正

(1) 内部統制の限界

　内部統制の限界が生じる原因として，経営者による統制の無効化のほかにも，図表1-6に列記したような複数の事項があげられる。また，2013年版COSOフレームワークでは，内部統制の限界として2種類あると指摘する。「第1の限界は，そもそも経営者による統制外の事象または状況があるという点」，そして「第2の限界は，内部統制システムが常に設計されたとおりに運用されるとは限らないという点」であると整理している[45]。

図表1-6 ● 内部統制の限界が生じる原因

- 内部統制の前提として設定された目的の適合性
- 意思決定において，人は判断を誤り，偏見の影響を受ける可能性があるという現実
- 誤謬という人為的ミスにより機能しなくなること
- 経営者による統制の無効化の可能性
- 経営者，その他の構成員および/または第三者が共謀により統制を回避する可能性
- 組織が統制できないような外部事象

出所：『2013年版COSOフレームワーク』45頁。

(2) 経営者による内部統制の無効化

　財務報告の不正に関して，重大な影響を及ぼすものは経営者不正であるが，経営者による無効化や共謀による統制の回避の問題について，内部統制

---

[44] IIA基準2060および同解釈指針。
[45] 『2013年版COSOフレームワーク』170頁。

図表1-7 ● 不正統制活動の着眼点

- 予防・発見統制活動を通じた不正抑止の奨励
- 不正リスク評価との統合
- 組織特有の要因と関連するビジネスプロセスの考慮
- 組織の異なる階層に応じた統制活動の適用の考慮
- 不正統制活動の組合わせの活動
- 経営者による内部統制の無効化の考慮
- プロアクティブなデータ解析手続の活用
- 方針および手続を通じた統制活動の展開

出所:『COSO 不正リスク管理ガイド』50-51 頁。

での対応には限界があるのも確かである。しかしながら,「不正リスク管理統制は,もしそれが容易に無効化されるのであれば,有効であるとはいえ」ず,「統制の有効性評価において,経営者による統制の無効化リスクを念頭におくこともまた重要」とされるのである[46]。

COSO 不正リスク管理ガイドにおいて,不正統制活動の着眼点としてリストアップされている事項(図表1-7参照)の1つである「経営者による内部統制の無効化の考慮」の内容について,「組織は,不正統制活動が,上級経営者が不正統制活動を含む内部統制活動を回避または無効化する能力を考慮し,それに対応できるような不正統制活動を含めるようにする」ことが挙げられている[47]。

(3) 経営者による内部統制の無効化への対応策

経営者による内部統制の無効化に関して,第5章において会計監査人の観点からの対応策について詳しく解説されており,また対応策として議論すべき事項は多岐にわたることから,ここでは内部統制・内部監査に関連する事項に関して,以下において4点コメントしたい。

第1に,「内部統制の基本的な枠組み」において,「組織内に適切な全社的

---

[46] 『COSO 不正リスク管理ガイド』37 頁。同旨・『企業不正防止対策ガイド』163 頁。
[47] 同 51 頁。

又は業務プロセスレベルに係る内部統制が構築していれば，複数の者が当該事実に関与することから，経営者によるこうした行為（不正）の実行は相当程度，困難なものになり，結果として，経営者自らの行動にも相応の抑止的な効果をもたらすことが期待できる」とも解説されているとおり[48]，完璧ではないとしても，平時からの内部統制の取組みが有する抑止的な効果を軽視することはできない。

　第2に，2013年版COSOフレームワークにおいて，経営者による無効化のリスクの低減に役立つ項目として4つの項目が紹介されている（図表1-8参照）[49]。ただし，それらは無効化のリスクの「低減に役立つ」項目とされているにすぎず，抑止の面では効果が限定的である点にも留意すべきである。いずれの項目も，経営者による無効化のリスクを低減しうる一定の効果が期待されるが，各項目が単独で大きな効果を果たすというよりは，複数の項目が統合したときに，機能をよりよく発揮するといえるであろう。

　第3に，図表1-8の項目の「①誠実性と倫理観が高く尊重され，組織全体に組み込まれ，日々実践されているような企業文化の維持」に関して，以下で2点コメントしたい。

　まず，2013年版COSOフレームワークでは，原則1（「組織は，誠実性と

図表1-8 ● 経営者による無効化のリスクの低減に役立つ項目
　　　　　　（ただし，「中小規模の事業体に関する検討」に係るもの）

①誠実性と倫理観が高く尊重され，組織全体に組み込まれ，日々実践されているような企業文化の維持 ②構成員が不適切な行為を報告しやすいと感じられる内部通報制度 ③不正行為・機能不全の状況を発見するための有効な内部監査機能 ④経営者による無効化の発生を防止・発見する重要な役割を担う責任を真摯に受け止める適格な取締役会メンバーを惹きつけ，維持すること

出所：『2013年COSOフレームワーク』195頁より筆者作成。

---

[48]　財務報告に係る内部統制の評価及び監査の基準（2011年3月改訂）「I 内部統制の基本的枠組み」「3 内部統制の限界」。
[49]　195頁。『COSO不正リスク管理ガイド』付録Cにおいても同一の4項目が紹介されている。

倫理観に対するコミットメントを表明する」）に関連する重要な着眼点として，「トップの気風の設定」が示されている[50]。図表1-8の①は，経営トップの姿勢（誠実性・倫理観）が大きく影響する点に鑑みれば，取締役会による経営陣の選任・評価では，業績といった数値面だけに偏ることなく，経営者の誠実性・倫理観をも適切に考慮することが求められるというべきだろう。

次に，2013年版COSOフレームワークの原則1の着眼点の1つである「行動基準の確立」[51]（注：行動基準は，「行動準則」や「行動規範」と同義）について，欧米では，行動基準は，ミッションステートメントなどとともに，業務の遂行上求められる法令，社会的な規範や企業の価値観等を反映して策定され，コンプライアンス・プログラムや不正防止プログラムの中核的な文書の1つとして，実践的に活用されることが一般である点を指摘したい[52]。そして，そのような行動基準の「遵守状況」や「行動基準からの逸脱に対する適時の対応」は，統制環境に大きく関わるものである。本章**2**（2）で言及したコンプライアンス・リスク管理基本方針においても，「健全で風通しの良い企業文化が醸成されていればコンプライアンス・リスクの抑止に繋がる一方，収益至上主義あるいは権威主義の傾向を有する企業文化がコンプライアンス上の問題事象を誘発することもある」とされており[53]，また，経営者不正の事案では，企業文化・風土に問題があったと指摘されることが多い。

なお，コーポレートガバナンス・コード（図表1-9参照）では，取締役会が行動準則の策定・改訂の責務を担うこととともに，行動準則が国内外の事業活動の第一線にまで広く浸透し，遵守されるようにすべきとされている（原則2-2）。さらに，取締役会は，行動準則の実践状況を定期的にレビューすべきとされている（補充原則2-2①）。上述のとおり，企業文化は不正の抑止とも大きく関わる点で，取締役会としては，たとえば内部監査部門等を通

---

50 『2013年版COSOフレームワーク』63頁。
51 『2013年版COSOフレームワーク』63・65頁。
52 行動基準／行動準則の意義と統制環境に関して，清原健「私見卓見『企業不正，実践的な行動準則で防げ』」（日本経済新聞2017年8月16日付朝刊）も参照。
53 前掲・コンプライアンス・リスク管理基本方針6頁。

じて，自社グループの行動準則の実践状況のレビューを適切に行い，行動準則の趣旨・精神を実質的に尊重する企業文化・風土が存在するか否かを確認していくことが，その重要な職責の１つである点に留意すべきである。

図表１-９ ● **関連するコーポレートガバナンス・コードの原則**

> 原則2-2（会社の行動準則の策定・実践）
> 　上場会社は，ステークホルダーとの適切な協働やその利益の尊重，健全な事業活動倫理などについて，会社としての価値観を示しその構成員が従うべき行動準則を定め，実践すべきである。取締役会は，行動準則の策定・改訂の責務を担い，これが国内外の事業活動の第一線にまで広く浸透し，遵守されるようにすべきである。
>
> 補充原則2-2①
> 　取締役会は，行動準則が広く実践されているか否かについて，適宜または定期的にレビューを行うべきである。その際には，実質的に行動準則の趣旨・精神を尊重する企業文化・風土が存在するか否かに重点を置くべきであり，形式的な遵守確認に終始すべきではない。

　第4に，図表1-8の④に関して，取締役会が経営の監督機能を実効的に果たすうえで取締役会の独立性の確保は欠かせない。さらに，独立性の高い取締役会にとって，必要な情報（不正に関する情報を含む）が適切に伝達されることが重要となるため，内部監査機能が有効であることが重要といえる。図表1-8の③の機能を確保するとともに，内部監査部門がその機能を有効に果たして取締役会の監督機能をサポートするうえで，経営陣その他の不当な干渉を受けずに独立してその職責を果たせる状況にあることが必要となる。
　そこで，次に，内部監査部門の独立性について検討する。
【関連する解説：第2章54-55頁，第5章158-163頁】

7. 内部監査部門の独立性

　会計不正の防止の観点からは，経営者不正の場合に内部監査が無力化されることを可及的に防止できる仕組みの重要性は否定できず，その観点からは，内部監査部門の独立性の確保の検討は，取締役会の独立性の確保とともに重

要な課題というべきである。

内部監査基準において,「内部監査部門は,組織上,最高経営者に直属し,職務上取締役会から指示を受け,同時に,取締役会および監査役(会)または監査委員会への報告経路を確保しなければならない」と規定されているが(内部監査基準2.2.1),ここで「職務上取締役会から指示を受け」とされていることの意義について検討しておくべきだろう。

独立性について,わが国の内部監査基準に定義はないが,IIA基準の解釈指針では,「独立性とは,公正不偏な仕方で内部監査の職責を果たすに当たり,内部監査部門の能力を脅かす状態が存在しないことである」とされ,「内部監査部門の責任を有効に果たすのに必要なレベルの独立性を確保するために,内部監査部門長は,最高経営者および取締役会に,直接かつ制約なくアクセス」でき,「両者に対する2系統の指示・報告経路を持つことにより実現できる」とする[54]。

そして,組織上の独立性について,「内部監査部門長は,少なくとも年に1回,内部監査部門の組織上の独立性の確保について,取締役会に報告しなければならない」と規定され[55],その解釈指針において,「組織上の独立性は,内部監査部門長が取締役会から職務上の指示を受け,職務上の報告を行うことにより,有効に確保される」としたうえで,取締役会の職務上の指示・報

図表1-10 ● 取締役会の職務上の指示・報告の例

①内部監査基本規程の承認
②リスク・ベースの内部監査部門の計画の承認
③内部監査部門の予算および監査資源の計画の承認
④内部監査部門の業務遂行状況その他の事項についての報告の受領
⑤内部監査部門長の任命・罷免に関する決定の承認
⑥内部監査部門長の報酬の承認
⑦不適切な監査範囲や監査資源の制約の存否の判断のための質問等

出所:IIA基準1110「組織上の独立性」解釈指針より筆者作成。

---

54 IIA基準1100「独立性と客観性」の解釈指針。
55 IIA基準1110「組織上の独立性」。

告の例として，解釈指針では図表1-10の7項目が示されている。

　取締役会は，経営の執行に対する監督機関として，自社の内部監査部門の独立性の確保の意義を踏まえて，自社の状況に適した職務上の指示・報告の在り方について検討のうえ，たとえば内部監査計画の承認，監査業務の遂行状況の報告，内部監査部門長の人事評価や選解任などに関する規定を整備することや，内部監査部門長から定期的な内部監査の状況や結果の報告を受けるだけでなく，組織上の独立性についても定期的に報告を受けることなどを検討すべきである。とくに，内部監査部門の独立性は，必要な情報が取締役会に対して報告されることを確実にするうえで重要な要素となることに鑑みれば，内部監査部門が最高経営者や経営責任者からの不適切な影響により，またはその懸念から，重要な事項の監査や取締役会に対する報告に支障が生じていないかについては，十分に注意を払うべきである。そして，困難な状況に直面した場合にも取締役会に対して重要な事項が伝達されるように，平時から，内部監査部門長とのコミュニケーション・ルートを確保するよう努めることが適切であろう[56]。ただし，取締役会において独立社外取締役が少数にとどまり，経営から独立した監督機能が十分に発揮できる体制が整っていない場合には，監査等委員会・監査委員会や監査役（会）への報告ルートの確保を優先すべき場合が多いかもしれない。

【関連する解説：第2章52-55頁，第3章72-74頁，第4章95-96頁，第7章249-251頁】

---

[56] 早期に端緒についての連絡を受けることの重要性に鑑みれば，重要な情報の連絡が適切になされることを確保するうえで，平時から内部監査部門長と取締役会との間の報告ルートが機能している必要がある。取締役会としては，とくに，経営者の不正行為を示唆する状況についての報告の重要性について，内部監査部門長と認識の共有を図ること，たとえば，その重要性について繰り返し強調することなどをも検討すべきであろう。さらに，重要な問題・発見の報告が取締役会になされた場合に，内部監査部門長・内部監査部門が会社から不当な扱いを受けないように，適切な保護がなされるための手続・方策についても，取締役会において検討しておくべきであろう。内部通報制度における通報者保護の趣旨は，このような場面でも同様に妥当するというべきだからである。

8. 今後の展望と課題

(1) 社外取締役への投資家の期待と内部監査の活用

　平成29年度・生命保険協会のアンケート調査「株式価値向上に向けた取り組みについて」（2018年4月公表）において、「社外取締役に期待している役割の中で特に重要だと感じるもの」という質問に対する投資家側の回答として、「経営戦略・重要案件等に対する意思決定を通じた監督」（62.9％）に次いで2番目に多かった項目は「不祥事の未然防止に向けた体制の監督」（46.6％）であった[57]。

　これに対し、企業側の回答では、投資家側と同様に「経営戦略・重要案件等に対する意思決定を通じた監督」（73.1％）が最も多いが、2番目以下は「経営執行に対する助言」（71.1％）、「会計や法律等の専門家としての助言」（32.0％）、「経営陣の評価（選解任・報酬）への関与・助言」（31.5％）と社外取締役の助言に関連する回答が続き、「不祥事の未然防止に向けた体制の監督」との回答は、5番目（19.3％）であり、投資家の回答との間に大きな乖離が見られた。

　上記アンケート調査によれば、「不祥事の未然防止に向けた体制の監督」の回答は、前年度（18.3％）から大幅に上昇していたとのことであり、その背景として、アンケート実施前に数多く見られた品質データ改ざんその他の一連の不祥事を受けて、投資家が社外取締役に求める役割として重要視していると考えられる」とされ、また「投資家は、企業内部者だけでは不祥事の未然防止は困難であり、社外取締役の監督による内部統制体制の強化を求めている」との分析が示されている[58]。

---

[57] 平成29年度・生命保険協会調査「株式価値向上に向けた取り組みについて」（2018年4月公表）9頁。その次に多かった回答は「経営陣の評価（選解任・報酬）への関与・助言」（43.1％）。
[58] 同アンケート調査10頁。

投資家をはじめとする社外のステークホルダーの期待に応え，社外取締役が企業の不祥事・不正の予防にかかる体制の監督における役割を適切に果たそうとすれば，内部監査による内部統制の有効性・妥当性の評価，改善提言を積極的に活用することが必要となろう。また，投資家の観点からは，社外取締役と内部監査部門が実効的に連携しているか，さらに内部監査の機能を有効に活用する姿勢が認められるか等について，今後関心が一層高まることも想定されると考えて，自社の状況を見直すことも検討に値するであろう。

(2) 内部監査に係る開示の充実と説明責任の向上

2018年6月に公表された「金融審議会ディスクロージャーワーキング・グループ報告—資本市場における好循環の実現に向けて」において，有価証券報告書におけるコーポレート・ガバナンスの状況の開示の充実が提言され，これをうけて企業内容等の開示に関する内閣府令が改正され（2019年1月），監査役・監査役会等の組織，人員および手続の開示（第2号様式記載上の注意（56）a）とは区別して，「内部監査の組織，人員及び手続について，具体的に，かつ，分かりやすく記載すること」が求められることとなった[59]。これらの記載項目はいずれも，改正前から開示が求められていたが，記載項目が区別されたことにともない，今後はそれぞれの開示内容の充実が進むと期待される。

また，「内部監査，監査役監査及び会計監査の相互連携並びにこれらの監査と内部統制部門との関係について，具体的に，かつ，分かりやすく記載すること」[60]が求められていることに関して，今後は，内部監査との連携に係る開示の充実も期待される。このように，内部監査に係る情報の開示が充実することは，他の上場会社の内部監査部門との比較可能性が高まることにもつながり，各上場会社における内部統制やリスク管理体制のモニタリング体制の充実の度合いを投資家が判断する情報が充実すると期待される。

---

59 同（56）b（a）。
60 同（56）b（b）。

図表1-11 ● 内部監査部門に関する開示項目の参考例

①内部監査部門の組織上の位置付け(報告先,指揮命令権,監査計画の承認権・同意権,監査実施の指図)
②内部監査部門の独立性の確保に関する会社の考え方
③内部監査部門の所管事項(例えば会計監査,業務監査,開示統制の監査,JSOX関連業務,不正調査,内部通報の調査など,業務の対象となっている範囲)
④内部監査部門長及びスタッフの人事権の所在,監査役会の同意権の有無
⑤内部監査部門のスタッフの人数,内部監査業務に係る平均経験年数,内部監査に関連する資格の保有状況(弁護士,公認会計士,公認内部監査人,公認不正検査士等の種別と保有者の人数),社内外の研修の概要
⑥内部監査の活動の概況(例えば,本社・支社,グループ子会社の往査の回数,チーム編成,頻度,子会社内部監査部門との連携など主要な事項)
⑦内部監査の品質評価結果の概要

出所:日本監査役協会「役員等の構成の変化などに関する第18回インターネット・アンケート集計結果」(監査役(会)設置会社版)(平成30年4月27日)31-36頁等を参考に筆者作成。

　今後,内部統制や内部監査に関する開示が充実し,たとえば内部統制システムの整備・運用における内部監査部門の具体的な役割,内部監査部門の指摘・改善提言の内容,指摘を受けて実施された対応策などの開示が充実するならば,利用者の視点から見て有用性の高い開示と評価されることにもなろう(図表1-11参照)。たとえば,内部監査を積極的に活用し,その評価や改善提案を受けて内部統制・リスク管理の実効性向上に積極的に取組んでいることが具体的に開示されるならば,経営者や取締役会・社外取締役らが,それぞれの職責を適切に果たしていることを示すものとして,企業の評価が高まるとも期待される。

第 1 章 不正リスク管理と内部監査の役割

関連する法令・基準等と参考文献・報告書等

書籍・論文
- COSO 編,八田進二・箱田順哉監訳『COSO 内部統制の統合的フレームワーク』日本公認会計士協会出版局,2014 年
- COSO 編,八田進二・神林比洋雄・橋本尚監訳『〈決定版〉COSO 不正リスク管理ガイド』日本公認会計士協会出版局,2017 年
- 八田進二編著『企業不正防止対策ガイド(新訂版)』日本公認会計士協会出版局,2012 年
- 蕪沼利建「日立グループの三様監査連携推進による監査・監督機能の改革―相互評価による緊張感のある連携の事例」『現代監査』27 号,2017 年
- 松井隆幸「現代内部監査における内部監査人の不正に対する責任」『現代監査』20 号,2010 年
- 清原健「私見卓見『企業不正,実践的な行動準則で防げ』」日本経済新聞,2017 年 8 月 16 日付朝刊

提言・報告書・その他
- 「『会計監査の在り方に関する懇談会』提言―会計監査の信頼性確保のために」2016 年 3 月
- 金融庁「コンプライアンス・リスク管理に関する検査・監督の考え方と進め方(コンプライアンス・リスク管理基本方針)」2018 年 10 月
- 生命保険協会「平成 29 年度・生命保険協会調査『株式価値向上に向けた取り組みについて』」2018 年 4 月
- 日本監査役協会「会計不正防止における監査役等監査の提言―三様監査における連携の在り方を中心に―」2016 年 11 月
- 日本監査役協会「役員等の構成の変化などに関する第 18 回インターネット・アンケート集計結果」(監査役(会)設置会社版),2018 年 4 月
- Basel Committee on Banking Supervision, Guidelines Corporate governance principles for banks, 2015

コーポレートガバナンス・コード
原則 2 - 2 　会社の行動準則の策定・実践
補充原則 2 - 2 ①

監査基準
- 企業会計審議会「監査における不正リスク対応基準」
- 日本公認会計士協会「監査基準委員会報告書の体系及び用語」

内部監査基準・指針等
- 内部監査基準：2.2.1 ／ 3.2.2 ／ 5.2.1 ／ 6.0.1 ／ 6.2.1 ／ 8.5.1 ／ 8.5.2 ／ 8.5.3
- 内部監査基準実務指針
  - 実務指針5.2「リスク評価に基づく監査計画の策定」指針1「内部監査計画の策定及び更新」
  - 実務指針5.7「最高経営者および取締役会への定期的な報告」指針4「報告内容」
  - 実務指針6.0「内部監査の対象範囲」指針1「内部監査の対象範囲の考え方」,
    - 同・指針3「内部監査の対象範囲の決定」
  - 実務指針6.2「リスク・マネジメント」指針1「リスク・マネジメント・プロセスに係る役割分担」
    - 同・指針2「リスク・マネジメント・プロセスの整備状況の評価」
    - 同・指針3「リスク・マネジメント・プロセスの運用状況の評価」(1)「事象の識別」, (2)「リスクの分析・評価」, (3)「リスクの管理」, (4)「リスクのコントロール」, (5)「定期的なリスク評価および環境変化への対応」
    - 同・指針4「不正リスクのマネジメントの評価」
    - 同・指針5「改善のための提言の在り方」
- IIA 基準・指針
  - 1100「独立性と客観性」の解釈指針
  - 1110「組織上の独立性」, 同・解釈指針
  - 1210「熟達した専門的能力」1210.A2
  - 1220「専門職としての正当な注意」1220.A1
  - 2060「最高経営者および取締役会への報告」, 同・解釈指針
  - 2120「リスク・マネジメント」の解釈指針

第2章

紙上パネル・ディスカッション
「不正リスクの管理と内部監査の役割および課題」

パネリスト（50音順）

谷口靖美氏　プロティビティLLC日本代表，公認内部監査人，
　　　　　　公認内部統制評価士，公認リスク管理監査人
南部芳子氏　日本内部監査研究所副所長
結城秀彦氏　日本公認会計士協会理事
　　　　　　公認会計士・有限責任監査法人トーマツ パートナー

司会

清原　健氏　弁護士，
　　　　　　第一東京弁護士会 会計・監査制度研究部会部会長

（以下，敬称略）

本章は，2018年2月13日に開催された講演会「不正リスクの管理と内部監査の役割及び課題」（主催，第一東京弁護士会　総合法律研究所　会計・監査制度研究部会）のパネル・ディスカッションをベースにしつつ，これを大幅に加筆・修正した紙上パネル・ディスカッションです[1]。

同講演会は，通常の弁護士業務のほか，社外取締役や社外監査役として，さらに外部調査委員会のメンバーとして不正調査に携わることのある弁護士に向けて，内部監査への理解を深めるべく企画されたものでした。本章は，内部監査に関する主要な論点をコンパクトに討議していますので，内部監査に関心のある企業関係者（経営者，取締役，監査役など）や投資家などの方々においても，利用価値があると思われます。

なお，本章のうち意見にわたる部分は発言者の個人的な意見であり，発言者の所属する団体・法人・研究機関その他の組織の見解ではありません。

---

[1] 講演会のパネル・ディスカッションを本章の紙上パネル・ディスカッションに組み替えるのに際して，内部監査研究所副所長南部氏が参加した。

司会・清原（以下，司会）
　パネル・ディスカッションでは，不正リスク，とくに会計不正のリスクが高まるなか，その対応策との関係で，内部監査が果たす役割，内部監査に対する期待について考えていきたいと思います。パネラーとして，一般社団法人日本内部監査協会の南部芳子氏，プロティビティ LLC 日本代表の谷口靖美氏，有限責任監査法人トーマツ　パートナーの公認会計士・結城秀彦氏の 3 名に参加いただき，それぞれ内部監査の観点，内部監査に関するコンサルタントの観点，会計監査人の観点から，議論いただきたいと思います。

1. 内部監査の対象

論点 内部監査による会計監査・業務監査・経営監査

司会 近年，内部監査の充実が急速に進んでいるところではありますが，不正会計事件があった著名企業の例では，内部監査部門が経営監査部としてコンサルティング中心となってしまい，会計，財務に関する内部監査機能が不十分となってしまっていたことから，再発防止策において，内部監査部を新設して，会計監査を担うように組織変更をしたものがありました。

内部監査業務の対象として，①経理・会計まわりの内部監査（会計監査），②コンプライアンス・業務まわりの内部監査（業務監査），さらに③コンサルティング機能を重視したいわゆる「経営監査」などに大別することができるかと思います。会計監査は歴史的にも業務監査と並んで内部監査業務の中核の1つであったと考えられます[2]。本来，会計監査も内部監査の中核分野の1つとされていながら，どうもこの部分が弱いのではないかという懸念があります。南部さん，内部監査の対象の現状についてコメントいただけますか。

南部 日本内部監査協会では，わが国における内部監査実務の実態を把握すべく，数年に一度，「監査総合実態調査」というアンケート調査を大々的に実施しており，その結果を『監査白書』として公表しています。2017年に実施した調査（『第19回監査総合実態調査 2017年監査白書』（以下，『2017年監査白書』））において，内部監査業務の総時間のうち，①業務監

---

[2] たとえば，昭和35年に制定された内部監査基準の前文において，内部監査の意義について「内部監査は，会計および業務のコントロールが適正，妥当であるかを評定する」としたうえで，内部監査の領域について，「内部監査の領域は，最高経営者が内部監査に何を求めるかによって異なり，さらに具体的には内部監査担当者の数，能力および内部監査の諸前提の整備状況によっても異なる。しかし，今日の内部監査は不正・誤謬の発見，摘出，その他会計監査の領域だけにとどまらず業務監査をも行うべきものとされている。内部監査における業務監査は，多くは会計資料をとおして行われるものである。したがって，業務監査は会計の整備を前提として展開せられる。それゆえに業務監査を重視するあまり，会計監査を軽視するようなことがあってはならない。」とされていた。

査・経営監査，②会計監査および③内部統制監査のそれぞれに，およそ何％ずつを費やされたかという設問を設けました。

清原先生にご提示いただいた区分とは少し異なりますが，ここで③内部統制監査とは，金融商品取引法で求められる，財務報告に係る内部統制の評価に係る業務もこれに含まれるものと考えていただければと思います。

『2017年監査白書』では，内部監査業務の総時間のうち，業務監査・経営監査に1％でも費やしているという会社が約98％あったのに対し，会計監査の場合は約58％となっています。つまり，回答会社の約4割強では，そもそも会計監査がまったく実施されていないという現状が，われわれの調査でも浮き彫りになってきています。また，会計監査が実施されている企業においても，総監査時間におけるその割合はほかと比べて圧倒的に少ないのが実情です（図表2-1参照）。

ちなみに，内部統制監査に1％でも費やしているという会社は，全体の約84％，上場会社にかぎっては約96％にのぼっています。これについては，制度対応上の必要性という側面もあるのでしょうが，監査資源がかぎられるなかで効率的に内部監査を実施するために，会計数値や経理業務そのものを監査するというよりも，当該業務に係る規程類の整備・運用状況などの内部統制の部分をみていくというのが主流になってきているのであろうと考えられます。現在の内部監査は，企業のガバナンス・プロセス，リスク・マネジメントおよびコントロールに関連する諸活動を評価する必要があり，会計・経理まわりのみならず，コンプライアンスやITなど，企業経営に係るかなり広い範囲をカバーしなければなりません[3]。企業の経営環境が複雑化してきているなかで，必然的に，会計監査に多くのリソースを割くことがなかなか難しくなってきているのではないでしょうか。

司会 不正会計のリスクにどう対応していくかを考えるときに，会計監査人の観点からみて，現状についてどのように感じているか，結城さん，いかがでしょうか。

---

[3] 本書の第3章3参照。

第2章 紙上パネル・ディスカッション 「不正リスクの管理と内部監査の役割および課題」

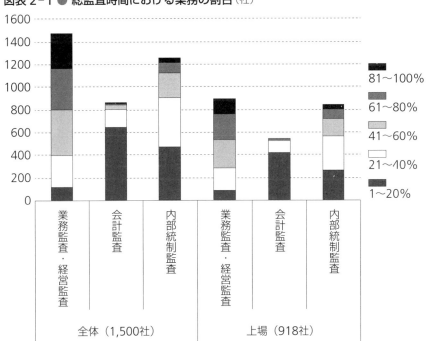

図表2-1 ● 総監査時間における業務の割合(社)

出所:『2017年監査白書』より引用・作成。

結城 まず,これからお話する内容のうち意見にわたる部分は私見であり,私の所属する法人等の公式見解ではないことをお断りしておきます。

　経営者による内部統制の評価が行われておりまして,その評価を内部監査人が実施しているということもありますので,財務報告のプロセスに対する監査については,内部監査によってある程度行われていると考えております。議論の焦点は,財務諸表や会計帳簿に計上される会計数値そのものに対する監査をどのように行うか,という点にあるのではないかと思われます。

　会計数値は公認会計士や監査法人が監査していますので,非常に大規模な企業を除いては,内部監査において会計数値に対して公認会計士等によ

る監査と同様の監査手続を行うことにはどうも重複感が拭いきれないように思われます。この点については，日本内部監査協会の内部監査基準においても，業務の重複を抑え，連携を図ることがうたわれています[4]。他方，公認会計士等による監査においては，そのような重複感を解消しつつ内部監査にも何かしら会計や会計数値そのものについて監査手続の実施をご検討いただければと考えています。たとえば公認会計士等による監査は，外部報告目的・財務会計を対象として監査を実施しているわけです。内部監査にはたとえば管理会計の観点から，管理会計数値の算定や業績評価が正しく行われているのかどうかという目線から，何かしら監査を実施していただくことも有益な一案ではないかと思います。管理会計は財務会計と有機的に表裏一体の関係で行われるものであり，たとえば，内部監査で発見された重要な虚偽表示について，公認会計士等による監査においても情報を共有し，財務会計の観点から検討を行うことが可能となります。財務会計と管理会計という監査の目的が異なるのであれば，重複感はないものと思います。たとえば，売上取引計上の恣意的な平準化や原価差異の恣意的な配賦の有無の検討など，管理会計の観点による内部監査から得られる情報には，公認会計士等による監査において転用可能であり，有益なものがあるように思われます[5]。

---

[4] 本書の第5章3（1）②参照。
[5] 本書の第5章4（2）①参照。

2. 3つのディフェンス・ライン

論点 3つのディフェンス・ライン・モデル　連携と依拠

司会　内部監査部門が会計数値面のチェックをするという点には重複感が拭えないが，管理会計数値や業績評価の面での内部監査によるチェックは有益ではないかという結城さんのコメントに関して，重複感という問題について，別の角度から3つのディフェンス・ライン（3 Lines of Defense）との関係で整理ができないか，についても考えてみたいと思います。

　第1のディフェンス・ライン（事業部門における業務管理），第2のディフェンス・ライン（財務・経理・法務・コンプライアンスなどの管理部門によるリスク管理），そして第3のディフェンス・ライン（内部監査部門によるアシュアランス）という枠組みとの関係で考えたときに，会計監査人の行っている会計まわりの監査とは違う観点から，内部監査部門は「数字」まわりの監査ができるということはないでしょうか。または，経理・会計絡みのところを財務部門・経理部門がちゃんとコントロールを利かせなければいけないところ（たとえば工場とか事業所とか）との関係において内部監査部門の役割がある，と整理してみることができるのかなどについて，いかがでしょうか。

谷口　会計監査人の実施する会計まわりの監査や内部統制評価は，財務諸表監査の観点から「重要性」のある勘定やその関連プロセスが対象です。内部監査は，財務諸表上の重要性も考慮しますが，企業の業務運営の適正性や，法令・会社規則へのコンプライアンスなども考慮します。内部監査も売上の計上から在庫・固定資産の管理，経費の適正処理まで幅広く数字まわりに関連するところをみますが，財務報告目的だけでなく，コンプライアンスや業務の有効性・適正性の目的も監査の視点となっています[6]。多くの企業の内部監査部門は，外部監査の対象になっていない，または内部統

6　本書の第4章2参照。

制評価の対象となっていない子会社を監査する場合は，業務やコンプライアンスだけでなく「数字」まわりの監査の役割を担っていると思います。また，実際外部監査対象となっていない子会社などには，程度の差はあるかもしれませんが，「数字」まわりの監査も含めて内部監査を実施しているとお見受けします。

　組織の内部統制の成熟度が低いと業務のPDCAのC（チェック）の部分を内部監査が担当しているケースが多々あります。多くの上場企業では，第1のディフェンス・ライン，第2のディフェンス・ラインの内部統制の成熟度が上がり，内部監査はPCDA全体が回っているかを確認するようになっています。内部統制の成熟度が上がると，逆にさまざまな部署による確認・検証・監査の機能が重複する可能性があります。先ほどの，いろいろな監査があり，重複感があるという話にもなります。そこで，内部監査の基準にも「連携」と「依拠」という文言があります。内部監査の部門長は内部監査の範囲を決定する際に，他の部門で実施しているアシュアラン

図表2-2 ● IIA基準2050

2050 ― 連携と依拠 　内部監査部門長は，適切な内部監査の業務範囲を確保し，業務の重複を最小限にするために，内部監査部門以外のアシュアランス業務やコンサルティング業務を提供する組織体内部および外部の者と，情報を共有し，活動について連携し，これらの者の仕事に依拠することを検討すべきである。

解釈指針： 　内部監査部門長は，活動について連携した場合には，内部監査部門以外のアシュアランス業務やコンサルティング業務の提供者の仕事に依拠することがあってもよい。依拠する根拠を形成するための一貫したプロセスが構築されるべきであり，内部監査部門長は，このアシュアランス業務やコンサルティング業務の提供者の能力，客観性および専門職としての正当な注意について検討すべきである。また内部監査部門長は，内部監査部門以外のアシュアランス業務やコンサルティング業務の提供者によってなされた仕事の範囲，目標および結果について明確に理解すべきである。他の者の仕事に依拠する場合であっても，内部監査部門長は，内部監査部門として出す結論や意見に十分な根拠を確保することについて責任がある。

ス業務などを確認し，依拠することもあるとしています（図表2-2参照）。たとえば，IT部門でセキュリティ専門業者を使って監査を実施しているなど，他の部門が実施する監査類似業務があります。IT部門からもセキュリティ外部評価が入り，監査役もセキュリティ監査をし，内部監査もセキュリティ監査をするなど，ITセキュリティ評価・検証・監査を何回も被監査部門が受けているような重複は，きちんと話し合って調整しましょうという流れです。

司会 内部監査において，どの部門の何を監査するか，内部監査部門が行う監査対象について，重複がないようにお互いに話し合っていくうえで，他の部門のアシュアランス以外にも，監査役とか監査委員会等とかとも協議・調整をしていくような形ですね。

谷口 最近は内部監査部門と監査役等はかなり連携していて，同じようなものを監査することは極力避けて，一緒に同行したり役割分担したり，あるいはお互いの情報を交換・共有するようになっています。

3. 内部監査人と会計監査人のコミュニケーション

論点 リスク情報の共有

司会 次に，会計監査人との関係で，内部監査に期待されている点について考えたいと思います。情報の共有に関して，内部監査によって得られた情報を会計監査人と共有して会計監査に活かしてもらう，という形でやっていくことが望まれることになりそうですが，結城さん，会計監査人からみて，内部監査人とのコミュニケーションについて，どのような情報が有用でしょうか。

結城 公認会計士等による監査においては，企業のなかで重要な虚偽表示がどこで生じそうなのか，たとえば，どの事業で生じそうか，どの部署で起きそうなのかということを，内部監査を担当する皆さんと共有させていただいて，お互いにどういう対応をするか，考えることが非常に重要であると考えます。

内部監査人と公認会計士や監査法人とのコミュニケーションというと，監査の対象部署や監査日程の重複を避けるための擦り合わせというイメージをお持ちの方も多いのではと思うのですが，実はそれが重要なのではなくて，「ここで重要な虚偽表示が起きそうだから，内部監査においてこの内部統制のプロセスを確かめておく」とか，「公認会計士等による監査において，金額が実際に間違ってないかを確かめるために会計数値そのものに関する裏付けを入手する手続を実施しておこう」というようなコミュニケーションを図ることが重要です。このようなコミュニケーションはどうもまだまだ不足しているように思われます[7]。

---

7 本書の第5章2(2)①，3(1)および4(1)②③参照。

4. 虚偽表示リスクの評価

論点 監査リスクモデル，重要な虚偽表示リスク，固有リスク，統制リスク

司会 今おっしゃっていたような，どこで虚偽表示が起きそうかということを評価するためには，何をみるんでしょうか。不正事案では，売上至上主義のような企業風土や，コンプライアンス軽視・コンプライアンス意識の欠如といった統制環境に問題がある事案が多いようですが，たとえば，企業風土などのような統制環境をみてどこに脆弱性があるか，というふうに考えていくのでしょうか。

結城 基本的には，その企業がどういう事業をどのようなビジネスモデルで実施していて，その結果として財務諸表にどういうふうな誤りが起きそうかということをまず考えることとなります。監査の基準に示されている監査リスクモデルでいいますと，固有リスクにあたるもの，たとえば取引金額が適時に把握しにくいものや担当者によって操作されやすく不正の温床になる可能性のあるもの，ビジネスモデルや取引スキームに新たに変化が生じているものについて，重要な虚偽表示リスクが生ずる可能性が高いのかどうか，そこをまず考えるのが基本にあると思います。次に，そのような重要な虚偽表示の可能性に対して，統制リスク，すなわち企業が自らそれを統制して重要な虚偽表示が引き起こされないように備えているのかについて考えることになります。統制環境については，この際に，重要な虚偽表示を防止・発見する内部統制がその目的を果たすように促すような気風や姿勢が備わっているかどうか，それを醸成するような施策がどのようにとられているかについてあわせて検討することとなります[8]。理屈のうえではこのように順序立てて説明しましたが，実務上は，ここで何か財務諸表の重要な誤りがでてきそうじゃないかという点について，固有リスクや

---

8 本書の第5章2（1）および（2）参照。

統制リスクについて並行して関連させながら，行きつ戻りつ考えていくのが一般的であるように思います。

司会 オリンパス事件後に企業会計審議会により設定された「監査における不正リスク対応基準」（平成25年3月26日）では，典型的な「不正リスク要因」が付録1として例示され[9]，また「不正による重要な虚偽の表示を示唆する状況」が付録2に例示されていますが，例示されたものにかぎらず，このような要因や状況にとくに注意を払って監査をされているのですね。これは監査人の基準での例示ではありますが，不正に関する着眼点としては内部監査部門や監査役・監査委員会等の監査においても有用と考えられます[10]。

---

[9] 「不正リスク要因とは，不正を実行する動機やプレッシャーの存在を示し，不正を実行する機会を与え，又は，不正を実行する際にそれを正当化する事象や状況を指すもの。」（監査における不正リスク対応基準 前文 第二 4（3）①）。
[10] 日本公認会計士協会，監査基準委員会報告書（以下，監基報）240 財務諸表監査における不正」（最終改正平成27年5月29日）においても同様に不正リスク要因の例示（付録1）や不正による重要な虚偽教示の兆候を示す状況の例示（付録3）などがある。

5. 人事・予算面での制約と実務的な対処方法

論点　リスク・アプローチ　社内外のリソースの活用
外部リソースの利用時の留意点

司会　これまでの議論では，内部監査部門が，期待されることをしっかりと果たしていくことができる場合，いわばリソースが十分に配分されている場合を想定していた話だったといえますが，現実の問題として，人材とか予算の制約から，そこまで実務としてはまだできてないところがあるのではないかとも思われます。現状について，南部さん，どうでしょうか。

南部　われわれの調査でも，従業員数5,000名を超える大きな組織体では，内部監査部門の人員数が15名以上というケースも増えてきてはいますが，やはり，依然として2～3名で内部監査を回しているという組織体が多いのが実情です。内部監査のように成果のわかりづらい部門には，予算や人員を配分しづらいということが，企業経営の実態として存在しているのではないかと推察されますが，海外子会社に係るM＆Aが活発化したり，かつては必ずしも問題として認識されてこなかったさまざまな事案が企業経営にとってレピュテーション上の重大なリスクとなったりと，企業を取り巻く環境はますます複雑化してきています。こうしたなか，現在のリソースで，内部監査が子会社・関連会社をも含めた企業集団全体を十分にみることはなかなかむずかしいという企業も少なくないのではないでしょうか。

司会　もしそういった欠けている部分，十分ではない，といったことがあったとすると，そこをどう補っていけばいいのか，そういった実務的なニーズは結構あるのではないかと思われます。そこで，内部監査に関して，コンサルタントとして外部から多数のアドバイスをされている谷口さんからみて，どういう方策があり，どのように考え，どのようなことをやっていったらよいかについてコメントをいただけますか。

谷口 内部監査組織の人材だけで，組織のすべてのリスクを監査するのは現実的ではありません。まずはリスク・アプローチ監査にて要請されているように，監査計画の段階でリスク評価を実施し，どこに経営陣のリスクの懸念があるか，それに対して監査をすべきか，そして内部監査の現在の人員で監査できる能力とスキルがあるかを分析します。不足している場合は，経営者の支持を取り付け，社内外の専門家を活用することをお勧めします[11]。

まず社内の専門家をゲストオーディターとして活用する制度をグローバル企業は使っています。たとえば，独立性を担保してヨーロッパの法務部から人を借りて米国拠点の法務監査に一緒にいくとか，アメリカの経理部から人を借りて欧州の財務監査にいくとか，第2のディフェンス・ラインの人たちを借りて監査を実施する企業もあります。

あるいは，先ほどの話にもありましたように，すでにIT部門や法務部門など，第2のディフェンス・ラインで検証する仕組みがあれば，その活用を検討する。それもない場合は，外部の専門家の活用を検討する選択肢もあります。監査法人や，われわれのような内部監査の専門ファームが内部監査サービスを提供していますので，コストに見合うかどうかを検討したうえで，そのようなアウトソース・コソースの活用も選択肢です。われわれへの要請が多いのはIT監査，あとは海外監査ですね。弁護士にお願いして一緒に内部監査をするというケースもあり得ますね。

司会 なるほど。内部監査部門の陣容だけでなく，社内やグループ内のリソースを活用することや，外部の第三者にアウトソースしながら内部監査を行っていくことは，うまく活用できれば内部監査機能を高めることができそうですが，部門をまたいで協力しあうというのは企業風土が「縦割り」型の会社の場合にはむずかしいかもしれません。今後は，経営トップのリーダーシップでそのような社内での「壁」を克服していくことは，一般論としても業務の効率化や実効性向上にも資するものですし，内部監査機

---

11 本書の第4章3（3）参照。

能の充実の面でも，検討すべき方向性かもしれませんね。

外部にアウトソースするような場合，具体的にはどのような点に留意すべきでしょうか。

谷口 外部委託する場合の留意点として，IIA基準2070にもあるように，外部委託しても責任は組織に残ります。丸投げするのではなく，選定・指示・品質の評価・結果の協議は，社内の内部監査人が実施することが必要です[12]。内部監査実施の品質の提供はもちろんのこと，自社の組織文化や方針などを理解し，内部監査のノウハウも共有・提供してくれ，自社の方針・ニーズにあった内部監査の戦略的パートナーとなってくれる外部組織を選定し活用することが大事でしょう。

---

12 外部のサービス・プロバイダが内部監査部門としての役目を果たす場合には，プロバイダは，組織体に対し，効果的な内部監査部門を維持する責任が組織体にあることを認識させなければならない（IIA基準2070―外部のサービス・プロバイダと，内部監査についての組織体の責任）。

6. リスク・マネジメントと内部監査

論点 全社的リスク・マネジメントにおける内部監査の役割

司会 内部統制の分野で、リスク・マネジメントとの連動が重視されていますので、次に内部監査とリスク・マネジメントの関係について考えてみたいと思います。グローバルに事業活動を展開している会社ですと、たとえば、拠点としては小さい、そして本社からは遠い海外の拠点だけれども、何らかの理由で、どうもその拠点はリスクが高そうだ、ということもあると思います。そのような場合、当然ながら、規模にかかわらず監査が必要になってくるはずで、リスク評価に基づいて、どこでどのような監査をやったらいいかということを考えていくことが必要になってくるところです。そこで、会社のリスク・マネジメントとの関係で、内部監査部門としては、どのような関わり合いをもち、どのような役割を担うと考えるべきでしょうか。

谷口 リスク・マネジメント機能も会社により取組みや成熟度レベルが異なります。リスク・マネジメントの範囲やPDCAが現状でいいのかという課題がそもそもあります。そのうえで、リスク・マネジメントに対して、内部監査の立ち位置や、内部監査のPDCAが適切かという課題があります。

　昨今のコーポレート・ガバナンスで期待されているあるべき姿を考えてみたいと思います。まずリスク・マネジメント活動として、企業の重要なリスクをきちんと特定・評価し対応して、経営陣がそのPDCAをきちんと監督できているというのが望ましいリスク・マネジメントですね。そのようなリスク・マネジメントの仕組みがまわり、経営陣がPDCAを監督する基盤があり、監査は経営陣が気にしているリスクに焦点を当ててアシュアランスする。つまり当該リスクに対するリスク・マネジメントのPDCAがきちんと機能しているかどうか、内部監査活動がリスク・マネジメント活動のフィードバックに活用されて、経営陣のリスク・マネジメントのモニ

タリング・監督に貢献しているのが，あるべき姿といえます。

　つまり，リスク・マネジメントの観点からは，通常業務の「モニタリング」に対して，独立的なモニタリングとして内部監査が位置付けられます。リスクベース監査をするにあたって，内部監査は会社のリスクとリスク・マネジメントを理解することが最低限求められています。さらに，内部監査の国際基準では，会社のリスク・マネジメントの有効性を確認することが求められています。それは，より経営に資する監査となります。

　監査の話のまえに，リスク・マネジメントの範囲やPDCAが現状のままでいいのかという課題があるといいました。リスク・マネジメントの基本アプローチ・プロセスは，リスクの洗い出し・評価・対応そして（リスクと対応の）モニタリングとされていますが，そのリスク・マネジメントの対象となる範囲・領域は，災害リスク対応中心のものから，財務やコンプライアンスなどのリスクまで幅広く含む場合，さらには戦略リスクまで対象とするなど，企業によってその対象範囲はさまざまです。近年は，財務・製造・販売など個々の部署や領域のサイロ化したリスク・マネジメントではなく，経営陣が「全社的リスク・マネジメント」（ERM—Enterprise Risk Management）として，経営からみた重要なリスクの洗い出し・評価・対応を監督するアプローチが普及してきています。企業がそれなりの全社的リスク・マネジメントのPDCAを実施していることが，前述のリスク・マネジメントと内部監査のあるべき姿の前提になっています[13]。

司会　リスク・マネジメントに関する課題の話がありましたが，しっかりできている会社もあると思いますが，まだ十分とはいえないという会社も少なくないかもしれません。

　もしリスク・マネジメントにまだ課題が残っている場合であれば，内部監査部門と連携すべき監査役会・監査委員会等が問題を指摘したり，内部監査部門からの報告で監査役会・監査委員会等などにまだ課題があると報告されたりする，または，関連部門から取締役会に自社の状況の報告がな

---

[13]　本書の第4章2（4）参照。

されたりすることをも含めて，監査・監督機関に対する報告や指摘を通じて情報が共有されて，リスク・マネジメントの適切な整備・運用に向けた施策が講じられていくことが期待されます。内部監査基準においても，内部監査部門は自社の状況について課題がある場合には積極的な役割を果たすことが期待されている，というふうにお話を伺いながら感想をもちました。

　リスク・マネジメントについては最終的には取締役会が監督責任を果たすべきと考えられますので，もしどこからも何も伝わってこないというような場合があったとしても，そのまま放置せず，取締役会は自社の状況についての報告を求めていくというように，能動的・積極的に動くことが求められるとも考えられます。

7. 不正リスクの管理と内部監査

論点 虚偽表示リスクとビジネスリスク
内部監査と不正リスクの評価

司会 次に，リスク・マネジメントの関連で，リスクのなかでもとくに不正リスク，そしてその関係で内部監査部門の役割について考えたいと思います。内部監査基準のなかでも不正リスクに対する内部監査部門の役割が規定されている点をも踏まえて，会計監査人の側からみて，結城さん，これらについてどのように考えるべきか，コメントをいただけますでしょうか。

結城 まず確認させていただきたいのは，財務報告のリスク，重要な虚偽表示リスクというのは，事業のリスクとは別物であるがまったく無関係なものではないということです。皆さんもおわかりだとは思いますが，たとえば金融事業を行うということになれば，貸付金が回収できないというビジネスリスクがあります。このビジネスリスクに関連して，公認会計士等による監査においては，財務報告，財務諸表の重要な虚偽表示リスクとして，貸付金が回収不能となる可能性に対する会計処理が適切に行われないリスク，言い換えれば，引当金が適時に十分に計上されているかどうかに関するリスクを考えることとなります。事業のリスク，ビジネスリスクへの対応としては，貸付金の回収不能・貸倒れを防止する対応を行うことになるのでしょうが，公認会計士等による監査では，そのような貸倒れの防止ではなく，貸付金の回収不能見込みが生じているのであれば，その回収不能見込みが損失として適時に財務諸表に計上されているかどうかを確かめることとなります。

このように，財務諸表の重要な虚偽表示リスクというのは，事業のリスクとは別物ですが，関連しています[14]。

事業のリスクと関連付けて重要な虚偽表示リスクを考えていくことを踏

---

[14] 本書の第5章4（1）②および③参照。

まえると，公認会計士等による監査では，不正リスクについても，事業の特性や状況に則して，事業にともなう不確実性により予期せぬ事象に関連する損益が生じた場合に，それを操作し，また，操作の形跡を隠蔽する可能性があるようなリスクがどこにあるのかを基礎として考えていくこととなります。「このような事業には××といったビジネスリスク・不確実性にともなう予期せぬ損益が生ずる可能性があり，この取引や勘定科目において財務諸表上の金額をわざといじりたくならないだろうか？」といった観点から，対象とする事象・取引・勘定科目等をあらかじめ見立てておき，これらについて，本当に数値が操作されている形跡がないだろうか，それを考えていくのが不正リスクに対する基本的な対応であると考えます。

内部監査においても，同様の発想で，もし予期せぬ事象が生じている場合に，これが隠蔽する目的で意図的に歪曲されているとしたら，どういう兆候が生じるだろうというのを考えていただいて，そうした兆候が本当に起きているかどうかに関する情報を入手して吟味する，関係者に伝達することを，内部監査にも実施していただければと考えます。これによって不正リスクに関する情報を的確に入手するとともに，企業内のリスク・マネジメント等，不正の防止・発見のためのプロセスの評価に活用することで，有効な内部監査が実施できるのではないかなと思います[15]。

司会 内部監査は，ビジネスの実態を知ったうえで，リスクを識別し，またリスクの重要性に応じて監査計画を策定し，その過程で事前に不正の兆候は何かを考えたりして，プロアクティブに，積極的な姿勢で監査に臨むということが期待される，そのような趣旨と理解すればいいでしょうか。

結城 不正リスクに関して，予期せぬ事象を想定することは，あえて現実とは反対の考え方をするということなので，おそらく内部監査の実務においてこれを実施するにはなかなかむずかしいものがあるように思います。

しかしながら，日本内部監査協会の内部監査基準では不正の兆候に正当な注意を払い，発見した場合には，企業のリスク・マネジメント・プロセ

---

[15] 本章の第5章2 (2) ④，3 (1) ④，4 (1) ①および (3) ④参照。

スにフィードバックすることが求められています（図表2-3参照）。不正リスク対応について今お話ししたような考え方は，内部監査においても求められているように考えられます。

図表2-3 ● 不正リスクの評価

- 内部監査部門は，組織体が不正リスクをいかに識別し，適切に対応しているかを評価しなければならない。（内部監査基準6.2.1（4））

- 4. 不正リスクのマネジメントの評価

　内部監査部門は，潜在的な不正および違法行為の発生可能性を識別，評価するプロセス，ならびに不正および違法行為に関するコントロールの整備状況および運用状況を評価しなければならない。なお，内部監査部門は，内部監査の実施を通じ，不正の兆候（例えば，標準化されたマニュアルの欠如や職務の分離が不十分な状態，記録されていない取引，記録の紛失など）を把握した場合には，その内容をリスク・マネジメント・プロセスにフィードバックしなければならない。（実務指針6.2（2017年3月））

8. 内部監査部門の独立性と客観性

論点 内部監査の役割と組織上の位置付け
　　　　デュアル・レポーティング　報告経路の整備と実効性の確保

司会　不正の問題を考えるとき，弁護士の観点からは，レポーティング・ラインに関してやはり気になる点があります。2014年の内部監査基準の改訂でデュアル・レポーティングが明示されましたが，一般に多くの日本の企業では内部監査のレポーティング・ラインはトップにつながっています。内部監査部門のレポーティング・ラインが経営トップにつながっていることは，独立性の観点で問題が残るのではないか，その場合にはトップの関与の有無や程度にもよると思いますが，不正リスクに対して，内部監査が十分に機能しないことになってしまうのではないか，という懸念が生じてきます。指名委員会等設置会社である大手総合電機メーカーにおいて発生した会計不正事案後の改善策の1つとして，内部監査部を監査委員会の直轄としている例もあります。

　アシュアランス・保証の観点からも，客観性とともに独立性の点が問題となり得ると思いますが，内部監査の性質から考えて，この独立性の問題やレポーティング・ラインの問題について，どのように整理すればよいかについて考えてみたいと思います。これまで，日本では内部監査部門を経営執行側の手足とみる考え方が強かったですし，現在も主流の考え方ではないかとも思われますが，どのように考えていくべきでしょうか，南部さん，いかがでしょうか。

南部　たしかに，わが国企業の場合，内部監査部門は経営者に直属しているというケースがほとんどかとは思います。実際にわれわれの調査でも，8割超の組織体において，内部監査部門は経営者に直属しているという結果が出ています（図表2-4参照）。他方，米国では，内部監査部門は監査委員会に直属し，経営者をも監査対象としているという例が多く，不正に対

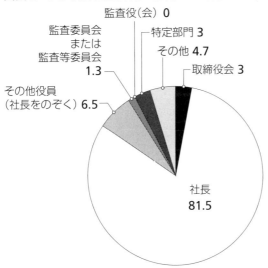

図表 2-4 ● 内部監査部門の組織上の所属形態（%）

出所：『2017年監査白書』より引用・作成。

しては米国型の内部監査の方が有効ではないかという議論もあります。

　しかしながら，内部監査にとって最も重要なことは，内部監査の結果が経営に反映され，企業がよりよくなるということにほかならないので，内部監査の結果を経営に反映させるような意思決定を行える機関に直属して連絡を密にするのが，通常は最も理に適っているともいえます[16]。わが国の場合，多くの企業においては，慣習的に，内部昇進の経営者によって選ばれた社内取締役が取締役会の多数を占め，意思決定に係る権限が経営者に集中するとともに，経営者が権威としても社内に存在しているように見受けられます。そしてこの傾向は，コーポレートガバナンス・コード等により社外取締役を導入する企業が増えてきている状況にあっても，そう大きく変わってはいないように思われます。こうしたなかにあって，内部監査部門だけが米国に倣い，法的に社長の監督機関とされるところに直属した

[16] 本書の第3章3参照。

としても，内部監査として期待されるだけの機能を十分に発揮できるかどうかは疑問もあります。やはり，日常的な不正・不祥事の芽については，適時適切に経営者に報告し，経営者にリーダーシップを発揮してもらい，これを是正していくというやり方の方が，わが国企業の実態に即しているのではないでしょうか。

ただし，いくら報告を上げても経営者がこれを無視してしまう場合や，経営者自身が不正に関与してしまっている場合には，当然ながら内部監査結果が経営に反映されることは期待できません。こうした場合にどのように対応すべきかというのが，次のアクションとして問題にあがってくるものと考えられます。

この点を踏まえ，わが国の内部監査基準では，内部監査部門が組織上経営者に直属するとともに，職務上取締役会から指示を受け，同時に取締役会および監査役（会）等への報告経路を確保することが求められています（内部監査基準 2.2.1）。これは，すなわち，経営者に直属しながらも，内部監査計画の策定等については取締役会の要望にも応え，かつ，内部監査結果については報告経路を複数もつことを求めたものです。

多くの場合，部門長以下，内部監査部門の人員は企業の従業員であり，執行のトップでもある経営者を監査対象とすることは事実上大変な困難がともなうものと思われます。経営者が関与した不正について，昨今報道等で大きく取り上げられてきているなかで，内部監査への期待も増してきていますが，内部監査が複数の報告経路をもち，本来経営者の監査・監督を職務とする機関と情報を共有することで，こうした不正の抑止・早期対応にもつながるのではないかと考えています。

司会 結城さん，会計監査人の観点からのコメントはありますか。

結城 不正リスクに関連していえば，公認会計士監査においては経営者による内部統制の無効化への対応が求められており，これに関連する情報が内部監査からも入手されることが期待されるところです。

しかしながら，私の経験からいうと，業務の報告というものは報告者の

組織上の位置付けに引きずられる，バイアスが掛かるという側面があり，内部監査の組織上の位置付けが経営者直属の場合，経営者による内部統制の無効化による不正の兆候を内部監査が発見したとしても，経営者との組織上の関係に配慮して，監査役等には報告しないといったことが生ずる懸念もあるように思います。南部さんも言及されているとおり，日本内部監査協会の内部監査基準では，内部監査は，原則として，組織上，最高経営責任者に直属するが，取締役会および監査役等との報告経路を確保することが求められています。不正の兆候を発見した場合には，この取締役会および監査役等への報告経路を通じて適切に報告されるように，社内規程等によって担保されるように図ることが必要と考えます。また，このような報告経路の確保は，内部監査の姿勢や態度に大きな影響を受けるものであり，日本内部監査協会の内部監査基準が実質的に求めているように，倫理綱要の遵守が期待されるところと考えます[17]。

17　本書の第5章4（3）④参照。

9. 不正とグループ監査

論点 グループ会社の不正の予防・早期発見と内部監査の役割
内部通報制度の活用

司会 次に，最近の不正事例では，本社・親会社での不正というよりはむしろ子会社で起きる不正，そのリスクが高いという問題意識を多くの会社が感じていると思います。われわれ弁護士もアドバイスをするなかでその部分を感じていますし，会計士の方も感じておられるところだろうと思います。

不正の予防や早期発見との関係で企業集団・グループにおける内部監査の現状について，内部監査のスコープの問題，頻度の問題，指摘事項のフォローアップの問題などいろいろあるかと思いますが，内部通報制度をグループ全体で運用していくことも，有力な1つの対策かもしれません。内部監査の観点から，南部さん，コメントはありますでしょうか。

南部 おっしゃるとおり，子会社・関連会社の不正に関するリスク，とくに目の届きにくい海外子会社における不正については，内部監査にとっても大変関心の高い重要なテーマの1つです。こうしたリスクへの対応方法は，各社各様ではありますが，一例を挙げれば，親会社の内部監査部門が子会社・関連会社も含めたグループ全体の内部監査をすべて統括して，企業集団全体としての監査体制を構築するといった対応をとられている会社が多いようです（図表2-5参照）。また，ある程度の規模の子会社・関係会社であれば，子会社・関係会社自身にも内部監査部門を有する場合もあり，親会社の内部監査部門が中心となって定期的なミーティングの機会を設けるなど，内部監査部門同士の連携を図るといった例もみられます。

他方，内部通報制度につきましては，多くの企業で整備・運用が進められているところかと思いますが，必ずしも内部監査においてこれを活用できているという状況ではありません。われわれの調査によりますと，内部通報の窓口は「社外の弁護士・法律事務所」との回答が最多で，社内では

第2章 紙上パネル・ディスカッション 「不正リスクの管理と内部監査の役割および課題」

図表2-5 ● 内部監査部門としての子会社・関連会社との関わり（社）

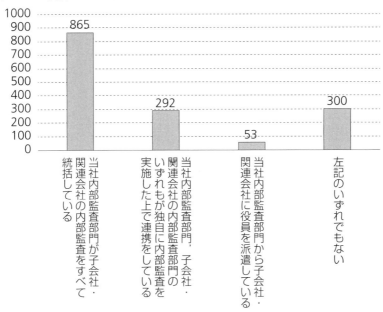

出所：『2017年監査白書』より引用・作成。

内部監査部門のほかに，総務部門や法務部門，人事・労務部門といった管理部門が窓口を担当するという会社が多くありました（図表2-6参照）。また，内部監査部門が内部通報窓口となっている場合でも，通報内容を次回以降の内部監査に反映されている会社は全体の1割弱にとどまり，多くは経営者や担当役員，監査役等に報告するという対応をとられています（図表2-7参照）。これは，内部通報によって挙げられる情報には，不正の発見につながるものというよりも，日常的に従業員の方が直面されているさまざまな問題についてのものが多く，会社側もそうした想定のもとに内部通報制度を整備・運用されているということに起因しているのではないかと想定されます。内部監査部門としても，そうした多岐にわたる問題を窓口として処理していくだけのリソースを十分にもっていない場合が多く，なかなか内部通報を活用した内部監査というものが現実の実務においてみ

図表 2-6 ● 内部通報の窓口（社）

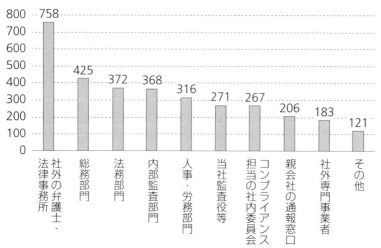

出所：『2017年監査白書』より引用・作成。

図表 2-7 ● 通報内容の取扱方法（社）

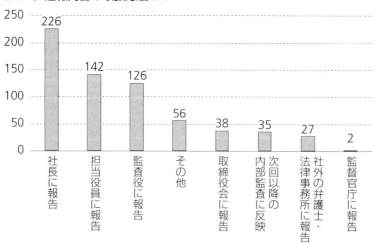

出所：『2017年監査白書』より引用・作成。

られない要因ではなかろうかと思われます。しかしながら，膨大な内部通報案件のなかに，まれに不正発見につながる情報が紛れていることも確かで，こうした情報をいかにキャッチして監査に活かしていくかというのが大変大きな課題ではあると思われます。

　また，子会社・関係会社における不正を未然に防ぐために，子会社・関連会社の内部通報窓口を親会社が担うというのも1つの方法かとは思われます。実際に，われわれの調査でもそういった回答が200社ほどありました（図表2-6参照）。この場合においても，内部通報の情報を内部監査がどのように活用すべきかについては，検討を要する課題であると認識しています。

10. 不正と内部統制

論点 内部統制報告制度の実効性向上に向けた課題

司会 財務報告に関して，内部統制報告制度，いわゆる J-SOX が 2008 年 4 月に導入されて 10 年が経過していますので，上場会社の体制整備は進んだはずですが，どうも形式に流れているのではないか，という疑問があるのではないかと思われます[18]。たとえば，チェックリストを作成して利用することはできているが，有効性の「評価」が実効的になされているといえるか，という点に課題があるように思われるところですが，会計監査人の観点から，現状についてどのようにみていますか。

結城 いわゆる J-SOX，内部統制報告制度において，内部統制の評価が形骸化しているのではないかという声を私も耳にすることがあります。企業によっては，内部統制報告制度の下で内部監査人が実施する経営者による評価が，財務報告に係る内部統制に対して独立した立場から実施する唯一のモニタリングとして行われている場合があり，その場合には，内部監査人が実施する経営者評価は，経営者が財務報告に係る内部統制の状況を判断するうえで非常に重要なものであるといえます。しかしながら，このような独立モニタリングとしての内部監査の意義が十分に理解されず，たとえば，事業の内容や現場レベルの業務プロセスに変化が生じているにもかかわらず「前回と同様に評価すればよい」と即断し，内部統制において使用される文書が揃っているのかどうかに目を向けた評価をする企業もあるかもしれません。肝心なのは，内部統制が決められたとおり実施されているかどうかではなくて，状況に対応して内部統制が重要な虚偽表示を防止・発見するように内部統制がデザインされて実施されているかどうかです。

---

[18] 内部統制報告制度の運用状況について検証のうえ，制度運用の実効性確保を図るべきとの提言につき，「会計監査の在り方に関する懇談会」提言「―会計監査の信頼性確保のために―」13頁（2016年）参照。

内部統制の評価の形骸化を防ぐには，「この内部統制は重要な虚偽表示を発見できているか」「事業や業務プロセスの「変化」にともない，内部統制を見直すことが必要かどうか」といった点を常に念頭において対応することが望まれるものと考えます。

　さらに，経営者評価について，制度で求められているから実施していると考えてしまい，経営者または管理者が内部統制の不備の報告に非常に消極的になっている事例もあるように思います。財務報告に係る内部統制に不備が生じていないかどうかについて継続的に評価し，重要な虚偽表示を防止発見するように図ることは，内部統制報告制度の存否のいかんを問わず，経営者に求められる責任であることを再認識して経営者評価に取組んでいただきたいと考えます[19]。

司会　2018年4月6日に，日本公認会計士協会から公表された「内部統制報告制度の運用の実効性の確保について」（監査・保証実務委員会研究報告第32号）においても，経営者評価により適時に開示すべき重要な不備を識別している事例がまれであるとしたうえで，「経営者による内部統制評価の実効性を高めるべく創意工夫する余地がある」と指摘しており，内部統制評価の方法について見直しを促している点にも留意すべきと思われます[20]。

19　本書の第5章3（3）②および③。
20　同報告13頁。

11. 調査委員会の報告書における再発防止策の提言と内部監査

論点 不正調査の報告書における内部監査に関する再発防止策・改善

司会 不正が発覚すると調査委員会が設置され，調査報告書がとりまとめられますが，そのなかで再発防止策・改善策の提言などが記載されています。ところが，たとえば内部監査が機能していたら早く発見できた，そこが十分に機能しなかったために発見が遅れた，というような事案があったときに，調査報告書の再発防止策において，そこにしっかりと踏み込んでいる例は，調査報告のなかで多くないのではないか，という問題意識があります。会計監査人の立場からみたときに，再発防止策に関する分析・提言の実情について，どのようにみているか，とくに内部監査に期待される役割に関して，結城さんは，どのようにお考えでしょうか。

結城 不正に関する調査報告書が発行され，再発防止策が公表されている場合，公認会計士監査においては，内部統制や内部監査が再発防止にどのように対応しているかどうか，評価することが必要となります。しかしながら，この点について，「今後，内部監査の改善を実施します」ということは書かれていたとしても，今までの内部監査が不正の兆候に気がつかなかったのはなぜか，何を変更して内部監査を行うのか，また，強化実施される再発防止のプロセスが適切に整備・運用されているか，今後どのように内部監査を行っていくのかというところは，具体的な記述のみられない調査報告書の事例が見受けられるように思います。

また，何か不正が生じると，実際に生じた不正に対しては具体的な再発防止策が立案されますが，実際に生じた不正以外に，注意を払うべき不正の兆候，不正の芽となる事象や状況を見逃していないかどうか，企業が想定しておかなければいけないものがないのかどうかについて，全体感をもった見直しが行われず，局所的な対応にとどまっていることもあるように思

われます。

　不正が実際に生じているということは統制環境に不備があり，他に不正が生じている可能性が高まっていることを示唆しています。したがって，内部監査や企業のリスク・マネジメントにおいては，全社的に一度，不正の洗い直しを実施しておくことが必要ではないかと思います。

　それから，不正の再発防止策の1つとして，内部監査の強化が挙げられているとことがありますが，いわゆる第2のディフェンス・ラインに相当する部門によるモニタリングの取組みの強化については，少し手薄な感がしておりますので，こういったところも関係者に意識していただくことが必要ではないかと思います[21]。

司会　今のお話を伺っていると，再発防止策を考えるうえでの，対症療法的な再発防止策みたいなものではなくて，ルートコース（root cause），根本原因といわれるところまで，さかのぼって考えたうえで，やはり実効性のある再発防止策はどのようなものか，しっかり考える必要がある，というふうに感じたところです。統制環境が改善しないと同種事案の再発につながりかねないですので，とくに統制環境上の問題はしっかりと分析・検討して改善策を実施していく必要があるといえると思います。

21　本書の第5章4（3）①および②。

12. まとめ

司会 最後に，今回のテーマについて簡単に一言ずつコメントをいただければと思います。

谷口 グローバル動向として，今，内部監査に求められているのはリスク・アプローチです[22]。取締役会・監査役会等のメンバーや外部のリーガルアドバイザーの方などが内部監査に関与する際には，内部監査計画が適切にリスクを分析して作成されているかを確認されるのがスタートポイントかと思います。また，会社のリスク・マネジメントや内部統制を機能させるための前提としては，内部監査だけではなく，第2のディフェンス・ライン，第1のディフェンス・ラインの内部統制の成熟度と，内部監査と第2のディフェンス・ラインとの効果的な連携も重要です。リスク・マネジメントや内部統制に対してそれぞれのディフェンス・ラインが高い意識をもち，役割を果たしていく，その全体のバランスをとれるように取締役会や経営者がサポートし，内部監査がより成熟度を高めて内部監査のステークホルダーの期待に応え活躍していくことを期待しています。

南部 先ほどもお話しさせていただいたとおり，内部監査の立場からすれば，最も重要なことは，実施した内部監査の結果がきちんと活かされるかどうかといった点です。レポーティング・ラインや独立性といった観点も，内部監査が期待される役割を十分に果たすために必要な要件としてもちろん重要ではありますが，内部監査の結果が活かされないのであれば，法定監査ではない任意の内部監査がわざわざ仕事をした意味がないということになります。ですので，いずれにしろ内部監査の結果を活かしていただけるような方に向けて報告しなければなりませんし，結果を受けとった方にはそれを活かすようにしていただきたいと思います。

　他方，結果を活かしてもらえるような内部監査であるために何が必要か

---

[22] 本書の第4章3（3）参照。

という点も非常に重要です。「内部監査の独立性を確保する」とか，「内部監査の基準を遵守する」とか，「内部監査人の専門職資格を取得する」とか，内部監査の質を向上するために必要なことはさまざまありますが，突き詰めると，結局はよい内部監査人が監査をするということになるかと思われます[23]。そのために，われわれとしても，内部監査の基準をアップデートしていき，内部監査人の皆様の研鑽の機会を提供し，内部監査人の国際的な専門職資格の普及を進めるなど，さまざまな活動を通じてわが国企業の内部監査実務の向上のためにお役にたつべく努力してまいりましたし，今後とも引き続き努力を続けていきたいと考えています。

結城 公認会計士等による監査においては，内部監査は内部統制のモニタリングとして非常に重要な役割を果たしていると考えています。ただ，そういった内部監査への期待が，内部監査人の方々にも十分に伝わっていなかったり，公認会計士等に内部監査の意義が十分に浸透していないこともあるように思われます。公認会計士等による監査において，内部監査の位置付けを正しく理解し，お互いにどのような情報を欲していて，何をやりたいと考えているのか，お互いがどういうふうに協力できるのかについて，コミュニケーションを深めていくことが必要であると思います。また，そのようにコミュニケーションを深めることは，東京証券取引所が公表するコーポレートガバナンス・コードにうたわれているような外部監査と内部監査の連携，これを実際に実現させるためのキー・ポイントになると思います。その意味で公認会計士等による監査と内部監査のさらなるコミュニケーションを今後ぜひ期待したいと思っています[24]。

23　本書の第3章5参照。
24　本書の第5章5参照。

第3章 内部監査の基本的な捉え方

1. はじめに

　昨今，企業による不祥事が相次いで発覚しているが，そうした企業の第三者委員会報告書においては，必ずといっていいほど内部監査についての指摘がみられる。そこでは，「内部監査が機能していなかった」，「内部監査部門が独立性を欠いていた」，といった指摘がなされている。しかし，会社法などの各種法令で定められているわけではない内部監査は，各企業の裁量によってある程度自由に設計されており，企業ごとに人員数や予算も異なれば，重視されている監査テーマも異なっている。不祥事のあった企業において内部監査が十分に機能していなかったという側面は確かにあると思われるが，同じような規模感の内部監査部門を擁する企業で不祥事が発生していないという例もあるため，果たして何をもって内部監査が十分に機能しているとみなすことができるのか，その条件については判然としない部分もある。

　本章では，内部監査の歴史や今日の内部監査の特徴などといった内部監査の概要を記すことで，内部監査とはどういった機能であるのかを明らかにしたい。内部監査の歴史的経緯や今日的な内部監査の意味合いについて示すことで，内部監査が機能するために必要な条件について，読者の皆様に一考いただく際の一助となれば幸いである。

2. 内部監査の歴史

　監査の歴史をたどると，そのはじまりには諸説あるかと思われるが，古代メソポタミア，あるいは古代エジプトといったいにしえの文明において，記録のなかにその萌芽をみることができるといわれている。他者の仕事の内容を検証・評価し，これを記録に残すという社会的な仕組みは，有史以来続い

＊なお，本章において意見にわたる部分は，すべて筆者の私見である旨をお断りさせていただく。

てきた営みではあるが，こと内部監査については，職務分掌の進んだ近代的な大企業の登場を契機として生まれた。

19世紀後半，とくに米国では，産業の拡大にともない企業が大規模化し，組織が地理的に分散し，階層化が進んだことで，管理面での複雑さもそれ以前に比べて格段に増した。こうした複雑化した組織内の会計の適切性を確認するため，従業員としての内部監査人を抱える企業が徐々に増加していったといわれている。

文献上，最も早い時期に内部監査の仕組みを採用した企業の1つとして，米国の鉄道会社が挙げられる。当時の鉄道会社では，地理的に広く分散した各駅において，経理業務が適切に執り行われていることを確認するための経営手法として，内部監査が必要とされたのである。

初期の内部監査の主要な目的は，会社資産の保全と不正の摘発であった。経営者は，従業員の不正が内部監査によって心理的に抑制されることを期待しており，内部監査人もこうした経営者の要請に応えるべく，会計記録や資産の不正流用の検証に業務時間の多くを費やしていた。

1940年代に入ると，こうした状況に徐々に変化がみられはじめる。第二次世界大戦の開戦にともない，戦時下経済に移行したことで，経営者の関心が，製品の製造計画，物資や人材の不足等に移り変わった。同時に，外部への財務報告よりも原価計算に経営者の注意が向けられた結果，内部監査人も，経営者のニーズに沿うよう，会計上のチェックをこえてさらに広い視野をもつことが必要とされるようになった。この傾向は終戦後にも引き継がれ，内部監査の視野はさらに広がり，1940年代後半ごろには，「業務監査」(operational auditing) の用語が広く用いられるようになるに至ったのである。

こうしたなか，1941年には，世界初の内部監査の専門職団体である内部監査人協会（The Institute of Internal Auditors：IIA）が米国に設立された。IIAは，1944年のトロント支部設立や1948年のロンドン支部およびマニラ支部設立を皮切りに，その活動を国際的に展開してゆき，現在では100以上

の国と地域に代表機関を擁し，内部監査の実務に係る基準の策定や専門職資格の認定等を通じて，内部監査の普及・啓発活動をグローバルに展開している。

　他方，わが国に目を向けると，第二次世界大戦前後に内部監査に係る議論が隆盛となった。1942年に陸軍から「工場内部監査制度ノ参考」が，経済聯盟会（現在の日本経済団体連合会）から「内部監査に関する意見」が公表され，戦時下における生産力拡充と製造原価低減のために，官民をあげて内部監査に取り組む機運が高まった。米国同様，わが国においても，戦時下の内部監査は原価計算上の要請といった側面が色濃かったことがうかがえる。

　戦後には，1950年代，公認会計士による財務諸表監査制度の導入に際し，受入れ体制として企業に内部監査が要請され，また，通商産業省（現在の経済産業省）による産業合理化推進のための手段として内部監査の活用が推奨されるなど，企業外からの内部監査に対する期待が高まった。こうしたなか，1957年にはわが国初の内部監査専門団体である「日本内部監査人協会」が設立され，翌年，現在の「日本内部監査協会」に名称が変更され，現在にいたるまで，上述のIIAの日本代表機関としても活動しながら，わが国における内部監査の普及・啓発に貢献している。

3. 今日の内部監査の特徴

　今日の内部監査の特徴について知るためには，内部監査に係る基準やガイダンス類にあたるのが最も有効といえる。現在，わが国で主に利用されている基準やガイダンス類には，IIAの策定する「専門職的実施の国際フレームワーク（International Professional Practices Framework：IPPF）」や，日本内部監査協会の策定する「内部監査基準」および「内部監査実務指針」といったものがある。日本の「内部監査基準」は，「IPPF」の基準の内容を踏まえたうえで，わが国の法制度に合うような形で策定されてきているので，本章においては，以下，日本の「内部監査基準」をベースに説明を進める。

「内部監査基準」では,「第1章 内部監査の本質」において,内部監査について下記のように定義されている。

1.0.1 内部監査とは,組織体の経営目標の効果的な達成に役立つことを目的として,合法性と合理性の観点から公正かつ独立の立場で,ガバナンス・プロセス,リスク・マネジメントおよびコントロールに関連する経営諸活動の遂行状況を,内部監査人としての規律遵守の態度をもって評価し,これに基づいて客観的意見を述べ,助言・勧告を行うアシュアランス業務,および特定の経営諸活動の支援を行うアドバイザリー業務である。

ここで,「内部監査基準」の「内部監査の必要および内部監査基準の目的・運用」の「1. 内部監査の必要」においても,この内容を敷衍して解説されているので,以下,あわせて紹介する。

「組織体が,その経営目標を効果的に達成し,かつ存続するためには,ガバナンス・プロセス,リスク・マネジメントおよびコントロールを確立し,選択した方針に沿って,これらを効率的に推進し,組織体に所属する人々の規律保持と士気の高揚を促すとともに,社会的な信頼性を確保することが望まれる。内部監査は,ガバナンス・プロセス,リスク・マネジメントおよびコントロールの妥当性と有効性とを評価し,改善に貢献する。経営環境の変化に迅速に適応するように,必要に応じて,組織体の発展にとって最も有効な改善策を助言・勧告するとともに,その実現を支援する。

　ガバナンス・プロセス,リスク・マネジメントおよびコントロールの評価は,権限委譲に基づく分権管理を前提として実施される。しかも,この分権化の程度は,組織体が大規模化し,分社化や組織体集団の管理がすすみ,組織体の活動範囲が国際的に拡張するにしたがい,より一層高度化する。この分権管理が組織体の目標達成に向けて効果的に行われるようにするためには,内部監査による独立の立場からの客観的な評価が必要不可欠になる。」

両者は，内部監査の目的や手法の側面と組織体にとっての内部監査の必要の側面から，それぞれ内部監査を照射し，その実像に迫っているわけであるが，要するに，内部監査は，下記のような特徴を具備する組織内の一機能であると理解できる。

① 企業の経営目標の効果的な達成に役立つことを目的として行われる
② 組織上，他の執行部門から独立している
③ ガバナンス・プロセス，リスク・マネジメントおよびコントロールの妥当性と有効性について，客観的な評価を行い，改善を促す
④ アシュアランス業務（客観的意見を述べ，助言・勧告を行う業務）およびアドバイザリー業務（特定の経営諸活動の支援を行う業務）の２つの業務を行う

　こうした内部監査の特徴を発揮するために最も重要なのは，内部監査部門が組織上独立しており，公正不偏な態度を保持できる環境を確保することである。たとえば，経理部門や法務部門といった特定の部門内に内部監査機能を有する場合，当該部門に対して客観的な評価を行うことは困難となり，場合によっては経営目標の効果的な達成に役立つという目的を果たすこともむずかしくなる。このため，「内部監査基準」では，内部監査部門の組織上の位置付けとして下記が求められている。

> 2.2.1　内部監査部門は，組織上，最高経営者に直属し，職務上取締役会から指示を受け，同時に，取締役会および監査役（会）または監査委員会[1]への報告経路を確保しなければならない。

　ここで，「組織上，最高経営者に直属」とは，内部監査部門長の人事や内

---

[1] 現行の「内部監査基準」は，2014年に改訂されたものであるため，同年改正の会社法から導入された，監査等委員会設置会社については反映されていないが，「監査役（会）または監査委員会」については「監査役（会），監査委員会または監査等委員会」と読み替えるべきものである。以下に掲げる基準についても同様。

部監査部門の予算に係る承認権限を，最高経営者（多くの企業においては社長）のものとすることを意味している。つまり，内部監査部門長の直属の上司が社長である，というのが現代の内部監査の標準的な形となる。内部監査部門が客観的な意見を述べて助言・勧告を行った結果，これが業務の改善につながるようにするためには，監査対象部門に改善の指示をだせる権限を有する立場の者に監査結果の報告を行い，すぐに指示をだしてもらうことが最も有効である。現状，多くの日本企業においては，最高経営者に権限が集中しているのが実情であろうと思われるが，内部監査部門が最高経営者に直属することで，内部監査の結果を最も有効に活かせることが期待される。同時に，それによって，他の執行部門からの独立性が確保され，客観的な評価が可能となる。

　しかしながら，内部監査部門との情報共有・意思疎通のラインが最高経営者のみに限定されていた場合，最高経営者の関与する不正に対して内部監査部門が抑止力を発揮することは期待できない。近年，経営者の関与する不正が相次いでいることも考慮すると，内部監査部門として何かしらの対応をとる必要があろうかと思われる。そこで，「内部監査基準」では，「職務上取締役会から指示を受け」とすることで，内部監査計画策定時において，取締役会からの要望等を取り入れることを想定している。内部監査計画に係る基準においても，内部監査計画の策定にあたっては，あらかじめ最高経営者および取締役会に報告し，承認を得ることが求められているが，計画策定の段階から取締役会の関与があることによって，たとえば，最高経営者が特定の部分に対する内部監査の実施を阻むといったような，恣意的な運用を防ぐことが可能となると思われる。

> 5.3.1　内部監査部門長は，内部監査計画について，あらかじめ最高経営者および取締役会に報告し，承認を得なければならない。

　また，「内部監査基準」では，内部監査結果の報告についても，経路を複線

化することが求められている。これは，報告時にも複数の目が入ることによって，情報の握り潰しや秘匿が起こりづらくなることを企図しているもので，上記の計画段階とあわせて，ガバナンスに係る各機関とうまく連携を図ることで，企業の健全性向上に資するものと考えられる。

> 8.1.1　内部監査部門長は，内部監査の結果を，最高経営者，取締役会，監査役（会）または監査委員会，および指摘事項等に関し適切な措置を講じ得るその他の者に報告しなければならない。

　なお，さまざまな事情により，内部監査部門を組織上最高経営者の直属とすることが不可能な場合もあろうかと思われるが，そういった場合であっても，内部監査部門の独立性が確保されるような措置を講じる必要があり，加えて，取締役会および監査役（会）または監査委員会等への報告経路も確保する必要がある。

> 2.2.2　組織体の事情により内部監査部門を最高経営者以外に所属させようとする場合には，内部監査の独立性が十分に保持され，内部監査の結果としての指摘事項，助言および勧告に対して適切な措置を講じ得る経営者層に所属させなければならない。またこの場合であっても，取締役会および監査役（会）または監査委員会への報告経路を確保しなければならない。

4. 内部統制と内部監査

　2005年以降，会社法改正や内部統制報告制度の導入にともない，わが国では，多くの企業において法制度対応としての内部統制の仕組みが導入されたが，これを契機に，内部統制のモニタリング機能としての内部監査に対する関心も高まることとなった。

　今日の内部監査を理解するうえで，内部統制との関係は外せない要素の1

つと思われるので，以下，簡単に触れておく。

　現在，最も一般的に採用されている内部統制のフレームワークの1つとして，2013年にトレッドウェイ委員会支援組織委員会（Committee of Sponsoring Organizations of the Treadway Commission：COSO）から公表された『内部統制の統合的フレームワーク』（以下，「内部統制フレームワーク」）が挙げられる。COSOは，米国会計学会（American Accounting Association：AAA），米国公認会計士協会（American Institute of Certified Public Accountants：AICPA），国際財務担当経営者協会（Financial Executives International：FEI），管理会計士協会（Institute of Management Accountants：IMA）およびIIAの5団体により運営されており，全社的リスク・マネジメント，内部統制および不正防止に関するフレームワークやガイダンスの開発を通じて先導的な考え方を提供することに取り組んできている。現行のフレームワークが公表される以前は，COSOから1992年に公表された旧「内部統制フレームワーク」が，内部統制の評価モデルとして全世界で広く用いられており，2008年に導入されたわが国の内部統制報告制度にも大きな影響を与えたとされている。COSOの「内部統制フレームワーク」において，内部統制は，「事業体の取締役会，経営者およびその他の構成員によって実行され，業務，報告およびコンプライアンスに関連する目的の達成に関して合理的な保証を提供するために整備された1つのプロセスである。」と定義されており，「統制環境」，「リスク評価」，「統制活動」，「情報と伝達」，「モニタリング活動」という5つの構成要素によって構成されている。「COSOキューブ」の名前で親しまれる内部統制の概念図は著名であるが（図表3-1），COSOの「内部統制フレームワーク」によると，内部監査は，これら内部統制の5つの構成要素のうち，モニタリング活動の一部として示されている。モニタリング活動には，大きくわけて，日常業務のなかに組み込まれた「日常的評価」と客観的な検証である「独立的評価」とがあり，後者を内部監査が担うことが期待されている。つまり，COSOの「内部統制フレームワーク」において，内部監査は，内部統制の5つの構成要素が組織内に存

在し，有効に機能していることを客観的な立場から検証する機能として位置付けられているといえる。

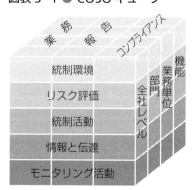

図表 3-1 ● COSO キューブ

出所：COSO の内部統制フレームワークより[2]。

2013 年に，IIA から 3 つのディフェンス・ラインというモデルが公表され，内部統制やリスク・マネジメントを有効に機能させるために，企業の各部署が担うべき職務や各部署間の連携の在り方について明らかにされている（図表 3-2)[3]。以下，この考え方について概要を紹介する。

第 1 のディフェンス・ラインは，各業務部門における内部統制をさす。各業務部門の責任者は，自部門のリスクを識別・評価したうえで適切な内部統制を整備・運用する責任を負っており，その結果を上級経営者である社長や執行役員などに報告することとなる。

第 2 のディフェンス・ラインは，リスク・マネジメントやコンプライアンスなどに関する専門部隊で，たとえば，情報セキュリティ部門や法務部門，

---

[2] COSO 編，八田進二・箱田順哉監訳『COSO 内部統制の統合的フレームワーク』（日本公認会計士協会出版局，2014 年）。
[3] 当該モデルは，現在 IIA において改訂作業中であり，2019 年 5 月には公開草案が公表される予定である。また，COSO からも，2015 年に当該モデルを用いた内部統制の整備・運用に関するペーパーが公表されている。

リスク管理部門などが該当する。これら第2のディフェンス・ラインに属する部門は，それぞれの専門性をもとに，組織体全体を通じて内部統制を整備し，その運用状況を監視している。第2のディフェンス・ラインについても，その結果は社長や執行役員などに報告されることとなる。

第3のディフェンス・ラインは，内部監査部門が担うことになる。独立性の高い内部監査部門が，第1・第2のディフェンス・ラインにおいて整備・運用されている内部統制を評価し改善を促すとともに，その結果を社長や執行役員と同時に取締役会・監査委員会などに報告することで，組織体全体としての健全性向上に貢献することが期待されているのである。

図表3-2 ● 3つのディフェンス・ライン・モデル

第1のディフェンスライン		第2のディフェンスライン	第3のディフェンスライン		
経営者によるコントロール	内部統制手段	財務管理 / セキュリティ / リスクマネジメント / 品質 / 検査 / コンプライアンス	内部監査	外部監査	規制当局

上級経営者 → 統治機関・取締役会・監査委員会

出所：IIA, The Three Lines of Defence in Effective Risk Management and Control（2013）.

また，COSOの「内部統制フレームワーク」とは別に，わが国でも，企業会計審議会から公表されている内部統制のフレームワークが存在している。これは，いわゆる内部統制報告制度に係る内部統制の評価および監査に用いられるフレームワークで，これによって内部統制の実務（とくに財務報告に係るもの）を運用されている企業も多いと思われる。ここでは，内部統制の

目的と構成要素について，下記のように分類されている。

【内部統制の4つの目的】
 ① 業務の有効性及び効率性
 ② 財務報告の信頼性
 ③ 事業活動に関わる法令等の遵守
 ④ 資産の保全

【内部統制の6つの基本的要素】
 ① 統制環境
 ② リスクの評価と対応
 ③ 統制活動
 ④ 情報と伝達
 ⑤ モニタリング
 ⑥ ITへの対応

　このフレームワークにおいても，内部監査はモニタリングの一環として，内部統制を独立的な立場から評価する機能として位置付けられている。
　COSOの「内部統制フレームワーク」もわが国内部統制報告制度におけるフレームワークも，内部統制を理解し評価するのに大変有意義な枠組みを提供するものであり，その本質が大きく異なるものではないと解される。重要なのは，各企業が自らの業務を適正に行えるよう，有効な内部統制を整備し，適正な運用をしていくこと，そして，独立的な内部監査による評価を通じてその有効性を常にモニターしていくことである。
　最後に，「内部監査基準」では，内部監査と内部統制との関係について，「第9章　内部監査と法定監査との関係」において，他の法定監査との関係のなかで下記のように述べられている。

9.0.1　わが国の法律に基づく監査制度としては，金融商品取引法による公認会計士または監査法人の監査，会社法等による監査役または監査委員会の監査，会計監査人の監査，民法による監事監査，地方自治法による監査委員および包括外部監査人の監査，会計検査院の検査等々がある。これらの監査は，内部統制の適切な整備・運用を前提としている。内部監査は，法定監査の基礎的前提としてのガバナンス・プロセス，リスク・マネジメントおよびコントロールを独立的に検討および評価することにより，法定監査の実効性を高める一方で，必要に応じて，法定監査の結果を内部監査に活用しなければならない。これによって，内部監査と法定監査は相互補完的な関係を維持することができる。

　これらを総合すると，内部統制は，「業務，報告およびコンプライアンスに関連する目的の達成に関して合理的な保証を提供するために整備された１つのプロセス」であると同時に，法定監査はそうした内部統制が適切に整備・運用されていることを前提として実施されている。そして，内部統制が適切に整備・運用されていることを独立的な立場から客観的に評価し，改善を促しているのが内部監査ということになるのである。

5. 内部監査人に求められる要件

　これまで，組織における内部監査の機能面についての説明を進めてきたが，内部監査も最終的には人が実施する経営諸活動の１つであるため，その成否をわけるのは，属人的な要素によるところもあるのは事実である。この点について，「内部監査基準」における内部監査人に求められる要件についての記述を紹介する。

3.0.1　内部監査人は，組織体における自己の使命を強く認識し，熟達した専門的能力と専門職としての正当な注意をもって職責を全うしなければならない。

内部監査人にかぎらず，取締役会や最高経営者，その他企業内のあらゆる個人が自己の使命を強く認識して職責を全うすることは，健全な組織風土を醸成するために最も重要な事項の1つと思われるが，内部監査人の場合，これに加えて「専門的能力」や「専門職としての正当な注意」が求められることとなる。

　「専門的能力」について，「内部監査基準」では，下記のように示されている。

> 3.1.1　内部監査人は，その職責を果たすに十分な知識，技能およびその他の能力を個々人として有していなければならない。さらに内部監査人は，内部監査の遂行に必要な知識，技能およびその他の能力を継続的に研鑽し，それらの一層の向上を図ることにより，内部監査の質的維持・向上，ひいては内部監査に対する信頼性の確保に努めなければならない。

> 3.1.2　また，内部監査部門長は，部門全体として，内部監査の役割を果たすに十分な知識，技能およびその他の能力を有するよう適切な措置を講じなければならず，特に内部監査人に対し，専門的知識，技能およびその他の能力を維持・向上することができるように支援しなければならない。

　内部監査人が自らの職責を果たすために必要な知識や技能等については，企業の業種や規模等によって一概にはいえない部分もある。しかしながら，基準の理解やリスク・マネジメント手法，データ分析手法，財務会計，管理会計，その他の経営管理の手法など，どのような業種の内部監査人でも共通して保有すべき専門的能力は存在する。そうした専門的能力を身に付けるために，たとえば，内部監査の専門職資格を取得するのも1つの方法である。内部監査専門職の資格として，国際的にも最も一般的なものとして，IIAの認定する「公認内部監査人（Certified Internal Auditor：CIA）」というもの

がある。現在，全世界で15万人超のCIA資格保持者がさまざまなビジネスシーンで活躍をしているが，わが国企業の内部監査人がこうした資格をもつことで，たとえば，国際的に事業を展開している企業が海外子会社への内部監査を実施する際などに，現地の監査対象部署の人員とスムーズにコミュニケーションをとることが可能となることなどが期待される。

また，企業活動の国際化が進展し，ITの進歩が目覚ましい今日において，すべての内部監査人が企業活動全体を評価できるだけの言語能力やITリテラシーを兼ね備えるというのは大変な困難をともなう。「内部監査基準」では，そうした場合であっても，内部監査部門長に対して，内部監査部門全体として，内部監査の役割を果たすに十分な能力を兼ね備えるのに必要な措置をとることが求められている。

他方，「専門職としての正当な注意」とは，「内部監査基準（3.3.2）」において，「内部監査の実施過程で専門職として当然払うべき注意」とされたうえで，とくに留意しなければならない事項として下記が例示されている。

① 監査証拠の入手と評価に際し必要とされる監査手続の適用
② ガバナンス・プロセスの有効性
③ リスク・マネジメントおよびコントロールの妥当性および有効性
④ 違法，不正，著しい不当および重大な誤謬のおそれ
⑤ 情報システムの妥当性，有効性および安全性
⑥ 組織体集団の管理体制
⑦ 監査能力の限界についての認識とその補完対策
⑧ 監査意見の形成および内部監査報告書の作成にあたっての適切な処理
⑨ 費用対効果

また，「内部監査基準（3.2.4）」では，内部監査部門長に対して，「内部監査人が内部監査人としての正当な注意を払い，内部監査を実施するように，指導し，監督しなければならない」として，個々の内部監査人が専門職としての正当な注意を保持するような部門管理が求められている。

つまり，内部監査が適正に実施されるためには，個々の内部監査人が専門

的能力を身に付け，専門職としての正当な注意を払うことが不可欠ではあるが，そうしたことが可能となるような環境を組織として整備することもまた必要となってくるといえるのである。

6. 不正と内部監査

　前述のように，歴史的な経緯を踏まえれば，初期の内部監査には不正の摘発という目的が備わっていたと考えられる。当時の経営者は，地理的に分散した各支店の管理責任者による横領や不適切な経理を警戒して，「Watch Dog」としての内部監査を経営管理上の要請から活用していたものと想定される。

　しかし，時代が下り，現在の内部監査は不正の摘発を第一義的な目的としてはいない。「内部監査基準」においても，内部監査の目的について，「組織体の経営目標の効果的な達成に役立つこと」と明記されているのみで，不正の発見についてはその目的として掲げられてはいない。

　もちろん，組織体の経営目標を効果的に達成するためには，組織体内で不正が横行しているような状況は許されるものではないし，不正が起きづらい組織体制ができているのかという点を内部監査として評価する必要はある。そういった意味においては，内部監査人も不正に対して無関心でいるべきではない。

　「内部監査基準」においても，たとえば，内部監査人の専門職としての正当な注意のなかで，とくに留意すべき事項として不正のおそれについて例示されているとともに，「第6章　内部監査の対象範囲」において，内部監査部門に対し，「組織体が不正リスクをいかに識別し，適切に対応しているかを評価」することが求められている。

6.2.1　内部監査部門は，組織体のリスク・マネジメントの妥当性および有効性を評価し，その改善に貢献しなければならない。

(中略)
(4) 内部監査部門は，組織体が不正リスクをいかに識別し，適切に対応しているかを評価しなければならない。

　人が不正を実行するに至るメカニズムを説明したものとして，「不正のトライアングル」とよばれる概念が広く知られている（図表3-3）。「不正のトライアングル」とは，「機会」，「動機」，「正当化」という3つの要素がそろった時に，人は不正に手を染めるという理論で，米国の犯罪学者であるD.R.クレッシーにより提唱されたものである。
　ここで，「機会」とは，不正の発生を可能にするような環境や状況をいい，たとえば，脆弱な内部統制，不十分なセキュリティや職務分掌といったものが挙げられる。また，「動機」とは，不正を働く理由となり得る必要性をいい，たとえば，業績目標の達成に対する要請や，個人的な問題（金銭問題や健康上の問題など），権力や影響力に対する強い欲求や行き過ぎた功名心などが挙げられる。「正当化」とは，でっちあげられた，もっともらしい言い訳をすることで，たとえば，組織体への自らの貢献に基づく権利意識や，「他の人も同じことを行っているだろうから」といった考え，「一時的にお金を借りただけで，後で返すから」であるとか「一回だけだから」といったような理由づけなどが挙げられる。
　これら不正の3つの要素のうち，「動機」と「正当化」については，不正の実行者の個人的な事情や内心に由来することが多く，組織としてこれらを排除したりコントロールすることは困難である場合もある。もちろん，不正の要素としてこれら2つが存在することを理解しておくことは不可欠ではあるが，結局のところ組織が直接コントロールできる要因は「機会」が中心となり，これをいかに減じるかという点が，不正の未然防止におけるキーポイントとなる。

図表 3-3 ● 不正のトライアングル

出所:『COSO 不正リスク管理ガイド』より[4]。

　組織の規模が拡大し,組織構造が複雑化し,高度に職務分掌の進んだ現代企業において,あらゆる階層における不正の「機会」を内部監査のみによって減らすのは,現実問題として不可能である。どのような企業においても,内部監査部門の人員や予算には制約があるためである。現代の企業においては,適切なリスク・マネジメントや内部統制によって不正の起きづらい組織体制を構築し,そのリスク・マネジメントや内部統制が本来意図したとおりに整備・運用されているかを内部監査がチェックするという方法で不正の未然防止に取り組むのが現実的であり,一般的である。

　不正を未然防止するための体制についても,前述の3つのディフェンス・ライン・モデルを援用して考えると理解しやすいのではないかと思われる。すなわち,第1のラインである業務部門が現場で不正の「機会」を極力減らすような内部統制を整備し,第2のラインであるコンプライアンス担当部署や情報セキュリティ部署などが第1のラインにおける不正リスクの管理状況が適切か否かをモニターし,第3のラインである内部監査部門がこれらの有効性を評価し経営者や取締役会に対してアシュアランスを提供する,という仕組みを組織として構築しておくことが,不正の未然防止にとっても有用であると考えられる。

---

[4] COSO 編,八田進二・神林比洋雄・橋本尚監訳『〈決定版〉COSO 不正リスク管理ガイド』(日本公認会計士協会出版局, 2014 年) より,引用・作成。

7. むすび

　改めていうまでもなく，内部監査は，経営（監督・執行）のためのツールの1つである。経営におけるその他の機能と同様，内部監査も，各種法令からの要請を間接的に受けながらも結局は経営の裁量によってその内容が決定されている。内部監査部門の人員数や予算規模，どこまで子細な監査を行うべきかといった議論に完全な正解は存在しないし，各社各様に悩まれながら実務を進められているというのが実情であろう。

　しかしながら，内部監査が本来的に果たすべき役割や内部監査人に求められる要件等については「内部監査基準」等で明らかになっており，基準に照らして，自社の内部監査が果たすべき役割を果たせているのか，果たすに足る陣容であるのかについて定期的に見直すことで，常に内部監査のブラッシュアップを図っていくのも，有効な手段の1つと思われる。

　相次ぐ企業不祥事を受け，内部監査に対する期待もかつてとは比べ物にならないほど高まっており，内部監査部門を単なるコストセンターとみなすことなく，内部監査を経営の健全性を確保するために不可欠な機能として積極的に活用し，わが国企業の持続的な発展につなげていくべきと考える。

関連する法令・基準等と参考文献・報告書等

書籍・論文・報告書等

- （The）Committee of Sponsoring Organizations of the Treadway Commission [COSO], *Internal Control-Integrated Framework*, 2013.（八田進二・箱田順哉監訳『COSO 内部統制の統合的フレームワーク』日本公認会計士協会出版局，2014 年）
- COSO, *Fraud Risk Management Guide*, 2016.（八田進二・神林比洋雄・橋本尚監訳『〈決定版〉COSO 不正リスク管理ガイド』日本公認会計士協会出版局，2017 年）
- Dale L. Flesher, *The IIA：50 Years of Progress Through Sharing*, The Institute of

Internal Auditor, 1991
- Head, J., S. Ramamoorti, C. Riddle, M. Salamasick and P. J. Sobel, *Internal Auditing: Assurance & Services*, 4th Edition, The Internal Audit Foundation, 2017
- Key, J., C. Riddle, P. Adams, S. Culter, B. McCuaig, S. Rai and J. Roth, *Sawyer's Guide for Internal Auditors*, 6th Edition, The Institute of Internal Auditors Research Foundation, 2012
- 松井隆幸著『内部監査　5訂版』同文舘出版, 2011年
- 斉藤正章, 蟹江章著『現代の内部監査』放送大学教育振興会, 2017年
- IIA編『専門職的実施の国際フレームワーク（IPPF）―2017年版―』日本内部監査協会, 2017年
- 経済団体連合会『経済団体連合会：前史』（経済団体連合会), 1962年
- 檜田信男著「内部監査の回顧と展望（1）：―内部監査の理解へのアプローチの変遷に関連して―」『LEC会計大学院紀要』第5号, 2009年, 33-49頁
- 松井隆幸著「第三のディフェンスラインとしての内部監査に関する再検討」『会計プロフェッション』第11号, 2016年, 153-167頁
- ダグラスJ.アンダーソン, ジーナ・ユーバンクス著, 堺咲子訳「COSO－ガバナンスと内部統制―3つのディフェンスライン全体でのCOSOの活用―」『月刊監査研究』41巻10号, 2015年, 37-59頁
- 日本内部監査協会編『改訂「内部監査基準」解説』日本内部監査協会, 2015年
- 日本公認会計士協会25年史編纂委員会編『会計・監査史料』日本公認会計士協会, 1977年
- （The）Institute of Internal Auditors［IIA］, The Three Lines of Defence in Effective Risk Management and Control, 2013
- IIA, Engagement Planning：Assessing Fraud Risks, 2017.（荒木理映訳「個々の監査業務の計画策定：不正リスクの評価」『月刊監査研究』44巻7号, 2018年, 24-40頁）

その他資料
- 通商産業省産業合理化審議会『企業における内部統制の大綱』産業経理協会, 1951年
- 日本経済聯盟会「内部監査に関する意見」日本経済聯盟会, 1942年
- 陸軍省経理局監査課「工場内部監査制度ノ参考」（陸軍省経理局監査課), 1942年

基準
- 内部監査基準：1.0.1／2.2.1／2.2.2／3.0.1／3.1.1／3.1.2／3.2.4／3.3.2／5.3.1／6.2.1／8.1.1／9.0.1

第**4**章

グローバル・ベスト・プラクティスからみた内部監査の課題

本章では，コンサルティングファームでコーポレート・ガバナンス，リスク・マネジメント，内部統制や内部監査に関与してきた経験から，グローバルベストプラクティスからみた内部監査の現状の課題と高度化に向けた留意点などを，国際的な比較の視点を交えて考察したい。

その対象として，以下の3つのテーマについて解説する。

(1) 内部監査のイメージギャップについて
(2) グローバルな視点から内部監査に期待される役割について
(3) 内部監査の品質評価と内部監査の課題について

1. 内部監査のイメージギャップ

(1) 日本におけるイメージギャップ

日本監査役協会「監査役監査実施要領」(2016年5月改訂)や金融庁の「財務報告に係る内部統制の評価及び監査の基準」(以下，内部統制基準)では，内部監査は，図表4-1のように，業務遂行部門とは独立して，内部統制の有効性をチェック・モニタリングする機能，内部統制の整備および運用状況を検討・評価し，必要に応じて改善を促す機能とされている[1]。わが国では，これが伝統的な内部監査のイメージとして一般に普及していると思われる。

これに対し，実際にグローバルなビジネス環境で内部監査を担いリードしている人たちは，内部監査にどのようなイメージを求めているかを確認してみよう。図表4-2にあるように，上段の日本の内部監査基準は，下段の国際的な内部監査の基準(内部監査の専門職的実施の国際基準，以下，IIA基準)を反映してアップデートされており，その内部監査の定義は，より踏み込んだ定義になっている。そこでは，内部監査とは「経営目標の効果的な達成に役立つことを目的として，(中略)ガバナンス・プロセス，リスク・マネジメントおよびコントロールに関連する経営諸活動の遂行状況を，内部監査人とし

---

[1] 監査役監査実施基準 用語解説 38, 68頁参照。内部統制基準 I.4 (4)。

図表 4-1 ● 内部監査機能のイメージギャップ―伝統的イメージ

監査役監査実施要領より

職務	役割
監査役	取締役の職務の執行を監査する。また，監査役は，取締役の会社運営上の管理監督責任・善管注意義務の責任の遂行状況について監査する。
内部監査部門 (検査部，監査部等)	主として代表取締役の指揮下にあって，かつ，**業務執行部門とは独立性を保ちながら**，内部統制（システム）の有効性のチェック・モニタリングをする機能。

財務報告に係る内部統制の評価及び監査の基準より

職務	役割
内部監査人	内部統制の目的をより効果的に達成するために，内部統制の基本的要素のひとつであるモニタリングの一環として内部統制の整備及び運用状況を検討，評価し，必要に応じて，その改善を促す職務を担っている。

出所：各要領・基準をもとに筆者作成。

図表 4-2 ● 内部監査のイメージギャップ―先進的イメージ

【日本内部監査基準より】
内部監査とは，組織体の**経営目標の効果的な達成に役立つこと**を目的として，合法性と合理性の観点から公正かつ独立の立場で，ガバナンス・プロセス，リスク・マネジメントおよびコントロールに関連する経営諸活動の遂行状況を，内部監査人としての規律遵守の態度をもって評価し，これに基づいて客観的意見を述べ，**助言・勧告を行うアシュアランス業務**，および特定の経営諸活動の支援を行うアドバイザリー業務である。(1.0.1)

【内部監査人協会 ― グローバルな内部監査のミッションと定義】
内部監査のミッション 　リスク・ベースで客観的なアシュアランス，アドバイス，見識を提供することにより，組織体の価値を高め，保全する。 内部監査の定義 　内部監査は，組織体の運営に関し価値を付加し，また改善するために行われる，独立にして，客観的なアシュアランスおよびコンサルティング活動である。内部監査は，組織体の目標の達成に役立つことにある。このためにリスク・マネジメント，コントロールおよびガバナンスの各プロセスの有効性の評価，改善を，内部監査の専門職として規律ある姿勢で体系的な手法をもって行う。

出所：基準などをもとに筆者作成。

ての規律遵守の態度をもって評価し，これに基づいて客観的意見を述べ，助言・勧告を行うアシュアランス業務，および特定の経営諸活動の支援を行うアドバイザリー業務」とされている。図表4-1でみた定義・見方よりも経営目標の達成に貢献するための幅広い活動を志していることがわかる。

　ところで，外部監査・会計監査も内部監査と同じくアシュアランス業務といわれる。アシュアランス業務とは，日本語では保証業務と訳されている。では，外部監査・会計監査というのは何を保証しているのか。監査法人は，株主その他の外部のステークホルダーに対して「この財務諸表は適正である。」という監査意見を提出して保証する。他方で，内部監査は誰に対して何をアシュアランス（保証）するのか。内部監査のアシュアランス先は取締役会，経営陣であり，彼らに「あなた方が経営している企業は，あなた方の期待・想定どおりに整備され，適切に機能している。」ということをアシュアランス（保証）するのである。つまり，外部監査・会計監査は外部の株主などに向けてアシュアランスを提供するのに対して，内部監査は会社内部の取締役会と経営陣に対してアシュアランスを提供する。

　そのため，内部監査のミッションは，図表4-2にあるように，名宛人である取締役会や経営者などのニーズを踏まえて「リスク・ベースで客観的なアシュアランス，アドバイス，見識を提供することにより，組織体の価値を高め，保全する。」とされている。

(2)「経営監査」という日本の内部監査の意識・イメージ改革

　日本では近年，コーポレート・ガバナンスや内部統制については，グローバルな流れに沿って理解および制度の整備が進んだ。しかし，内部監査の伝統的なイメージは，依然として長年払拭できないところがある。そこで，「経営監査」という用語を用いて内部監査を表現する日本企業が出現した。IIA基準では，この「経営監査」という用語はどこにもない。欧米において内部監査の基準自体，先述のように，コーポレート・ガバナンスやリスク・マネジメントなど高度化する要請に沿った取締役会や経営者などのニーズを踏ま

えたものに変貌を遂げた。にもかかわらず，日本では実際にはこの内部監査の新しい概念が経営陣や一般的になかなか普及しなかった。そこで，2000年ごろに，日本の主要企業が参加する企業研究会の「これからの経営監査を考える会」にて，まず監査部の名称を業務監査部ではなく経営監査部に変えようと提唱された。このような流れを受けて，当時，ソニー，東芝，キヤノン，キリンのような企業がリードして経営監査と名称を変更している。当初は，経営監査という表現を用いることにより，企業の内部監査機能が経営者または取締役会のために，「内部統制，リスク・マネジメントおよびコーポレート・ガバナンスに対して，きちんと経営責任が果たされているかどうかを客観的に評価し，必要に応じて改善に取り組むこと」を目指したのである。前述の国際基準で標榜した内部監査の方向性を，日本では経営監査と表明することにより，意識の改革を図ろうとしたといえる（図表4-3参照）。『第19回監査総合実態調査 2017年監査白書』では，34社（回答972社のうち3.5％）が経営監査部（室）の名称を使用している。

図表4-3 ●「経営監査」？

- 経営監査とは？　日本で二つの解釈を巡って混乱
  - 「経営を内部監査するのか？」
  - 「経営のために内部監査をするのか？」
- 海外では「経営監査」という用語はない。

当会合での「経営監査」の定義 － 経営監査とは，企業の内部者が当該企業の最高経営者層または取締役会等のために，当該企業の内部統制，リスク・マネジメントおよびコーポレート・ガバナンスの状況について，ステークホルダーに対する経営責任が果たされているかどうかを客観的に評価し，必要に応じて改善提案を行うとともに，改善提案実行のための協力をする行為である。
（企業研究会　これからの経営監査を考える会）

従来の業務プロセス主体の内部監査に対し，より高い視点での経営トップの意思決定判断に資する内部監査の必要性提起をおこなったもの
（日本内部監査協会　CIAフォーラム研究会No.13（米国企業の経営監査）研究会）

出所：筆者作成。

(3) 米国と日本の内部監査のギャップ

著者は米国の大学卒業後，米国で6年間，当時ビッグエイトの一角であったアーサーアンダーセンという監査法人で米国企業および日本企業の監査を担当していた。その後帰国し，日本企業の会計監査や在日外資系企業の会計監査を担当した。内部監査の世界に入るきっかけとなったのは，当時，日本の監査法人に米国からリスクアプローチ監査手法を導入するコミッティで活動し，会計監査のリスクは，会計処理を間違えることではなく，ビジネスの実態と財務諸表がかけ離れるリスクだと気付いたことである。財務会計はビ

「経営監査」は経営を監査？ 経営のために監査？

当時，内部監査協会の研究部会が，米国企業の「経営監査」を研究しようとしてアメリカ企業の内部監査人にインタビューしようとしたが，全然話が通じず帰ってきたという話がありました。そもそも内部監査自体の定義が海外では変化していき，内部監査業務が変革していったにもかかわらず，日本では業務監査のイメージが強く，あえて「経営監査」に名前を変えたり，新しいタイプの監査をやりますとアピールしないと，なかなか変革を理解してもらえないという背景があったようです。日本で「経営監査」という言葉が広がり始めた際，監査役などは「経営を監査するのは監査役の役割なのになぜ内部監査が経営監査をするのか」と混乱した議論もありました。しかし，その趣旨は，経営を監査するのではなく，経営に資する内部監査を実施するという志を，あえて経営監査と名前を変更することにより表明したというものです。当時の内部監査の先輩方は，内部監査をグローバルコンセプトに近づけるための知恵と勇気をもっていたのですね。

ただ，海外の人たちには，「経営監査」を直訳しても，現在でもなかなか通じないかもしれません。海外の人とは，内部監査の国際基準を共通言語に議論をするほうが，話が通じるでしょう。

ジネスの実態を財務諸表でどう適切に伝えるかが本質の問題であり，不正についても，実態とはかけ離れた状況を，監査人として気付かずに財務諸表を適切と判断することがリスクである。大学で会計学を専攻したが，ビジネスの実態やビジネスのリスクを理解することの重要性をこの時に認識したのが大きな転換点となった。当時のアーサーアンダーセンで提唱していたビジネスリスクモデルによる内部監査は，組織のさまざまな分野およびリスクを対象とした内部監査を志向し，よりダイナミックにビジネスの実態を理解し確認するアプローチであった。

外部監査の世界から内部監査の世界に入った際に新鮮だったのは，内部監査の基準とその資格であるCIA（Certified Internal Auditor：公認内部監査人）が世界共通ということであった。会計士も弁護士もそれぞれの国の制度であり資格であるが，内部監査は世界共通なのである。各国の内部監査協会は，内部監査の国際基準を共通のベースとして，これを翻訳して自国で提供している。資格試験の問題も全世界共通であり，約190の国がこの資格試験に参加しているようである。ビジネスそしてガバナンスの考え方がグローバル化し，内部統制，リスク・マネジメントの考え方もグローバル化しているなかで，内部監査は国ごとではなく，グローバルな考え方・基準・資格で対応する枠組みになっているのである。

しかしながら，日本企業の内部監査が実際にグローバルな欧米企業の内部監査と同等な活動ができているかというと，残念ながらそうとは言い切れない。図表4-4にあるように，資格はグローバルに共通ではあるが，国の制度やビジネス環境により日本と欧米の内部監査のあり方にギャップがあると感じている。

ここからは，著者が欧米企業と日本企業の両方の内部監査組織とおつきあいさせていただいている経験から，なぜそのような違いがでるのか考察してみたい。

図表4-4 ● 内部監査の特徴　日本と米国の違い

	日本	米国
内部監査の資格	CIA（Certified Internal Auditor：公認内部監査人）は世界共通の認定制度。CIA資格認定試験は世界約190の国と地域で実施。「日本語」で受験可能。COSOフレームワークが前提。	
内部統制への対応	・金融商品取引法内部統制評価制度対応 ・会社法の内部統制システム	・USSOX法対応（COSOフレームワーク）
会社ガバナンスにおける位置づけ	・多くの監査部は経営者へ報告。監査役とは連携の関係。 ・監査（等）委員会設置会社では委員会へ報告。	・多くは経営者と監査委員会へ報告。監査委員会が監査計画・予算等を承認し、遂行を監督。
内部監査人の人材・キャリアパス	・社内の部署異動により、監査部へ配属され、監査を学ぶ。平均年齢は高い。 ・内部統制評価制度導入時に人数が増加。	・多くは監査法人で会計監査を経験後、20-30代で「監査のプロ」として採用される。 ・キャリア監査人として転職する。

出所：筆者作成。

　そもそも、内部監査の基礎となる「内部統制」への対応の建付けや要請が、日本と欧米では異なる。米国では、米国SOX法の内部統制も、内部監査のベースとなるIIA基準も、COSOの内部統制フレームワークという共通基盤のうえに設計されている。日本では、金融商品取引法における内部統制評価制度のなかで、COSOを参考にした日本独自の内部統制フレームワークが金融庁の企業会計審議会内部統制部会から提示されている。しかし、日本には法務省が管轄する会社法の内部統制システムもあり、その関連するフレームワークは提示されていない。また、それぞれの内部統制に対する解釈も異なるところがある。日本企業の内部監査人は金融商品取引法に基づく内部統制にも、会社法に基づく内部統制にも対応しなければならない。その両者が必ずしも同じ定義や要請でないことにより、経営者も内部監査人も混乱する状況にある。

　また、ガバナンスの仕組みも異なる。米国は取締役会の一部として監査委

員会があり，監査委員会が外部監査人を選定し，外部監査と内部監査をモニタリングする役割を担っている。監査委員会は内部監査に対し，監査計画の承認，予算の承認，監査結果報告の協議・指示などを実施し，内部監査が機能するように助言や監督をする。監査委員会は実務的な監査（往査など）を自ら直接は実行しないため，内部監査および外部監査がしっかり監査しないと監査委員会としての判断や役割を果たせないからである。

これに対し，日本の多くの企業が採用している監査役制度では，監査役からみると内部監査は執行側に属しているため，連携はするが，監査役が内部監査計画の承認や監督の役割を担うべきではないと考えている方が多い。

IIA基準では，以下の解釈指針が示されている（下記「取締役会」とされている部分は，欧米では，取締役会の一部として機能する「監査委員会」が実質的に担っているため，著者が「監査委員会」と追記している）。

1110－組織上の独立性
　内部監査部門長は，内部監査部門がその責任を果たすことができるよう組織体内の一定以上の階層にある者に直属しなければならない。内部監査部門長は，少なくとも年に1回，内部監査部門の組織上の独立性の確保について，取締役会（または監査委員会）に報告しなければならない。
解釈指針：
　組織上の独立性は，内部監査部門長が取締役会（または監査委員会）から職務上の指示を受け，職務上の報告を行うことにより，有効に確保される。取締役会（または監査委員会）の職務上の指示・報告の例として，取締役会（または監査委員会）が次のことを行う場合が挙げられる。
- 内部監査基本規程を承認すること
- リスク・ベースの内部監査部門の計画を承認すること
- 内部監査部門の予算および監査資源の計画を承認すること
- 内部監査部門の計画に対する業務遂行状況およびその他の事項について内部監査部門長から伝達を受けること

日本においても，監査役は法的には内部監査に指示ができるとの見解もあり，実質的に内部監査に指示や依頼をする監査役は多くなっているようである[2]。しかし，内部監査が執行側の報告ライン内にある組織では，監査役会が，IIA基準が期待する上記のようなリスクベースの内部監査計画の承認，予算および資源計画の承認等，直接的な権限を担うことには躊躇するところが多いように見受ける。最近，監査役会設置会社から監査等委員会に移行する会社が増えているが，多くは監査役会設置会社としての慣行や考え方が色濃く残り，IIA基準に期待されるような監査委員会の役割を理解し，内部監査の活動全体を適切に指導・指示・監督しているといえる組織は，まだ少数派のように思える。今後の監査等委員会や監査委員会のメンバーを務める方々には，内部監査の指導・指示・監督の役割をリードしていただけることを大いに期待している。

　もうひとつ欧米と日本の内部監査環境で異なるのは，内部監査の人材の背景である。日本と比べて米国は弁護士の数も圧倒的に多いが，同様に，米国公認会計士の数も非常に多いのである。米国の公認会計士の優秀な層の多くは大手監査法人に入社するが，その後，だいたい30代前半ぐらいで，大部分が企業に転職していく。欧米企業の内部監査組織では，監査のプロとして外部監査からの若い転職組が入り，その後キャリア内部監査人として複数の企業の監査部署を経験していくか，あるいは内部監査からその企業の他部門のリーダーやCFOへとステップアップしていくキャリアパスが一般的である。

　翻って日本企業の内部監査部門では，他部署で長年経験してからの異動が多く，平均年齢も高めである。内部統制報告制度の導入時に内部監査が強化された企業が多く，必ずしも会計や監査のプロとして研鑽を積んだわけではなく，社内異動によって内部監査部門に配属となり，そこから監査を学んでいる方々も多くいる。企業内異動で内部監査人が構成されるのは，組織の内情や文化をよく理解した内部監査人が内部監査の実務を担うという大きなメ

---

[2] 日本監査役協会「監査役と内部監査の連携について」14, 15頁（2017年）等参照（ただし，明確化のために内部統制基本方針等に明記することを提言する）。

リットがある。他方，監査スキルの習得・研鑽やプロフェッショナル意識の醸成は，日本企業の内部監査の課題となっている。それは上記のように内部監査に配置される人材の層と背景が欧米とは異なることも一因と思われる。

　もっとも，日本企業の，とくにガバナンスに熱心な多くの企業の内部監査組織において，係る課題を認識し，内部監査の意義やIIA基準に触れ，CIAの資格に取り組み，企業内プロフェッショナルとして研鑽される方々が増えているのは心強い動きである。

2. 内部監査に期待される役割

　グローバルなコーポレート・ガバナンスの視点から内部監査にどのような役割が期待されているのかについて考察してみる。内部監査への期待は，グローバルな内部統制の動向やベストプラクティスといわれるものを理解することによってみえてくる。

(1) COSOの内部統制フレームワーク(2013年)における内部監査

　内部統制を勉強された方はCOSOキューブの内部統制フレームワークを一度は本で目にされていると思う。1992年に発行されグローバルに広がったCOSOの内部統制フレームワークは，2013年に改訂されている（金融商品取引法が内部統制報告制度を導入した際は，古い版，1992年の内部統制のフレームワークを参考としている）。

　2013年のCOSOの内部統制フレームワークの改訂では，5つの内部統制構成要素はそのままに，17の原則が明示された（図表4-5参照）。コーポレート・ガバナンスでも最近はこの「原則主義」が主流である。原則が示され，それをどのように達成しているか，あるいはなぜ実施しないのかなどの説明責任は組織側にあるという考え方である。米国SOX法の導入・適用により，監査法人が提供する内部統制のチェックリストアプローチが蔓延したことを懸念・反省して，「内部統制は，原則主義だ」と改めて改訂版COSOにて強

図表4-5 ● 内部統制グローバル標準の視点

2013年にCOSOの内部統制フレームワークが改訂された。
有効な内部統制に不可欠な17の原則を明示

統制環境	1.組織は,誠実性と倫理観に対するコミットメントを表明する 2.取締役会は,独立性を保持し内部統制の整備運用状況の監視を行う 3.経営者は,組織構造,報告経路および適切な権限と責任を確立する 4.組織は,有能な人材を惹きつけ,育成,維持にコミットする 5.組織は,内部統制に対する責任を個々人に持たせる
リスク評価	6.組織は,リスク評価のための適切な目的を明示する 7.組織は,リスクの特定と分析を行う 8.組織は,目的達成のリスク評価に際して不正の可能性を検討する 9.組織は,リスクの重要な変化を特定し,分析する
統制活動	10.組織は,リスクを許容可能水準まで低減する統制活動を選択整備する 11.組織は,テクノロジに係る全般統制活動を選択し整備する 12.組織は,期待を明記した方針及び手続のもとで統制活動を展開する
情報と伝達	13.組織は,関連性のある質の高い情報を入手,作成して活用する 14.組織は,内部統制の目的と責任分担を含む情報を組織内部に伝達する 15.組織は,構成要素の機能に影響を与える事項を組織外部に伝達する
モニタリング活動	16.組織は,構成要素が存在し機能していることを確かめるため継続的評価及び/又は,独立的評価を,選択,適用,実行する 17.組織は,適時に不備を評価し,是正措置の責任ある者に伝達する

出所:COSOの内部統制フレームワーク[3]。

調したものと思われる。

内部監査は,通常,内部統制の5つ目の構成要素であるモニタリング活動の原則16「組織は,構成要素が存在し機能していることを確かめるため継続的評価及び/又は独立的評価を,選択,適用,実行する」役割を担う機能と位置付けられている。

さらに,2013年に改訂されたCOSOの内部統制フレームワークでは,内部監査の重要性を強調している。図表4-6にあるように,モニタリング活動において言及されているだけではなく,ガバナンス要素である統制環境の原則3「経営者は,組織構造,報告経路および適切な権限と責任を確立する」の解

---

[3] COSO編,八田進二・箱田順哉監訳『COSO内部統制の統合的フレームワーク』(日本公認会計士協会出版局,2014年)。

第4章
グローバル・ベスト・プラクティスからみた内部監査の課題

図表 4-6 ● 改訂版 COSO の内部統制フレームワークは内部監査も重視

内部統制の17原則の統制環境はガバナンス要素

> 1. 組織は，誠実性と倫理観に対するコミットメントを表明する
> 2. 取締役会は，独立性を保持し内部統制の整備運用状況の監視を行う
> 3. 経営者は，**組織構造，報告経路および適切な権限と責任を確立**する
> 4. 組織は，有能な人材を惹きつけ，育成，維持にコミットする
> 5. 組織は，内部統制に対する責任を個々人に持たせる

 以下の言及により内部監査を強調

> ・不適切な行為を発見・報告する能力のない弱い内部監査機能は，組織のコミットメントが弱いとみなされる要素の1つ
> ・内部統制の責任は，組織の目的達成に対する3つのディフェンス・ラインによって構成（内部監査は第3のディフェンス・ライン）

出所：COSOの内部統制フレームワークをもとに筆者作成。

説においても，内部監査に言及している。それには，「不適切な行為を発見・報告する能力のない弱い内部監査機能は，組織のコミットメントが弱いとみなされる要素の1つ」とある。逆をいえば，ガバナンスや内部統制が実質的に機能しているという組織では，不適切な行為を発見・報告する能力をもった内部監査が機能していることが期待されているといえる。

(2) 3つのディフェンス・ライン・モデルにおける期待

　2013年に改訂されたCOSOの内部統制フレームワークでは，図表4-6にあるように，内部統制の組織構造に関して，「内部統制の責任は，組織目的に対して3つのディフェンス・ラインによって構成される」と言及されている。

　内部統制の3つのディフェンス・ライン・モデルとは，リスク・マネジメントや内部統制を機能させるために，組織内での役割分担をどのように設計すべきかを図表4-7のように示したものである。最近はこのモデルが内部統制組織のベストプラクティスといわれている。内部統制やリスク・マネジメ

図表 4-7 ● 3つのディフェンス・ライン・モデル

改訂版COSOが推奨する3つのディフェンス・ライン・モデル ― リスクマネジメントや内部統制が有効に機能するために,3つのディフェンス・ラインが機能することが必要と提唱

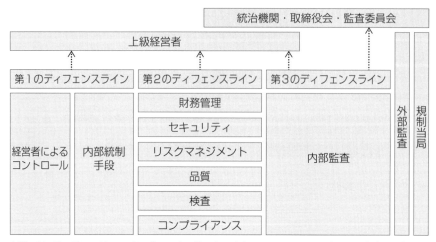

出所：IIA, The Three Lines of Defence in Effective Risk Management and Control (2013).

ントが機能するには,上級経営者と取締役会の指揮と監督の下,3つの別々の機能・役割を担うグループが必要だという考え方である。各グループまたはラインの責任は,事業部門の第1のディフェンス・ライン,そして財務・リスク管理・コンプライアンス部門など経営陣を支援してリスクや内部統制をモニタリングする第2のディフェンス・ライン,そしてリスク・マネジメントと内部統制の有効性に関して独立的なアシュアランスを提供する内部監査が第3のディフェンス・ラインである。この内部統制の組織体制を示すディフェンス・ライン・モデルにおいて,内部監査は組織の第3のディフェンスとして位置付けられ,経営者だけではなく取締役会あるいは監査委員会,監査役会に対して独立の報告ルートをもち,第1および第2ラインが執行する業務のアシュアランスを提供することが期待されている。内部統制の考え方がグローバルに普及するなかで,このような内部統制を機能させるための組

織体制モデルと、そのなかでの内部監査の位置付けおよび期待も広まっているといえる。

(3) 不正リスクにおける内部監査の期待

　警察官や検察官に近かった内部監査のイメージを払拭して、リスクや内部統制のアドバイザーを目指してきた内部監査人は、長年内部監査が不正検査の直接的な責任を負うことには抵抗してきた。図表4-8にあるようにIIA基準においても「内部監査人は、不正のリスクを評価し組織体がそのリスクを管理する手段を評価するための、十分な知識を有していなければならないが、不正の発見と調査に第一義的な責任を負う者と同等の専門知識を持つことは期待されていない。」と明記されている。

　実際、不正の発見・調査には、一般的な内部統制の知識だけでは不十分であり、不正の手口や特殊な調査方法・経験が必要となる。よって、内部監査のCIAとは別のCFE（Certified Fraud Examiner：公認不正検査士）という

図表4-8 ● 不正リスクにおける内部監査への期待

内部監査の専門職的実施の国際基準より
1210　熟達した専門的能力 1210.A2― 内部監査人は、**不正のリスクを評価し組織体がそのリスクを管理する手段を評価するための、十分な知識を有していなければならないが、不正の発見と調査に第一義的な責任を負う者と同等の専門知識を持つことは期待されていない。**
1220　専門職としての正当な注意 内部監査人は以下の諸点に配慮して専門職としての正当な注意を払わなければならない。 ・重要な誤謬、**不正**、法令等違反の可能性
2060 ― 最高経営者および取締役会への報告 内部監査部門長は、内部監査部門の目的、権限、責任および内部監査部門の計画に関連する業務遂行について、定期的に最高経営者および取締役会へ報告しなければならない。報告にはさらに、重要なリスク・エクスポージャー（リスクに曝されている度合い）とコントロール上の課題が含まれなければならない。これには**不正のリスク**、ガバナンス上の課題や、最高経営者または取締役会が必要とするかあるいは要求するその他の事項も含まれる。

資格があり，内部監査人のなかには，CFE を取得している人もいる。不正には，不正を犯す「動機」や「機会」，不正行為の「正当化」という3つの要因があり，内部統制は「機会」の最小化を図るが，不正に対応するには，その具体的手法や人間の心理がもたらす「動機」，「正当化」の理解や，疑惑が生じた際の的確な調査のスキル・訓練および経験が必要となる。とくに，複雑な会計・法律・IT システムなどが絡む不正への調査・対応には，専門家の関与が不可欠である。

そうはいっても，ひとたび組織において重要な「不正」が発覚すると，経営に大きな影響を与えるため，内部監査として不正に注意を払うことは重要である。前述のように，IIA 基準では，「内部監査人は，不正のリスクを評価し組織体がそのリスクを管理する手段を評価するための，十分な知識を有していなければならない」としている。また，内部監査人が内部監査を実施するには，常に「重要な誤謬，不正，法令等違反の可能性について専門職としての正当な注意を払わなければならない。」という期待が明記されている。また，2013 年に改訂された COSO の内部統制フレームワークにおいては，前述のとおり「不適切な行為を発見・報告する能力のない弱い監査機能は，組織のコミットメントが弱いとみなす要素になる」との言及があり，内部監査が不適切な行為を発見・報告する能力を有することへの期待はより高まっているといえる。

さらに，同フレームワークでは，図表 4-5 にあるように，構成要素の1つである「リスク評価」の原則として，「8. 組織は，目的達成のリスク評価に際して不正の可能性を検討する」と明記された。これを受け，2016 年には，COSO/ACFE（Association of Certified Fraud Examiner）が共同で「不正リスク管理ガイド」を発行した。内部統制評価制度がグローバルに普及しても減らない「不正」に対して，どのように不正リスク・マネジメントの仕組みを組織は構築するべきか，その原則とフレームワークを提示している。

これに対し，本章執筆時の 2018 年時点の日本の内部統制報告制度では，2013 年の改訂版 COSO の内部統制原則をまだ取り込んでいないため，新たな

原則として示された不正リスク評価に関する COSO の要請は反映されていない。多くの日本企業の不正リスク評価の実施や不正リスク・マネジメントの取組みは，この原則を取り入れ対応した欧米企業に比べて遅れているように見受けられる。不正リスク評価やマネジメントがグローバルなベストプラクティスとなっていくなか，わが国の内部監査においても，「内部監査部門は組織体が不正リスクをいかに識別し，適切に対応しているかを評価しなければならない」[4] とされることを踏まえ，不正リスクを評価し，そのリスクを管理する手段が組織に備わっているかを評価し，アシュアランスする役割が期待されている。

(4) ERM（全社的リスク・マネジメント）における期待

　前述のように，2013 年に改訂された COSO の内部統制フレームワークが 3 つのディフェンス・ライン・モデルを推奨しているが，このモデルは内部統制だけに限定されない。内部監査の定義に戻り，何をアシュアランス対象としているか確認すると「リスク・マネジメント，コントロールおよびガバナンスの各プロセスの有効性の評価，改善を，内部監査の専門職として規律ある姿勢で体系的な手法をもって行う。」とされている。コントロール，つまり内部統制だけでなく，リスク・マネジメントや，第 1，第 2 のディフェンス・ラインの執行に関連するガバナンス・プロセスも対象となっている。

　2017 年に COSO-ERM（Enterprise Risk Management）フレームワークが発表されて関心が高まっているので，ERM（全社的リスク・マネジメント）における内部監査の役割についてグローバルにどのような議論がなされているか紹介したい。組織においては，財務部門が為替のリスクに対応したり，法務部門がコンプライアンス・リスクに対応したり，製造部門が品質リスクに対応したりするように，リスクに個別に対応する関連組織が，通常，構成され機能している。COSO が 2004 年に ERM のフレームワークを発表し，個別のリスク対応にとどまらず，経営陣はリスク全体のプロファイルを把握・

---

[4]　内部監査基準　6.2.1 (4)

評価し，重要なものに経営として対応するという ERM の考え方を提示し，その後ベストプラクティスとしてグローバルに普及していった。最近では，日本のコーポレートガバナンス・コードにおいても，取締役会の責務として「経営陣幹部による適切なリスクテイクを支える環境整備を行うこと。独立した客観的な立場から経営陣（執行役およびいわゆる執行役員を含む）・取締役に対する実効性の高い監督を行うこと。」が要請されている[5]。グローバルの動向としても，COSO-ERM フレームワークが 2017 年に刷新され，戦略とリスク・マネジメントの統合が推奨されている。

　ERM における内部監査の役割について，COSO-ERM フレームワーク Appendix では，全社的リスク・マネジメントに対する内部監査のモニタリング・アシュアランス機能の役割が記載されている。ただ，多くの企業において，まだ ERM の PDCA が期待されるレベルで実施されていないという実情がある。その場合，そもそも全社的リスク・マネジメントの仕組みがないと内部監査としてはアシュアランスのしようがないという議論になりがちである。この点，グローバルな内部監査人協会（IIA）からのポジションペーパー（IIA Position Paper：Role of Internal Auditing in Enterprise Wide Risk Management（2009））が提示している，全社的リスク・マネジメントにおける内部監査が果たせる役割が参考になる。図表 4-9 は，全社的リスク・マネジメントに対して内部監査は保証（アシュアランス）だけでなく，助言活動を通して貢献できることを示している。

　図表 4-9 の最初にあるとおり，内部監査は，評価者として組織全体，また事業単位ごとにリスク・マネジメントが有効に機能しているかを評価するという点が期待される本来の役割である。ただ，それだけに限定せず，「まだ仕組みができていない分野では，監査はできない」とせずに，仕組みが未整備であれば，経営に貢献するためにも，仕組み作りに向けて助言する役割も期待され，担えるのが内部監査である。

　全社的リスク・マネジメントにおける助言活動を整理すると，図表 4-9 に

---

[5]　コーポレートガバナンス・コード　基本原則 4（2）（3）

図表4-9 ● 全社的リスク管理における内部監査への期待

全社的リスク管理における内部監査の役割は以下のように分類できる。

保証 (アシュアランス)	5. 評価者 組織体全体または事業単位ごとのリスク管理の有効性を評価する
助言 (コンサルティング)	1. 教育者 全社的リスク管理とは何か、なぜ必要か等について全社的リスク管理の枠組みを用いて社内に教育する
	2. 促進者 組織体のリスクの評価と対応策の策定を主導的に促進する
	3. 調整者 組織体の全社的リスク管理導入に際して共通言語(リスク定義や評価基準等)の提案や、共通言語その他の枠組みを組織体全体に一貫して展開するための調整を行う
	4. 統合者 複数の情報源からのリスク関連情報を収集、分析し、リスクにさらされている度合いや監査結果を全社的に集約して報告する

出所：Protiviti, Guide to Enterprise Risk Management-Frequently Asked Question より筆者要訳。

あるように、大きく4つに分類されている。1つ目は、社内にリスク・マネジメントの考え方やフレームワークを普及し教育する役割、2つ目は個別分野・部署のリスクの特定や対応策作業をファシリテーター・アドバイザーとして推進する役割、3つ目は全社的リスク・マネジメントの仕組み導入へ向けての共通言語や枠組みの設計を支援・調整する役割、そして最後の4つ目に、全社のリスクに関連する情報を、監査結果の情報ともあわせて、収集・分析・統合して報告する役割である。IIA基準の内部監査の定義のなかで、「内部監査は、組織体の運営に関し価値を付加し、また改善するために行われる、独立にして、客観的なアシュアランスおよびコンサルティング活動である。」と定義しているコンサルティング活動というのは、内部監査の独立的位置付けやスキルを活用して実施するこのような助言・支援活動への期待を示している。

3. 内部監査の品質評価からの考察

(1) 内部監査の品質評価─外部評価とは

（上記 **2.** では）グローバルなコーポレート・ガバナンスの視点から内部監査にどのような役割が期待されているかについて紹介した。

次に，内部監査の品質を向上するための仕組みとそこからみえる内部監査の課題について考察したい。つまり，内部監査の期待が高まるなか，内部監査が期待に応えられているかを確認する取組みを紹介する。

グローバルに普及し，日本においても制度化された内部統制評価は，「内部統制は有効に機能している」と組織が表明する仕組みである。これは，内部統制フレームワークが原則で提示する内部統制構成要素がその組織に存在し機能していることを，確認作業を経て表明することを意味する。内部監査も同様に「何をもって内部監査が機能しているといえるのか」を，内部監査に焦点をあてて確認する枠組みが必要である。そのために，IIA 基準では，図表 4-10 にあるような，内部監査の品質評価の仕組みを提供している。

これは，内部監査活動の有効性の評価，IIA 基準への適合性，そして，内部監査のベストプラクティスを参考にした改善の機会を目的として，内部監査の知識と経験を有する外部評価者のレビューを受ける仕組みである。米国に本部をおく IIA が発行する IIA 基準では，5 年に 1 回外部評価を受けることが推奨されている[6]。しかし，法的要請ではない。ただし，「内部監査は国際的基準に沿って，実施している」と，企業が HP や，ディスクロージャー誌，統合報告書などで表明・開示したい場合は，この IIA 基準での外部品質評価は必須となる。

日本企業の内部監査の方々からは，経営陣から内部監査の外部評価を受ける予算への理解を得るのに苦労しているとの話をよく聞く。筆者が会社の経

---

[6] IIA 基準 1312。

図表4-10 ● 内部監査の品質評価 −定義と対象分野

定義	・内部監査の品質評価とは，以下を主要目的として実施される内部監査活動の評価をさす。 　1. 内部監査活動の有効性の評価 　2. 内部監査人協会（IIA）の『内部監査の専門職的実施の国際基準』（IIA基準）および倫理綱要への適合性についての評価 　3. ベストプラクティスを参考にした改善の機会の提供
IIAの品質評価の対象分野	・IIAは，プロフェッショナルな内部監査実施者が遵守すべき指針として，倫理綱要および「IIA基準」を設定している。 ・外部評価は，IIAの基準に定められた以下13の領域に関しての内部監査活動を評価対象としている。 〈内部監査の専門職的実施の国際基準〉 1000 −目的，権限および責任 1100 −独立性と客観性 1200 −熟達した専門的能力および専門職としての正当な注意 1300 −品質のアシュアランスと改善のプログラム 2000 −内部監査部門の管理 2100 −業務（work）の内容 2200 −内部監査（アシュアランスおよびコンサルティング）の個々の業務に対する計画の策定 2300 −内部監査（アシュアランスおよびコンサルティング）の個々の業務の実施 2400 −結果の伝達 2500 −進捗状況のモニタリング 2600 −リスク受容についての伝達 内部監査の定義 IIA 倫理綱要

出所：基準などをもとに筆者作成。

営陣に，内部監査の外部評価を説明する際には，よく次のようにお伝えする。「内部監査は様々な部署に行き，その部署の活動が機能しているか，改善点がないか評価する。しかし，内部監査は自分たちの監査が，内部監査の基準や同業他社の取組みと比較して適切なのか，どのような改善点があるかを評価してもらえる機会がなかなかない。内部監査が他部署の業務を評価するだけでなく，自分たちの業務も評価されるために，5年に1回，外部の目をいれて内部監査の有効性を確認するために内部監査の外部品質評価が必要」であると。ガバナンス意識が高く，内部監査に理解のある経営者の多くは「そういう仕組みはなるほど必要だ」と納得し支持してくれる。

(2) 内部監査の品質評価からみる内部監査の課題

前述の図表4-2でみたように，IIAは内部監査を，次のように定義している。

「内部監査は，組織体の運営に関し価値を付加し，また改善するために行われる，独立にして，客観的なアシュアランスおよびコンサルティング活動である。内部監査は，組織体の目標の達成に役立つことにある。このためにリスク・マネジメント，コントロールおよびガバナンスの各プロセスの有効性の評価，改善を，内部監査の専門職として規律ある姿勢で体系的な手法をもって行う。」。

内部監査の「独立にして，客観的な」活動とは何を意味してどのように確保するのか，「アシュアランス活動」にはどのような要素が必要なのか，「リスク・マネジメント，コントロールおよびガバナンスの各プロセス」とは何を意味するのか，「内部監査の専門職」とは何が期待されているのか，「規律ある姿勢」とはどのようなことなのか，「体系的な手法」とは何を意味するのか。そこで，IIA基準は，図表4-10に基準項目が列挙されているように，上記定義に沿った内部監査を実施するにあたってのフレームワークと原則を提示する。このIIA基準は，企業・組織レベルと，CIA資格をもつ個人レベルの両方に，グローバルに適用されるものと位置付けられている。グローバルなコーポレート・ガバナンス，内部統制，内部監査を志向する企業にとっては，採用すべき基準といえる。少なくとも，コーポレート・ガバナンスや内部統制，内部監査に関わる方々には，内部監査のグローバルスタンダードとして認識し，内部監査の有効性向上のために，ぜひ，参考・活用していただきたいと思う。

ここで，はじめて外部評価を受ける企業の内部監査に関して，IIA基準への不適合と筆者の組織が各国で実施する外部評価を通して，よく指摘されるポイントと関連する基準について紹介しよう。

図表4-11は，IIA基準で要請されている項目に対して，適合性が弱いと

第4章
グローバル・ベスト・プラクティスからみた内部監査の課題

図表4-11 ● 内部監査の初回評価でよく指摘される基準への不適合

1	リスクアプローチが徹底していない	IIA基準2010：内部監査部門長は，組織体のゴールと調和するように内部監査部門の業務を優先順位を決定するために，リスクベースの監査計画を策定しなければならない。
2	内部監査部の独立性が確保されていない（取締役会への報告）	IIA基準1100：内部監査部門は組織上独立していなければならない。
3	内部評価の「定期的レビュー」が実施されていない	IIA基準1311：品質のアシュアランスと改善のプログラムでは，「内部評価」（継続的モニタリング，および定期的レビュー）を実施しなければならない。
4	不正リスク管理の評価が実施されていない	IIA基準1210.A2：内部監査人は，不正のリスクを評価し組織体がリスクの管理手段を評価するため，十分な知識を有していなければならない。
5	ITリスクの評価が適切に行われておらず，監査対象とされていない	IIA基準の基準2110.A2：組織体の情報技術（IT）ガバナンスが組織体の戦略や目標形成の基礎となり，支えているかどうかを評価しなければならない。
6	監査スタッフの能力開発が不十分	IIA基準1230：内部監査人は継続的な専門的能力の向上を通じて，知識，技能その他の能力を高めなければならない。

出所：プロティビティ「『外部品質評価』セミナー資料」より抜粋。

外部評価者がよく指摘するポイントを列挙している。白枠のなかには関連するIIA基準の要請，グレーの枠のタイトルにはそれに対する指摘のポイントを記載している。これらは，プロティビティの各国で実施される品質評価の共有情報からみて，日本にかぎらず欧米の内部監査組織でも同様の傾向がみられている。①リスク・アプローチができていない，②独立性が確保できてない，③品質がきちんと確保されていない，④不正リスクをみていない，⑤ITリスクをみていない，⑥監査スタッフの能力開発ができていない，などが初回に外部評価を受ける際に多くみられる指摘項目である。

　著者がプロティビティにおいて内部監査の外部品質評価を実施する場合，1回目はIIA基準への適合性，および内部監査のステークホルダー，つまり経営者や取締役会からの理解とサポートを得られているかを，主に評価する。2

回目以降の外部品質評価になると，IIA 基準の大部分にはすでに適合しているため，内部監査のステークホルダーの期待に応えられているか，および，最新のベストプラクティスとの比較を重視している。

他方で，IIA 基準も数年ごとに改訂され，また，ベストプラクティスも年々進化している。また，コーポレートガバナンスの進展を受けて内部監査のステークホルダーからの期待もこの数年で高まっている。1 回目の外部品質評価で，IIA 基準への適合性をクリアし，内部監査のステークホルダーからそれなりに理解を得たと油断して 2 回目，3 回目に臨むと，逆に前回よりも厳しい評価になった内部監査組織もある。内部監査においても継続的改善は必要である。しかし，法的に要請されているわけではないために，上場企業でもまだ外部品質評価を受ける内部監査は，金融機関を除いて，大多数とはなっていないのが実情である。内部監査の有効性を定期的に確認するために，取締役会・監査役会・監査委員会の方々がこの内部監査の外部品質評価の仕組みを認知し，活用されることを期待する。

(3) 内部監査が直面している課題

内部監査基準に限定せずに，経営に資する内部監査を目指す日本企業の内部監査が直面する課題を，内部監査のインフラ要素と内部監査の実務的プロセスの視点から図表 4-12 にまとめている。

内部監査のインフラ要素で，一番重要なのは，経営陣がどのように組織のなかで内部監査を位置付け，内部監査はどのような戦略で経営に貢献しようとしているかのポジショニングと考える。著者自身も，この 10 年間，さまざまな企業の経営者と内部監査の評価についてインタビューしてきた。内部監査の外部評価を受けるような上場企業の経営者には，内部監査が内部統制の問題点を発見し予防するだけではなく，経営管理や業務の改善にも貢献する内部監査になってほしいと考える方が多いという印象を受けている。逆に，監査役や取締役会のメンバーは，内部監査に財務報告やコンプライアンス分野のアシュアランス活動の強化を要望される方が多い。1 つの会社における

図表 4-12 ● 日本企業に多くみられる課題

日本企業の内部監査が成熟度を向上する際に，各要素で多く見受ける課題は，下記の下線項目である。

インフラ要素		監査プロセス		
内部監査 組織と人材	内部監査 手法とツール	監査計画	実地監査	監査報告・ フォローアップ
・内部監査の位置づけ・戦略 ・監査組織方針・規定 ・<u>内部監査人材の採用・育成</u> ・<u>適切な経験とスキルの組み合わせ</u> ・<u>内外の専門家の活用</u> ・<u>監査役・他部門との連携</u>	・内部監査活動方針・マニュアル ・内部統制の枠組みと整合する監査手法 ・<u>リスクベースの監査手法</u> ・品質の保証と改善 ・内部監査の業績指標 ・監査ツールの活用 ・監査手法におけるITの活用	・監査計画における監査領域の定義 ・監査の範囲（ITなどを含む） ・<u>リスク評価の手法</u> ・監査計画へ反映する利害関係者のニーズ	・被監査部門への貢献 ・被監査部門とのコミュニケーション ・効率的な監査手法の実施 ・リスクベースの監査実務	・監査報告の方針 ・監査報告の適時適切なプロセス ・<u>フォローアップの方針・実施</u>

出所：プロティビティ「『外部品質評価』セミナー資料」より抜粋。

内部監査のステークホルダーの方々（経営陣・取締役会・監査役等）が，内部監査に対して複数の異なる要望をだすことは珍しくない。最近の内部監査部長は，それらをバランスさせて優先順位をつけ，内部監査活動を設計・リードしていくむずかしい役割を担っていると思う。

内部監査の人材の採用・育成や経験は，前述の内部監査の欧米との比較でも考察したとおり，多くの企業で常に課題として挙がる。さらに，ITや海外監査やコンプライアンスの専門的な分野で，現在の内部監査人材では対応しきれない場合，内外の専門家を十分活用できているのかが課題となる。また，内部監査だけでは，とてもすべてのリスク情報を把握できないため，監査役

や他部門との連携も課題になる。リスクベースの監査の手法・品質の確立，内部監査自体の業績評価などは，内部監査のインフラの要素として多くの組織で課題に挙がる。

　内部監査実施の実務においては，リスク評価をどう実施するかは，常に課題として出てくる。経営者がリスクだと懸念するところに本当に内部監査が焦点をあてられているのか，そもそもリスク評価を正しくやっているのかなどが議論となる。リスク・アプローチ監査の課題としては，リスクベースの監査計画の後，監査実施の現場はチェックリストアプローチとなり，リスクが忘れられては意味がない。また，被監査部署にリスク認識を適切に伝え，アクションをとってもらうことも重要である。監査計画時のリスク評価から一貫した監査の実施，報告，フォローアップまで，実務としてどのように効果的・効率的に実現・継続・向上するかは，継続的な課題である。

(4) 今後予想される内部監査の課題

　今後予想される内部監査の課題についても言及しておきたい。

　世の中のデジタル化がこの数年で急速に進み，今まで内部監査が紙で確認していたものが紙で確認できなくなってきている。監査証跡を得るのがますますむずかしくなるなか，内部監査のデジタル対応をどうするかというトピックが現在議論されている。いままで，往査してサンプルベースで試査していたものを，デジタル化が進む業務の膨大なデータからどのように確認するのか。今までは，過去の資料をみて確認していたが，ビジネスのスピードが格段に上がるなか，後ろ向きの監査ではなく，前向き・フォワードルッキングの監査をどのように実現するのかが課題といわれている。要するに，不正の発生を，内部監査が数年後に発見して報告してももう遅い。不正が起こりそうな時，あるいは不正が小さなうちに，どのようにデジタルデータから予兆を早めに見つけていくのか。そのような観点でこれからの内部監査はどうあるべきかを，今，内部監査の関係者の間で議論している。また，そのような内部監査活動を支援するためのさまざまな新しいITツールも世の中に出て

きている。外部監査の世界でもデジタルツールの活用・導入が推進されており，内部監査も遅れをとらずに，デジタル対応することが期待されるであろう。

図表4-13にあるように，ビジネスでのデジタル化の波は，内部監査にも大きな変化・パラダイムシフトをもたらすと予想されている。

多くの企業の内部監査では，まだ内部監査のデジタル化の議論やデータ分析監査の初期段階であり，まさに，内部監査はその過渡期にある。今後は，このビジネスのデジタル化への対応が，内部監査の大きな課題となっていくと思われる。

図表4-13 ● 今後の内部監査 ーデジタル化への対応

データを活用した監査により，内部監査は以下のような変化・パラダイムシフトの過渡期にある。

従来の内部監査	これからの内部監査
往査，サンプルベース	カバレッジの拡大と全件監査の実施 遠隔地であっても常にチェック可能
ローテーション（3年に1回）	多頻度あるいはリアルタイム
不正の見逃しや機会の逸失	リスクが高い領域に即座に対応
発見事項なし	強い抑止力，予防的
第4の資産である情報の未活用	既存の情報資産を活用し企業価値を維持・向上
紙とハンコと偽造	信頼できるデータ
前近代的な手作業	ツール（CAAT, BIツール, AI）の活用による自動化

出所：プロティビティ「『データ分析／CATTを活用した内部監査』セミナー資料」より抜粋。

関連する法令・基準等と参考文献・報告書等

書籍・論文

- COSO 編，八田進二・箱田順哉監訳『COSO 内部統制の統合的フレームワーク』日本公認会計士協会出版局, 2014 年
- COSO 編，八田進二・神林比洋雄・橋本尚監訳『〈決定版〉COSO 不正リスク管理ガイド』日本公認会計士協会出版局, 2017 年
- COSO編, 日本内部監査協会・八田進二・橋本尚・堀江正之・神林比洋雄監訳『COSO 全社的リスクマネジメント―戦略およびパフォーマンスとの統合―』同文舘出版, 2018 年
- プロティビティ LLC 編，谷口靖美・牧正人著『リスク・コントロール・セルフ・アセスメント―組織を強くするリスクマネジメントと内部統制浸透の推進ツール―』同文舘出版, 2015 年
- 日本内監査協会編「内部監査品質評価ガイド」
- ダグラス J. アンダーソン, ジーナ・ユーバンクス著, 堺咲子訳「COSO―ガバナンスと内部統制 3 つのディフェンスライン全体でのCOSOの活用―」『月刊監査研究』503号, 2015 年
- 内部監査人協会（IIA）情報／CBOK 調査結果 スリダハール・ラマモーティ・アラン・シーグフリード, 堺咲子訳「有効な組織ガバナンスを推進し支援する内部監査の役割」『月刊監査研究』515号, 2016 年
- IIA のポジションペーパー「有効なリスクマネジメントとコントロールにおける 3 本のディフェンスライン」（The Three Line of Defense Effective Risk Management and Control, January, 2013）
- Protiviti, Guide to Enterprise Risk Management-Frequently Asked Question

その他資料

- 日本監査役協会「監査役監査実施要領」2016 年 5 月
- 日本監査役協会「監査役と内部監査の連携について」2017 年 1 月
- 日本内部監査協会『第 19 回監査総合実態調査結果（2017 年監査白書）』日本内部監査協会, 2019 年
- 金融庁「財務報告に係る内部統制の評価及び監査の基準並びに財務報告に係る内部統制の評価及び監査に関する実施基準」2007 年 2 月
- プロティビティ「取締役のリスク監視（Risk Oversight）」https://www.protiviti.com/US-en/node/12966

- 日本内部監査協会　CIA フォーラム研究会 No.13 研究報告　『アメリカ大手企業における経営監査の実態』2005 年 3 月
- CIA 公認内部監査人認定試験ガイド（http://www.iiajapan.com/certifications/CIA/）
- CFE 資格試験について（https://www.acfe.jp/cfe/cfe-exam/about-cfe-exam.php）

コーポレートガバナンス・コード・基準

- コーポレートガバナンス・コード：基本原則 4（2）（3）
- 内部統制基準：I.4（4）
- 内部監査基準：1.0.1 ／ 6.2.1（4）
- IIA 基準
  内部監査の使命
  内部監査の定義
  内部監査の基本原則
  　　1110「組織上の独立性」
  　　1210「熟達した専門的能力」
  　　　同・解釈指針.A2
  　　1220「専門職としての正当な注意」
  　　1312「外部評価」
  　　2060「最高経営者および取締役会への報告」

第**5**章

公認会計士等監査における内部監査への期待と課題

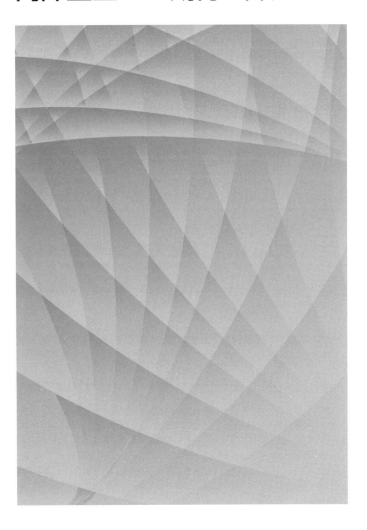

1. はじめに―内部監査への期待と課題―

本章では，公認会計士等および監査法人（以下，公認会計士等）の立場から，公認会計士等による監査（以下，公認会計士等監査）において，公認会計士等が何を内部監査に期待するかについて論じてみたい。

端的にいえば，公認会計士等が内部監査に期待するのは，「情報共有」「作業の利用」および「依拠」である。

以下，「情報共有」「作業の利用」「依拠」として具体的に何を期待するか，また公認会計士等が「情報共有」「作業の利用」「依拠」に関して直面する内部監査上のまたは公認会計士等監査上の課題について，これから論じていくこととする。その前提として，なぜ「情報共有」「作業の利用」および「依拠」が期待されるのか，その背景にある，公認会計士等監査の監査アプローチと内部監査の位置付けからみていくこととしたい。

2. 内部監査への期待―公認会計士等監査において内部監査はどのように位置付けられているか？―

なぜ，公認会計士等は，内部監査に「情報共有」「作業の利用」および「依拠」を期待するのか？

それは，公認会計士等監査におけるリスク・アプローチにおいて，公認会計士等の直面するそれぞれのリスクに関連して，「情報共有」「作業の利用」

＊本章のうち意見にわたる部分は筆者の私見であり，筆者の所属する法人等の公式見解ではないことをあらかじめお断りしておく。
＊＊本章に関連する日本公認会計士協会・監査基準委員会報告書（以下，監基報）315「企業及び企業環境の理解を通じた重要な虚偽表示リスクの識別と評価」，監基報610「内部監査の利用」他に関する公開草案が脱稿時点において公表されている。ただし，提案されている改訂の内容は，本章において示す公認会計士等監査における内部監査の位置付け等の基本的な考え方に変更をもたらすものではないと考えられる。

および「依拠」を行うことによって，監査リスクを許容可能な水準まで低めて監査を実施することを想定しているためである。

監査リスク・アプローチ

「監査リスク ＝ 重要な虚偽表示リスク × 発見リスク
　　　　　　＝ 固有リスク × 統制リスク × 発見リスク」

※「重要な虚偽表示リスク＝誤謬を原因とする重要な虚偽表示リスク＋不正を原因とする重要な虚偽表示リスク（以下，不正リスク）」

図表5-1のような公認会計士等監査におけるリスク・アプローチを内部監査に関連付けて理解するために，まず監査における公認会計士等の思考や行動の根幹をなすリスク・アプローチについて概説する。

図表5-1 ● 監査リスクアプローチの概念式
※これは概念式であり，厳密に定量化が可能な計算式ではない。

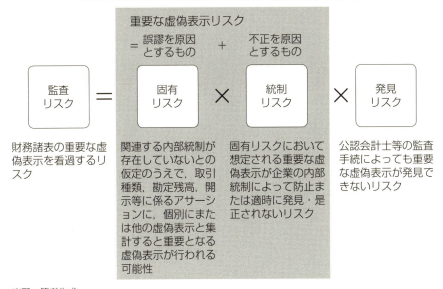

出所：筆者作成。

(1) 公認会計士等監査におけるリスク・アプローチ

　公認会計士等監査においては，「リスク・アプローチ」によって監査が進められる。

　企業会計審議会の定める監査基準（以下，監査基準）においては，「監査リスクを合理的に低い水準に抑えるために，財務諸表における重要な虚偽表示のリスクを評価し，発見リスクの水準を決定するとともに，監査上の重要性を勘案して監査計画を策定し，これに基づき監査を実施しなければならない」（実施基準・基本原則1）として，リスク・アプローチの考え方が示されている。

　この監査のアプローチにおいて，リスクとは「監査リスク」すなわち「財務諸表の重要な虚偽表示を看過するリスク」であり，監査に投入するかぎられた資源（ヒト・モノ・カネ・トキ）を効率的に使用することを前提として，公認会計士等は重要な虚偽表示の発生可能性の高い領域に焦点を定め，重要な虚偽表示を見逃すリスクをゼロとはしないまでも許容可能な水準まで引下げるように，監査を計画し，実施する。

　また，このアプローチにおいては，監査リスクは，「監査リスク＝重要な虚偽表示リスク×発見リスク」の概念式[1]で示される。この場合，重要な虚偽表示リスクとは，財務諸表に重要な虚偽表示が存在する可能性である。また，発見リスクとは，財務諸表に重要となり得る虚偽表示が存在する場合に，監査リスクを許容可能な水準まで引下げる監査手続を実施してもなお重要な虚偽表示を発見できない可能性をいう。

　なお，重要な虚偽表示リスクには，誤謬を原因とするもののみならず，不正を原因とする重要な虚偽表示リスクが含まれる[2]。

　リスク・アプローチに基づく監査においては，監査リスクを許容可能な水準まで低めるように，監査計画を立案して監査手続を実施することに主眼が

1　これは概念式であり，厳密に定量化が可能な計算式ではないことに留意されたい。
2　監基報200「財務諸表監査における総括的な目的」12項参照。

おかれる。

　たとえば，財務諸表に潜在する個々の重要な虚偽表示リスクの水準が高い場合には，発見リスクを低めることによって，全体としての監査リスクを許容可能な水準に収めることとなる。発見リスクを低めるために，公認会計士等監査においては，監査手続の範囲（サンプル数ほか）を拡大し，適切な種類の監査手続を選択し，または適切な時期に監査手続を実施することにより，重要な虚偽表示を看過しないように十分かつ適切な監査証拠の入手を図る。

　このような対応を有効に実施するうえでは，多くの場合，重要な虚偽表示リスクは，固有リスクと統制リスクに分解して識別・評価され，それぞれのリスクに対応して適切に監査手続を立案することとなる。

　上記の概念式は，「監査リスク＝重要な虚偽表示リスク×発見リスク＝固有リスク×統制リスク×発見リスク」として理解されることが多い（図表5－1参照）。

　固有リスクとは，「関連する内部統制が存在していないとの仮定の上で，取引種類，勘定残高，開示等に係るアサーションに，個別に又は他の虚偽表示と集計すると重要となる虚偽表示が行われる可能性」をいい[3]，統制リスクとは，固有リスクにおいて想定される重要な虚偽表示が「企業の内部統制によって防止又は適時に発見・是正されないリスク」をいう[4]。

　この概念式において，発見リスクは公認会計士等の「監査手続によっても重要な虚偽表示が発見できないリスク」であり[5]，監査に携わる公認会計士等自らに内在するリスクであり，自律的にその水準を低めることができる。これに対して，重要な虚偽表示リスク，言い換えれば固有リスクおよび統制リスクは企業の内部・外部要因により公認会計士等にとって他律的に決定される。

---

[3] 監基報200 第12項（10）①．監基報315「企業及び企業環境の理解を通じた重要な虚偽表示リスクの識別と評価」3項（1）を参考にすると，アサーションとは監査人が財務諸表において発生可能性のある虚偽表示の種類を考慮するうえで監査人が考慮する監査上の要点であると解される。

[4] 監基報200 第12項（10）②参照。

[5] 監基報200 第15項参照。

一般に，企業において重要な虚偽表示を発見・防止する内部統制が有効に整備・運用されている水準が高いほど，統制リスク（固有リスクにおいて想定される重要な虚偽表示が防止・発見できない可能性）は低められることとなる。このように他律的に決定される固有リスクおよび統制リスクが企業自らによって十分に低められている場合には，公認会計士等が自律的に対応可能な発見リスクをそれほど低減しようとせずとも，監査リスクを全体として許容可能な水準に収めることができる。

　平たくいえば，企業の内部統制が有効に整備・運用されていればいるほど，公認会計士等は内部統制に依拠した監査を指向することとなり，財務諸表におけるアサーション（監査要点）に対する監査手続の範囲（サンプル数等）を拡大せず，手続の種類や時期についても特別な配慮を要さずに，監査を実施することができることとなる。

　このように企業の内部統制は，監査リスク（重要な虚偽表示を看過するリスク）を全体として低め，効率的に公認会計士等監査を進めるうえで，重要な役割を果たすキーアイテムであると考えられる。

(2) 公認会計士等監査における内部監査の位置付け〜内部監査への期待

　公認会計士等監査の立場から内部監査の目的と業務を捉えた場合，内部監査は，内部統制の目的をより効果的に達成するために，内部統制の基本的要素の1つであるモニタリングの一環として，一般に，経営者の直属として設置され，通常の業務から独立した視点で，内部統制の整備および運用状況を定期的または随時に検討，評価し，必要に応じて，その改善を促す職務[6]であると考えられる。

　換言すれば，公認会計士等監査において，内部監査とは，内部統制の一部であり，企業内において業務活動に組み込まれて行われる内部統制に対して，

---

[6] 財務報告に係る内部統制の評価及び監査の基準（以下，内部統制基準）Ⅰ2（5）およびⅠ4（4）および，財務報告に係る内部統制の評価及び監査に関する実施基準（以下，内部統制実施基準）Ⅰ2（5）②二を参考として記載。

独立した立場で行われる独立モニタリングである。

　このような内部監査は，公認会計士等監査の監査アプローチにおいてどのように位置付けられるだろうか？

　「監査リスク＝固有リスク×統制リスク×発見リスク」の概念式に示されるそれぞれのリスクに照らして考えると，公認会計士等監査の視点からは，内部監査は「情報共有」「依拠」および「作業の利用」といった役割を果たすものと考えられる（図表5-2参照）。

①固有リスク，統制リスクの識別・評価—「情報共有」

　企業内の内部統制に対する独立的なモニタリングの役割を的確に遂行するために，内部監査は監査リスクのうち固有リスク・統制リスクまたはこれらリスクに影響を及ぼすような企業の内部・外部要因を識別・分析していることが期待される。

　内部監査の対象は財務報告に限定されるものではなく，事業活動全般に及ぶため，内部監査において識別されるリスクは必ずしも虚偽表示リスクやこれに関連する統制リスク等そのものではないことが多いと考えられる。

　しかしながら，内部監査がその目的に鑑み，企業の直面する事業リスク等を勘案して行われるのであれば，事業目的の達成を不確実にするような要因やその不確実性を軽減することを困難にするような要因を識別し，重点項目を絞り込んで内部監査を計画・実施することとなるはずである。

　このような事業目的の達成の不確実性は虚偽表示をしばしば誘発することとなるため，これに関連する情報は，虚偽表示リスクを識別・評価するうえで有益なものであり，公認会計士等監査に関連するものであると考えられる。

　したがって，企業が内部監査機能を有している場合，公認会計士等は重要な虚偽表示リスクを評価するうえで，内部監査の組織上の役割と責任，実施されている業務の内容を理解し，内部監査機能が監査に関連する可能性があるかどうかを判断することが求められる[7]。

7　監基報315第22項参照。

内部監査が公認会計士等監査に関連すると判断する場合，公認会計士等は企業の事業活動から重要な虚偽表示につながる可能性のある情報を汲み取り，そのような情報を，可能なかぎり信頼できる情報源泉から入手するために，内部監査にアクセスし，情報を共有するように図る。

　たとえば，売上高予算の達成の未達の可能性が高まるという情報を入手した場合，公認会計士等監査においては，それによって誘発される可能性のある売上高の過大計上に関して重要な虚偽表示リスク―固有リスクを識別する。また，売上高予算の達成を促すための企業の事業活動に関連して，架空・前倒しによる売上高の過大計上の兆候が生じていないかどうかに関する情報を入手する。さらに，そのように事業目的が達成されていない状況の発見・防止のために企業が内部統制を適切に整備・運用していない可能性に関する情報を入手して，統制リスクを評価する。

図表 5-2 ● 公認会計士等監査における内部監査の位置付け

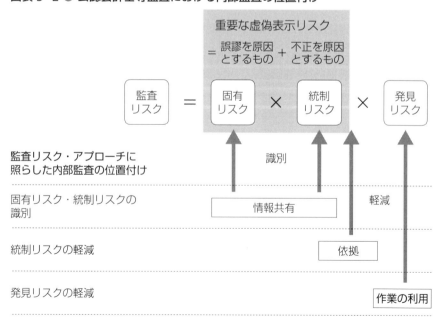

出所：筆者作成。

公認会計士等監査においては，このような固有リスクや統制リスクに関する情報を企業から入手し，リスク評価を実施することとなるが，通常，その情報は売上予算の責任部署から入手するよりも，当該部署から独立した立場にある者や事業目的を達成していない状況をモニタリングする部署から入手する方が信頼性が高いと考えられる。
　そのため，公認会計士等監査においては，そのように信頼性の高い情報を入手することを期待して内部監査にアクセスすることとなる。
　公認会計士等監査においては，内部監査は重要な虚偽表示リスク―固有リスクおよび統制リスクの情報源泉であり，事業目的を達成していない状況に関する情報を共有して重要な虚偽表示リスクの識別・対応に活用するための「情報共有」の対象であると考えられる（図表5-2参照）。

②統制リスクの軽減―内部監査を含む内部統制への「依拠」
　内部監査は，企業内の内部統制に対する「独立モニタリング」の機能を担う。
　モニタリングとは「統制に対する統制」（controls over controls）であり，企業内において業務活動に組み込まれて行われる内部統制に対して，これら内部統制が有効に整備・運用されるように働きかける活動であると解される。
　独立モニタリングは，日常的なモニタリングとは異なり，業務活動から独立した立場から企業の特定の業務活動および内部統制を対象として行われる。内部監査は，独立モニタリングの1つとして，企業全体の業務活動および内部統制を俯瞰して行われるものであり，企業の一定の資源の制約の下でその役割を果たすために，事業目的の達成を不確実にするような内部統制の重要な不備の可能性に焦点を定めて監査を立案・実施することが期待される。
　内部監査が識別した重要な不備の可能性のある内部統制として，財務諸表の重要な虚偽表示を直接に発見・防止する，または間接的に発見・防止に寄与するものが取り上げられる場合には，財務諸表作成をはじめとする財務報告に係る内部統制の重要な不備が適時に発見・是正される可能性が高まり，

財務報告の信頼性が高まることとなる。

　公認会計士等監査においては，業務プロセスに組み込まれて日常的に行われる内部統制のみならず，必要に応じて独立モニタリングである内部監査の整備・運用状況も考慮し，内部監査を含め，財務報告に係る全体としての内部統制が有効であるかどうか，内部統制に「依拠」できるかどうかを判断することとなる。

　公認会計士等監査において内部監査が有効に行われ，内部統制が有効であると判断する場合には，固有リスクとして想定する重要な虚偽表示の可能性が全体として十分に低められており，財務報告に係る全体としての内部統制に依拠することにより，発見リスクをさほど高めることなく財務諸表のアサーションに対する効率的な監査手続を立案・実施することができることとなる（図表5-2参照）。

　内部監査が実施する独立モニタリングは，内部統制の運用状況のみならず，デザインおよび業務への適用をも検討の対象とする[8]。

　また，内部監査は，業務プロセスに組み込まれた一連の内部統制に関して，その運用状況について所定のとおり継続して実施されていない事例（内部統制の逸脱）の有無を検討するとともに，内部統制が重要な虚偽表示を防止・発見するようにデザインされ適用されているかどうかを検討する。

　このように，内部監査は，「統制に対する統制」として内部統制の一部を構成しており，公認会計士等監査においては統制リスク，重要な虚偽表示リスクひいては監査リスクを低めるために「依拠」する対象であると考えられる。

③発見リスクの軽減―「作業の利用」

　内部監査においては，広範な事業活動を対象としてさまざまな監査手続が行われる。その一部は，財務諸表に計上される残高または取引に対して行わ

---

[8] 本章において内部統制の「デザイン」の検討とは，内部統制が企業の業務の目的を達成するように設計されているかどうかを確かめることをいい，「業務への適用の検討」とは，当該内部統制が実際に備わっているかどうかを確かめることをいう。内部統制の「デザイン」および「業務への適用」は会社法第362条4項六号の内部統制システムの「整備」，とくに「構築」に相当するものと考えられる。

れることがある。また，財務諸表の重要な虚偽表示を直接に発見・防止する，または間接的に発見・防止に寄与する内部統制に対して行われることもある。

これらの内部監査手続の実施の結果，収集される証拠については，公認会計士等監査においても意見表明の基礎となる監査証拠として利用可能なことがある。

この場合，公認会計士等は当該内部監査手続の実施結果，入手された証拠の適合性および信頼性を検討したうえで，公認会計士等自ら監査手続を実施して入手する監査証拠に代えて，当該証拠を監査意見表明の基礎の一部として利用することがある[9]。

このように，公認会計士等監査において，内部監査は，発見リスクひいては監査リスクを低めるうえで，可能であれば「作業の利用」を行う対象であると考えられる（図表5-2参照）。

④不正リスクへの対応における「情報共有」「作業の利用」「依拠」への期待

公認会計士等監査においては，監査基準と並ぶ業務実施基準である企業会計審議会「監査における不正リスク対応基準」や日本公認会計士協会の定める監査実務指針である監基報240「財務諸表監査における不正」にみられるように，不正リスクについても対応することが求められる。

前述のとおり，公認会計士等監査におけるリスク・アプローチにおいて想定される重要な虚偽表示リスクには，不正リスクが含まれており，不正リスクに対しても監査リスクを固有リスク，統制リスク，発見リスクに分解してリスクを識別・評価することに変わりはない。

そのため，公認会計士等監査におけるリスク・アプローチでは，不正リスクに対しても，これまで解説したように監査リスクを低めるために「情報共有」「作業の利用」「依拠」を期待することになる。

付言すれば，公認会計士等監査において「不正」とは，不当または違法な利益を得るなどのために，他者を欺く行為をともなう，経営者，従業員ま

---

[9] 監基報315第22項および監基報610「内部監査の利用」第5項参照。

たは第三者による意図的な行為をいい、意図的な行為を原因とする重要な虚偽表示を不正リスクという[10]。これに対して、重要な虚偽表示には意図的ではない行為を原因とするものもあり、当該重要な虚偽表示は「誤謬」による重要な虚偽表示とよばれる。「不正リスク」とは前者、すなわち意図的な行為を原因とする重要な虚偽表示が財務諸表において発生する可能性を指す[11]。

　法的な概念に照らせば、おおよそ、「不正」は「故意」「悪意」に相当または関連し、「誤謬」は「過失」「善意」に相当または関連するものと思われる。

　なお、「虚偽表示」という語は、「虚偽」という語の語感から、意図的な行為を原因とする財務諸表の誤りのみを含み、意図的ではない行為による財務諸表の誤りは含まないかの誤解を生じさせ、公認会計士等監査の実務において混乱を生じさせることがある。しかしながら、公認会計士等監査において「虚偽表示」とは、意図的な原因によるか否かを問わず財務諸表の誤りを意味するものである。また、「重要な虚偽表示」であるかどうかは、違法行為を原因とするか否かにより判断されるものではなく、違法を原因としない財務諸表の誤りも「重要な虚偽表示」となり得る（図表5-3参照）。

　本書においては、これら諸点を十分に理解したうえで、「不正」に関連する記述を読み進めていただきたい。

図表5-3 ● 虚偽表示と不正・誤謬・違法行為

虚偽表示	原因			
	違法行為による		違法行為によらない	
	意図的である	意図的ではない	意図的である	意図的ではない
重要である	不正	誤謬	不正	誤謬
重要ではない	不正	誤謬	不正	誤謬

出所：筆者作成。

---

[10] 企業会計審議会監査部会「監査基準の改訂及び監査における不正リスク対応基準の設定について」（2013年3月13日）。
[11] 監基報240第2項参照。

3. 公認会計士等監査による「情報共有」「作業の利用」「依拠」への期待に関連する内部監査の実務

　以上のような公認会計士等監査における期待に対して内部監査はどのように応えることが想定されるであろうか？

　ここでは視点を変えて，内部監査の視点から，内部監査の基準および関連する指針等において，公認会計士等監査の期待に応えるような内部監査の実務がどのように規定されているのかを概観しておきたい。

　まずは，固有リスクおよび統制リスクの識別，発見リスクの軽減のための，「情報共有」「作業の利用」「依拠」の態様についてみていく。

(1) 公認会計士等監査による「情報共有」「作業の利用」に関連する内部監査の実務

①東京証券取引所「コーポレートガバナンス・コード」にみられる内部監査と公認会計士等監査の連携の確保の要請

　上場会社において適用されるコーポレートガバナンス・コード（東京証券取引所，2015年6月1日施行，2018年6月1日改正）では，以下のように原則および補充原則が定められている。

【原則 3-2. 外部会計監査人】
外部会計監査人及び上場会社は，外部会計監査人が株主・投資家に対して責務を負っていることを認識し，適正な監査の確保に向けて適切な対応を行うべきである。

［補充原則 3-2 ②（ⅲ）］
外部会計監査人と監査役（監査役会への出席を含む），内部監査部門や社外取締役との十分な連携の確保

上場会社に開示が求められるさまざまな情報が法令に基づき適時適切に開示されることは，投資家保護や資本市場の信頼性確保の観点から不可欠の要請であり，当該情報の適正な監査の実施のために，上場会社の内部監査には公認会計士等監査と十分な連携を確保することが要請されている。

②日本内部監査協会「内部監査基準」における公認会計士等監査との連携の要請

　わが国における内部監査の基準としては，日本内部監査協会「内部監査基準」（2014年最終改正）がある。

　内部監査基準においては，「内部監査部門長は，適切な監査範囲を確保し，かつ，業務の重複を最小限に抑えるために，外部監査人，監査役（会）または監査委員会等との連携を考慮しなければならない。」とされており[12]，公認会計士等監査の期待に応えて内部監査が連携を図ることが想定される。また，この規定に基づき公認会計士等とコミュニケーションを行うことは正当な理由にあたり，「内部監査人は，職務上知り得た事実を慎重に取り扱い，正当な理由なく他に漏洩してはならない」[13]には該当せず，内部監査人の守秘義務は解除されるものと解される。

③「内部監査基準」におけるリスクの識別・分析・評価の要請

　内部監査基準によれば，「内部監査部門長は，組織体の目標に適合するよう内部監査実施の優先順位を決定すべく，最低でも年次で行われるリスク評価の結果に基づいて内部監査計画を策定しなければならない。」とされている[14]。また，内部監査部門長は，内部監査計画の策定のために，監査対象領域（Audit Universe）について自らの責任においてリスクの識別・分析・評

---

[12] 内部監査基準 5.5.1 参照。
[13] 内部監査基準 3.2.3 参照。
[14] 内部監査基準 5.2.1 参照。

価を行わなければならないとされている[15]。

　このように，内部監査においては自らリスクを識別・分析・評価することが求められており，その過程で，虚偽表示の誘発を伴うような事業目的の達成を不確実にする要因やその不確実性を軽減することを困難にするような要因に関する情報を入手することになると考えられる。

　このような内部監査基準の規定を踏まえると，内部監査には固有リスクおよび統制リスクの識別のための有益な情報を有していることが期待されており，公認会計士等監査の期待に応えて内部監査が情報共有を行うことが想定されている。

④「内部監査基準」における不正リスクの識別・分析・評価の要請

　内部監査基準によれば，内部監査は，「組織体が不正リスクをいかに識別し，適切に対応しているかを評価しなければならない。」とされている[16]。また，「内部監査部門は，潜在的な不正および違法行為の発生可能性を識別，評価するプロセス，ならびに不正および違法行為に関するコントロールの整備状況および運用状況を評価しなければならない。…（中略）…内部監査の実施を通じ，不正の兆候（例えば，標準化されたマニュアルの欠如や職務の分離が不十分な状態，記録されていない取引，記録の紛失など）を把握した場合には，その内容をリスク・マネジメント・プロセスにフィードバックしなければならない」とされている[17]。

　このように，内部監査には自ら不正リスクを識別・分析・評価することが求められ，また，不正の兆候を把握する場合があることが想定されている。こうした内部監査基準の規定を踏まえると，公認会計士等監査にとって固有リスクおよび統制リスクの識別のための有益な情報を内部監査が有していることが期待されており，公認会計士等監査と内部監査が情報共有を図ること

---

[15] 日本内部監査協会 内部監査基準実務指針（以下，内部監査実務指針）5.2.2 監査対象領域のリスク評価参照。
[16] 内部監査基準 6.2.1（4）参照。
[17] 内部監査実務指針 6.2 4. 不正リスクのマネジメントの評価 参照。

が想定されている。

⑤「内部監査基準」における情報の入手,監査証拠資料の評価および監査調書の保存および記録の要請

　内部監査基準によれば,内部監査は,その実施にあたり,十分かつ適切な監査証拠に基づく結論を形成するために,質的かつ量的に十分であり,信頼性,関連性および有用性を備えた情報の入手,入手した情報の適切な分析および評価に基づく監査証拠資料としての利用,監査調書の適切な作成および保存と内部監査に関する記録へのアクセス管理が求められる[18]。

　このような内部監査基準の規定を踏まえた場合,内部監査は公認会計士等監査における発見リスクの軽減のための監査証拠となる有益な情報を有していることが期待される。また,公認会計士等監査において実施する監査手続において利用可能な証拠を提供し,内部監査が「情報共有」および「作業の利用」に協力していくことが想定される。

(2) 公認会計士等監査による「依拠」に関連する内部監査の実務

　次に,公認会計士等監査において想定される内部監査を含む内部統制(内部監査を含む)への「依拠」の態様について,内部監査の側からみていくこととしたい。

①「内部監査基準」にみられる内部監査の役割

　内部監査基準によれば,内部監査の本質は以下のとおりであるとされている。

> 「内部監査とは,組織体の経営目標の効果的な達成に役立つことを目的として,合法性と合理性の観点から公正かつ独立の立場で,ガバナンス・プロセス,リ

---

[18] 内部監査基準 7.2.1 参照。

スク・マネジメントおよびコントロールに関連する経営諸活動の遂行状況を，内部監査人としての規律遵守の態度をもって評価し，これに基づいて客観的意見を述べ，助言・勧告を行うアシュアランス業務，および特定の経営諸活動の支援を行うアドバイザリー業務である。」[19]

この規定によると，内部監査には，独立的な立場から，全社的な内部統制を含め，全体としての内部統制に対して，その整備・運用状況を評価することが含まれており，公認会計士等監査において内部監査の機能として想定される，内部統制に対する独立モニタリングが行われることが期待される。

② 「内部監査基準」にみられる内部監査と法定監査との関係

内部監査基準によれば，内部監査と法定監査との関係は以下のとおりであるとされている。

「わが国の法律に基づく監査制度としては，金融商品取引法による公認会計士または監査法人の監査，会社法等による監査役または監査委員会の監査，会計監査人の監査，…（中略）…等々がある。これらの監査は，内部統制の適切な整備・運用を前提としている。内部監査は，法定監査の基礎的前提としてのガバナンス・プロセス，リスク・マネジメントおよびコントロールを独立的に検討および評価することにより，法定監査の実効性を高める一方で，必要に応じて，法定監査の結果を内部監査に活用しなければならない。これによって，内部監査と法定監査は相互補完的な関係を維持することができる。」[20]

この規定に示された関係によれば，内部監査は内部統制の整備・運用を評価することによって統制リスクの軽減を図り，内部統制の有効性を高めることを通じて，金融商品取引法または会社法に基づく公認会計士等監査におい

---

19 内部監査基準 1.0.1 参照。
20 内部監査基準 9.0.1 参照。

て想定される内部統制への依拠を可能とし，以ってこれら法定監査の実施に資するものであると考えられる。

4.「情報共有」「作業の利用」「依拠」に関する課題と対応

　これまでみてきたように，公認会計士等監査および内部監査双方の監査の基準および関連する指針等において，「情報共有」「作業の利用」および「依拠」を可能とし，促進する規定が定められている。

　ただし，これらの「情報共有」「作業の利用」および「依拠」の諸規定においては，個々の具体的な手続が指示されるものはほとんど見当たらない。公認会計士等監査および内部監査双方がコミュニケーションを行い，その固有の目的を達成するために実施する事項のうち，情報共有できるもの，作業が利用できるもの，依拠できるものがあれば，共有・利用・依拠することが想定されている。

　しかしながら，現実には，このような規定がうまく適用されておらず，公認会計士等監査と内部監査の双方に，「情報共有」「作業の利用」「依拠」が有効に行われていないように思われる事例や，改善が必要となるさまざまな課題がうかがわれる。

　以下においては，こうしたさまざまな課題とその解決のために想定される対応についてみていきたい。

(1)「情報共有」が十分に行われているか？

　日本内部監査協会の発行する第19回監査実態総合調査（2017年版監査白書）によれば，公認会計士等監査と内部監査との連携に関する状況は以下の図表5-4のとおりである。公認会計士等監査と内部監査との「情報共有」が不十分ではないかという声が頭をかすめることがあるが，この調査によれば，公認会計士等監査と内部監査との直接のコミュニケーションは8割近くの企業で行われており，また，7～8割近くの企業で内部監査および公認会計士

図表 5-4 ● 公認会計士等監査と内部監査との連携に関する状況

領域	項目	該当箇所 株式会社	回答	2017年 株式会社
株式会社における監督・監査機関との関係―会計監査人（公認会計士）監査	内部監査部門と会計監査人との監査業務上の調整の有無	第157表	調整をしている・業務内容によって調整をしている	72.3%
			調整をしていない	27.7%
	内部監査部門と会計監査人との内部監査業務上の調整内容	第158表	監査個所（対象事業所）	53.0%
			監査日程	77.0%
			監査範囲・項目	66.2%
	内部監査部門が実施した監査結果についての情報の会計監査人への伝達の有無	第159表	常に伝達している	18.5%
			要請があれば伝達している	36.8%
			内容によって伝達している	27.2%
			伝達していない	17.5%
	会計監査人が内部監査部門に閲覧を要請する資料	第160表	監査報告書	56.3%
			監査調書	20.7%
			監査計画書	32.1%
			財務報告に係る内部統制の評価に関する資料	71.7%
	会計監査人から内部監査部門に対する情報伝達の有無	第161表	会計監査人からの働きかけにより行われている・会計監査人からの働きかけはないが内部監査部門から働きかけが行われている・会計監査人と内部監査部門双方の働きかけにより行われている（合計）	75.8%
			行われていない	24.2%
	会計監査人から内部監査部門への情報の伝達内容	第162表	不正リスクに関する情報	42.6%
			財務報告に係る内部統制に関する情報	89.0%
			（会計監査人による）監査手続の種類	31.2%
			（会計監査人による）監査の実施時期	46.6%
			（会計監査人による）監査の範囲	39.8%
			財務諸表全体に対する重要性の基準値および手続実施上の重要性	35.4%

領域	項目	該当箇所 株式会社	回答	2017年 株式会社
	会計監査人から内部監査部門へ伝達されている情報の有用性	第163表	とても有用である	38.1%
			おおむね有用である	57.9%
			あまり有用でない	3.9%
			まったく有用でない	0.1%
	内部監査部門と会計監査人とのコミュニケーション方法	第164表	公式な会合を定期的に行い、口頭や文書で直接コミュニケーションをとっている	32.1%
			公式な会合を必要に応じて行い、口頭や文書で直接コミュニケーションをとっている	30.6%
			非公式な会合を必要に応じて行い、直接コミュニケーションをとっている	36.6%
			直接コミュニケーションをとることはなく監査役や経理部門等を介して行っている	13.7%
			コミュニケーションをとっていない	6.8%

出所：日本内部監査協会の発行する「第19回監査総合実態調査」（2017年版監査白書 集計編／全体版）から抜粋要約して作成。

等相互に情報および監査結果の伝達が行われており，情報共有は相当程度行われているように思われる。

しかしながら，筆者の公認会計士等監査の経験も交えて考えると，情報共有には，たとえば，以下のような課題がうかがえるように思われる。

① 想定している監査上のリスクや重点事項の前広な情報共有

上記の調査の結果，7割以上の企業で内部監査および公認会計士等監査が相互に監査結果や情報を伝達しているが，この調査結果からは，内部監査と公認会計士等監査のそれぞれが，伝達した情報をどのように活用して監査を深めているかについては，直ちに読み取ることができない。

図表5-4をみると，公認会計士等監査においては，監査計画書に比べて監査報告書の閲覧を内部監査に求める割合が高く，内部監査の実施前に想定さ

れているリスク等よりも，内部監査の結果発見された重要な虚偽表示や内部統制の不備に関心が寄せられているように思われる。

しかしながら公認会計士等監査と内部監査が「情報共有」を相互に充実させるには，監査の実施前に，相互に想定している監査上のリスクや重点事項を共有することが重要であると考えられる。また，監査の進捗に合わせて，ある事象に関して，事業目的の達成の不確実性や誘発が想定される重要な虚偽表示をどのようにして確かめるのかについて協議し，対応手続の実施結果やその実施過程で判明した虚偽表示・内部統制の不備および想定外の事項をコミュニケーションすることも望ましいと考えられる。

さらに，2018年7月に公認会計士等監査における監査基準が改訂され，2021年3月期決算に係る監査から，上場企業の監査報告書に「監査上の主要な検討事項」が記載されることが予定されており，監査計画の段階において当該事項について公認会計士等が監査役等とコミュニケーションを行うことが有用であるとされている。監査上の主要な検討事項とは，公認会計士等が監査の過程で監査役等と協議した事項のなかから，たとえば，以下を考慮してとくに注意を払った事項を決定し，さらに，当年度の財務諸表の監査において，職業的専門家としてとくに重要であると判断して絞り込んだ事項である[21]。

- 特別な検討を必要とするリスクが識別された事項，または重要な虚偽表示のリスクが高いと評価された事項
- 見積りの不確実性が高いと識別された事項を含め，経営者の重要な判断を伴う事項に対する監査人の判断の程度
- 当年度において発生した重要な事象または取引の監査に与える影響

これらを鑑みるに，公認会計士等監査においては，監査計画の段階から監査の過程を通じて，監査上の主要な検討事項以外のものも含め，重要な虚偽

---

[21] 企業会計審議会「監査基準の改訂に関する意見書」(2018年7月5日) 前文参照。監基報701「独立監査人の監査報告書における監査上の主要な検討事項の報告」第8項，第9項およびA16項参照。

表示リスクや重点事項について監査役等とコミュニケーションが行われることが想定されている[22]。

内部監査において事業活動全般に関してリスク等を勘案し重点項目を絞り込んで内部監査を計画・実施するという点においては，公認会計士等と監査役との間でコミュニケーションが行われた事項に関して，内部監査がその基礎となる事業上の不確実性や関連するリスク・マネジメント・プロセスおよび内部統制に対してどのように対応するのか，年度における監査計画の段階からその検討のために情報を共有し，活用することが期待されるところである。

② 内部監査から入手される情報の公認会計士等監査における活用の深化

前述した2017年版監査白書（全国版 集計編／全体版）の第59表「総監査時間のうち各業務に費やしている割合―業種別」によれば，内部監査においては経営監査は1500社中1472社が実施しているのに対して，会計監査は863社が実施するにとどまり，そのうちの642社は総監査時間のうち20%以下の時間を会計監査に費やすにとどまっている。

これは，内部監査の目的は企業活動全般におけるリスク・マネジメント，内部統制およびガバナンス・プロセスの評価および改善にあり，内部監査は財務報告以外の領域についても対象としていること，また，財務報告については公認会計士等監査によって信頼性が確かめられていることから，内部監査は財務報告以外の領域に重点をおくこととし，財務報告に対する内部監査は限定的に実施されていることによるものと解される。

このような状況下では，公認会計士等監査において必要とする重要な虚偽表示や内部統制の不備に関する情報が内部監査からそのままの形で得られることはそれほど多くないように思われる。図表5-4にみられるように，内部監査から公認会計士等監査への情報の伝達が，「要請があれば」「内容によって」行われる割合が6割以上に上るのもこうした事情によるところがあるよ

22 　監基報260「監査役等とのコミュニケーション」参照。

うに思われる。

　しかしながら，何が財務報告に関連するかという判断は相対的なものであり，一見すると財務報告に直接に関連しないと考えられる事項もそれが間接的に財務報告に係る内部統制に影響を及ぼし，結果として重要な虚偽表示リスクにつながることがある。とくに内部監査において識別された事業目的の達成の不確実性は虚偽表示をしばしば誘発することとなるため，これに関連する情報は，虚偽表示リスクを識別・評価するうえで有益なものであり，公認会計士等監査に関連するものであることは前述のとおりである。

　内部監査からより多くの情報の入手し，このような重要な虚偽表示リスクの識別・評価を十分に行うためには，公認会計士等監査において，会計領域以外の内部監査の情報を会計の視点で読み解き，事業活動上の情報のうち重要な虚偽表示の可能性につながるものを拾い出すといった情報の利用・活用の深化が必要となろう（図表5-5参照）。

図表5-5 ● 内部監査から入手される情報の公認会計士等監査における利用・活用の深化

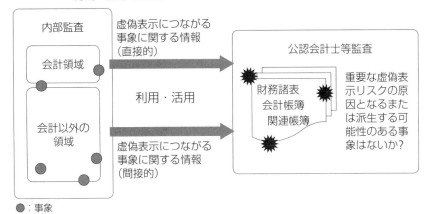

●：事象
出所：筆者作成。

しかしながら，公認会計士等監査においては，会計領域以外の情報を会計情報に結び付けて考える（結合性：connectivity）[23]ような地道な手間を嫌気し，必要とする情報がすぐに得られないことを理由に内部監査から有益な情報が得られないと即断し，内部監査の情報の利用・活用に消極的姿勢を有する公認会計士等が多いように思われる。

内部監査からの情報の入手にあたっては，容易に有益な情報が得られるわけでなく，「結合性」の観点からの解釈や推論・分析を交えることが必要であることを公認会計士等が十分に認識しておくことが重要である。内部監査から入手した情報の利用・活用に関する姿勢を公認会計士等が再検討することが求められているように思われる。

③公認会計士等監査から入手される情報の内部監査における活用

公認会計士等監査において財務諸表の虚偽表示が発見された場合には，当該虚偽表示は企業に伝達され，多くの場合には修正される。一方で，重要ではない虚偽表示や見積りに関して，経営者と見解の相違のある虚偽表示が未修正の虚偽表示となることがある。

公認会計士等監査においては，これら未修正の虚偽表示が財務諸表に重要な影響を及ぼすかどうかが第一の関心事であり，公認会計士等にとっては，実務上，修正済みまたは未修正であるかを問わず，虚偽表示の発生原因について財務諸表への影響を評価するのに必要なかぎりにおいて分析することを目的としている。そのため，企業の内部統制の不備について，その再発防止・是正のための概括的な提言を行うことはできても，詳細かつ具体的な提言を提供するまでの分析が行われないことが多い。

また，公認会計士等監査のうち，上場企業における内部統制監査の意見表明においては，虚偽表示の発生原因となった（またはなり得る）内部統制の

---

[23] 国際統合報告フレームワーク（International Integrated Reporting Framework：International Integrated Reporting Council（Dec 2013））において用いられている"connectivity"にみられるように非財務情報と財務情報を結合して考える思考が求められると考える。

不備が財務報告に重要な影響を及ぼすかどうかに主要な関心がおかれる。しかしながら，この場合も当該不備の財務報告への影響を評価することに主眼が置かれ，その再発防止のための是正に資するまでの詳細な提言にまでは至らないことがある。

このように，公認会計士等監査においては，虚偽表示の原因となる（またはなり得る）内部統制の不備の把握と分析は企業による実施と並行して行われるものの，虚偽表示の原因となる内部統制の不備の再発防止・是正の対応は企業の経営者の下で行われることとされており，内部監査もこれに資することが期待される。

他方，内部監査においては，公認会計士等監査から提供される情報を手掛かりとして，どのような虚偽表示が発見されているか，どのような内部統制の不備が関連しているか，といった着眼点から監査を行い，当該内部統制の不備の原因はどこにあるかを分析し，当該不備の再発を防止するにはどうしたらよいか，について改善提言を行うことが期待される。

たとえば，公認会計士等監査の最終段階において，経営者が監査における特定の事項を確認するためまたは他の監査証拠を裏付けるための書面として経営者確認書を入手するが[24]，経営者確認書には，未修正の虚偽表示の要約を記載するかまたは添付することが求められる[25]。また，上場企業の内部統制監査においては，内部統制監査の過程で発見され，経営者と協議したかまたは経営者に伝達した重要な事項（内部統制監査の過程で監査人が発見した開示すべき重要な不備等）について監査役等とコミュニケーションを行うことが求められる[26]。さらに，公認会計士等監査においては，業務改善に役立てるため，こうした重要な虚偽表示，内部統制の不備を含め，監査の過程において気がついた事項を記載した書簡を企業に提出することがある。このような書簡が「マネジメント・レター」「監査覚書」等の名称で企業の経営者宛に発

---

[24] 監基報580「経営者確認書」6項。
[25] 監基報450「監査の過程で識別した虚偽表示の評価」13項参照。
[26] 監査・保証実務委員会実務指針第82号「財務報告に係る内部統制の監査に関する実務上の取扱い」44-2項（1）③参照。

図表 5-6 ● 公認会計士等監査から入手される情報の内部監査における活用

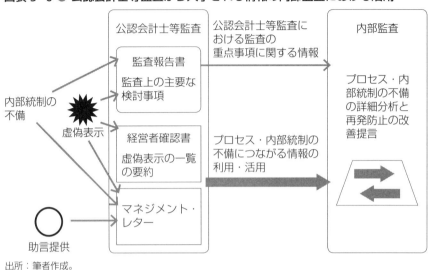

出所：筆者作成。

行されていることが多い。

　公認会計士等が作成する虚偽表示の要約やマネジメント・レターなど，内部監査の手掛かり，素材，"ネタ"になる，虚偽表示や内部統制の不備に関する情報を適切に活用して内部監査をすでに実施している企業も少なからずあると思われるが，このような有用な情報を内部監査が積極的に活用していくことが望まれる（図表5-6参照）。

(2)「作業の利用」「依拠」が適切に行われているか？

　内部統制報告制度においては，内部監査人が内部統制の有効性の評価に関して作業を行っている場合，作業実施者の能力および独立性の検討，作業の一部の検証等，内部監査人の作業の品質および有効性を検証したうえで，経営者の評価に対する監査証拠として利用することが考えられる[27]。これに沿って，財務報告に係る内部統制の評価および監査の領域では，内部監査の作業

---

[27] 内部統制実施基準 Ⅲ 4（6）③参照。

結果の利用が行われていることは，公認会計士等監査および内部監査にも広く知られているところである。

また，内部監査の実施した作業を再検討した結果，内部監査の実施する活動が信頼しうるものであると判断される場合には，公認会計士等監査において，内部監査およびそのモニタリング対象とする内部統制に依拠することがある。

しかしながら，公認会計士等監査にとって内部監査の実施する「作業の利用」「依拠」には，たとえば以下のような課題が見受けられる。

①**財務諸表項目に対する実証手続における「作業の利用」**

財務諸表監査において，実証手続とは，財務諸表計上額に対して，アサーション・レベルの重要な虚偽表示を看過しないよう立案し実施する監査手続をいい，取引種類，勘定残高，開示等に関して実施する詳細テストと分析的実証手続から構成される[28]。この実証手続については，内部監査の実施する作業の利用は行われていないことが多いように見受けられる。

これは，以下の理由から，財務諸表項目に対する内部監査の実施が限定的であり，公認会計士等監査にとって利用可能な内部監査の作業がかぎられていることによるものと思われる。

ア）内部監査等による内部統制の経営者評価が求められる内部統制報告制度とは異なり，財務諸表監査においては，内部監査による財務諸表金額の検証は求められていないこと

イ）前述したように，公認会計士等監査における内部監査の作業の利用は，利用可能なものがあれば利用するという基本姿勢によっており，利用が強制されているわけではないこと

ウ）財務諸表については公認会計士等監査により信頼性が確かめられているため，企業の制約された監査資源（ヒト・モノ・カネ・トキ）の使用の観点から，内部監査は財務諸表以外の領域に重点をおくといった"棲

---

[28] 監基報330「評価したリスクに対応する監査人の手続」3項参照。

み分け"の傾向があること
エ) 実証手続において直接に利用可能な内部監査の監査手続・作業があまり見当たらないこと

　このように，財務諸表監査においては内部監査の「作業の利用」が少ないものと思われるが，財務諸表において重要な虚偽表示リスクが識別されている場合，その影響は財務会計と一体となって実施されている業績評価目的等の管理会計にも及ぶものである。
　たとえば，業績評価において実態と異なる高い評価を謀る営業担当者による売上高および利益の恣意的な処理を発見・是正し，業績評価の基礎となる正しい情報の作成を維持することは，内部報告目的の管理会計に関連しており，内部監査においても監査手続を実施することが必要な領域であると考えられる。売掛金残高や商品残高の過大計上（結果としての売上高や利益の過大計上）や売上取引の期間帰属（計上会計期間の前倒し・後倒し）について重要な虚偽表示リスクが識別され，業績評価の正確性に重要な影響を及ぼす場合には，内部監査が，業績評価の観点から売掛金残高の書面による確認手続や商品の実地棚卸手続，年度末前後の倉庫における払出証憑と企業の会計記録の照合手続等に対する内部監査を行い，入手した証拠を公認会計士等監査の監査証拠の一部として利用することが考えられる。
　内部監査のみならず，公認会計士等監査においても，監査資源の制約の下で監査を実施しており，とくに近年，監督当局からの監査品質向上の要求に比して監査資源（とくに要員としての公認会計士等）が不足していること，また，虚偽表示は，元来，企業が自ら発見・防止することが望まれることを踏まえると，今後，公認会計士等監査の側で内部監査において実施されている監査手続・作業を利用しようと従前以上に考えるようになることが想定される。
　また，近年生じた不正会計事案に関する第三者調査委員会において，内部監査における「会計監査」の不備が指摘され，経営監査のみならず会計監査

図表 5-7 ● 財務諸表項目に対する実証手続における「作業の利用」

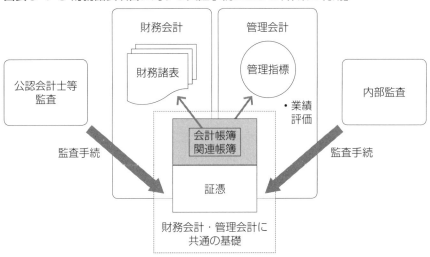

出所：筆者作成。

の充実を図ることが提言されていることもある[29]。企業によっては，内部監査において会計監査の実施を検討することが必要な場合があるが，その場合には，公認会計士等監査と同様に財務会計の観点からの監査を重複して実施するのではなく，財務会計と一体として行われている管理会計（原価管理・利益管理・業績評価）における正確性の維持・確保の観点から，内部監査の実施すべき「会計監査」の内容を立案することは検討に値するものではないかと考える（図表5-7参照）。

②内部監査人による公認会計士等監査の直接補助の禁止による制約

これまで述べた内部監査の「作業の利用」とは，内部監査が公認会計士等監査とは独立した立場で実施されていることを前提として，作業実施者の能力および独立性の検討，作業の一部の検証等，内部監査人の作業の品質およ

---

[29] 「株式会社東芝第三者委員会調査報告書（要約版）」(2015年7月20日), 第6章 原因論まとめ 二 間接的な原因（2）コーポレート各部門における内部統制 イ 経営監査部参照。

び有効性を検証したうえで，監査証拠として利用することを想定している。

これに関して，内部監査の作業を利用するのであれば，内部監査人を公認会計士等監査の指揮・監督・査閲下におき，直接の補助者として内部監査人を利用する方が，より有効・効率的に利用できるのではないかとの考えを抱くことがあるかもしれない。

国際監査基準（ISA）610（改訂）「内部監査の利用」（International Standards on Auditing610 (Revised) "Using the work of internal auditors"）では，直接的な補助を提供する内部監査の利用が規定されており[30]，公認会計士等監査の指揮・監督・指揮下での内部監査の直接補助を認めており，米国等，他国においては実施されていることがある。

しかしながら，わが国においては公認会計士法および会社法において，公認会計士等監査の独立性の観点から内部監査人による直接補助は禁止されており[31]，監基報においても内部監査人による直接補助は取り扱われていない[32]。

したがって，わが国においては，たとえ公認会計士等監査の監査資源が不足しており，効率的に内部監査の作業の利用を図るニーズが高い場合であっても，これらの法令を踏まえ，公認会計士等監査と内部監査の独立性を維持したうえで，内部監査の作業の利用を利用することに留意しておく必要がある。

③内部監査を含む内部統制への「依拠」が適切に行われているか？

前述のとおり，内部監査は独立モニタリング，「統制に対する統制」として内部統制の一部を構成しており，公認会計士等監査においては，内部監査およびそのモニタリング対象とする内部統制の評価結果が有効な場合に，統制リスク，重要な虚偽表示リスクひいては監査リスクを低めるために「依拠」する対象となることがあると考えられる。

内部統制のみならず「内部監査に依拠する」ことが感覚的にピンとこない

---

[30] ISA610 第13項（3）参照。
[31] 公認会計士法24条1項（2）および会社法396条5項（3）。
[32] 監基報610第2項。

という公認会計士等も少なくないように思われる。しかしながら，たとえば，会計上の見積りに係る内部監査の実施においては，以下のように，内部監査を含む内部統制への「依拠」を検討することが考えられる。

会計上の見積りに係る内部監査

　近年の公認会計士等監査においては，会計上の見積りに関する重要な虚偽表示リスクに重点がおかれている。これは，会計上の見積りが事業に関する種々の予測および仮定に基づいて行われるため不確実性をともなうものであり，これらの予測および仮定に少なからず主観が含まれ，恣意的な虚偽表示を誘発しやすいためである。とくに見積りに関する経営者の主観の程度が高いほど経営者が自己に都合のよいように意図的に見積金額を操作する可能性が高まり，場合によっては不正による重要な虚偽表示が引き起こされることがある。

　たとえば，子会社株式の減損会計，固定資産の減損会計や税効果会計については，将来の予測に基づく見積りのために事業計画が用いられる。公認会計士等監査において会計上の見積りを検討するうえで，経営者の策定した事業計画をそのまま受け入れるのではなく，その合理性を批判的に検討することは要諦である。しかしながら，事業計画には種々の予測や仮定が広範に含まれるため，公認会計士等の利用可能な監査資源に照らして予測や仮定を個々に網羅的に検討することがリスクの程度と必要となる時間およびコストに照らして困難な場合が多い。

　公認会計士等監査においては，会計上の見積りの手法および基礎データに関連する内部統制を理解することが求められるが，運用評価手続の実施は強制されていない[33]。しかしながら，このように事業計画に含まれる予測や仮定を網羅的に検討することが困難な場合には，公認会計士等は内部統制の運用評価手続を実施し[34]，重要な予測や仮定については個々に検討するが，重要でないものについては，事業計画の策定に関する内部統制に依拠することが想

---

[33]　監基報540「会計上の見積りの監査」7項。
[34]　監基報540 第12項（3）。

定される。

　また，事業計画は，経営者の示達の下，事業に関する責任部署において編成されるが，責任部署には事業目標の達成が求められることから，達成可能性を無視または過度に考慮した恣意的な事業目標・事業計画の立案が行われることがある。この場合，恣意的な立案が行われていないかどうか，たとえば，事業計画の策定が所定の内部統制の下で行われているかどうか，また，過去の事業計画に用いられた予測や種々の仮定が適合していたかどうかに関して，事業責任部署・事業体から独立した立場からモニタリングが行われていれば，公認会計士等監査においては内部統制に依拠することを期待することとなる。この場合とくに独立モニタリング機能の1つとして内部監査に依拠することができないか，検討することとなる（図表5-8参照）。

　また，固定資産の減損会計において，多数の資金生成単位，たとえば店舗

図表 5-8 ● 会計上の見積りと内部監査・内部統制への依拠

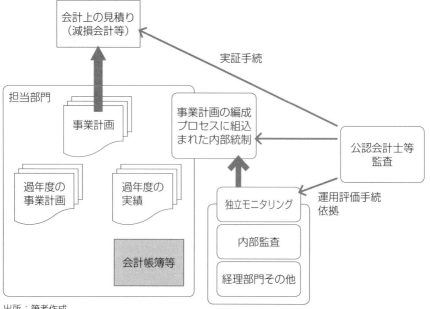

出所：筆者作成。

ごとの減損の兆候の有無や資産の回収可能性に関する検討が行われている場合、公認会計士等の利用可能な監査資源に照らして、見積りの基礎となる店舗ごとの営業利益の正確性や、将来キャッシュ・フローの見積りの合理性を個々に網羅的に検討することが困難な場合がある。このような場合にも、店舗ごとの営業損益システムの正確性および信頼性や将来キャッシュ・フローの見積りの合理性に関して独立した立場から内部監査が実施されている場合には、公認会計士等監査において内部監査を含む内部統制に依拠することがある。

現行の会計上の見積りの実務においては、これらの独立モニタリングは経理部門によって担われることが多いように思われる。しかしながら、経理部門に事業に関する知見が十分になく、批判的な検討が行われないまま、事業計画や店舗損益等のデータが受け入れられ使用されてしまうことに関する懸念も少なからずあるように思われる。そのような場合、公認会計士等監査においては、事業に精通し知見を有する者が内部監査を実施できないかどうか、また、その知見を活用した内部監査の実施を提言して「依拠」できるかどうか、検討することが望まれる。

(3) 内部監査の内部統制における位置付けを正しく理解して「情報共有」「作業の利用」「依拠」が図られているか？

公認会計士等監査においては、重要な虚偽表示リスクの識別と評価の過程で、監査に関連するかどうかという観点から、内部統制を理解することが求められる[35]。また、有効に運用されていることが想定されている、または実証手続のみでは十分な監査証拠が入手できないと判断する場合には、監査に関連する内部統制については運用評価手続を実施しなければならない[36]。なお、この場合の内部統制には内部監査も含まれ、監査に関連するかどうかについて検討されるものと解される。

監査に関連するかどうかは、公認会計士等の職業的専門家としての判断に

---

35 監基報315第11項、第22項および第25項参照。
36 監基報330第7項参照。

よるが，公認会計士等監査の監査計画段階において，企業が実施する内部監査に関する情報を慎重に検討せずに内部監査が監査に関連しないと即断していないか，判断の過程を見直すことが必要な場合があるように思われる。また，とくに上場企業の内部統制報告制度における内部監査の果たす役割を再認識する必要があるように思われる。

①直接的・間接的な内部統制の重合的な関係と内部監査の位置付けの理解

企業においては，多くの場合，複数の直接的または間接的な内部統制が組み合わされて重要な虚偽表示が防止・発見されている。

たとえば，企業の売上取引の架空計上に関する重要な虚偽表示の防止・発見に関して，出荷・請求・入金の各データ記録の3点照合（3-way matching）に関する内部統制が整備・運用される場合，具体的には，以下の内部統制が整備・運用される。

（ア）営業部門における事実に基づく入力や正確なデータ入力等を確保する日常的・直接的な内部統制

しかしながら，この日常的・直接的な内部統制を支えるため，たとえば以下のような間接的な内部統制が整備・運用され，全体として重要な虚偽表示を防止発見されるのが通常である。

（イ）営業部門の日常的・直接的な内部統制が継続的に実施されていることを確かめる間接的な内部統制[37]

---

[37] 2018年7月16日付で公表された公開草案「国際監査基準315（改訂）重要な虚偽表示リスクの識別と評価」（Exposure Draft：Proposed International Standards on Auditing 315（Revised），Identifying and Assessing the Risk of Material Misstatements）にみられるように，この統制は，日常的・直接的な内部統制と組合されてアサーション・レベルで重要な虚偽表示を直接に防止・発見する統制としての側面から直接的な内部統制と位置付けられることもある。しかしながら，ここでは直接的な内部統制の継続実施を確保する側面を重視して間接的な統制として捉えることとしている。

(ウ) ITシステムに関連して，出荷・請求・入金のデータを自動照合し，差異の生じている取引を識別し，直接的な内部統制を支援するような間接的な内部統制[38]
(エ) ITシステムに関連するデータおよびプログラムを保全し，上記（ウ）の内部統制が継続的に実施されるように図る間接的な内部統制[39]
(オ) ITシステムに関連する上記（ウ）および（エ）の内部統制が継続的に実施されていることを確かめる間接的な内部統制
(カ) 内部統制のデザインが重要な虚偽表示の防止・発見に適合し，役立つものであることを確かめる間接的な内部統制

　財務諸表に計上される金額は一定の会計期間の取引の集計額であるため，重要な虚偽表示を防止・発見する内部統制は，（ア）のような日常的・直接的な内部統制単独では有効なものとならず，（イ）（ウ）（エ）（オ）のような間接的な内部統制が「統制に対する統制」として組み合わされ，継続的な実施が確保されてはじめて，その目的が達成される。
　このように財務報告に係る内部統制は，直接的な内部統制と間接的な内部統制が重合的に整備・運用されて全体としての内部統制が形作られる。上記の（イ）（オ）および（カ）のような間接的内部統制は，直接的な内部統制を行う現業部門またはそのスタッフ機能を担う部署において日常的に行われるとともに，営業部門等の現業部門とは独立した立場から内部監査として実施されることもある（図表5-9参照）。
　米国のCOSOによって，昨今提唱されている「3つのディフェンスラインモデル」[40]では，上記のような現業部門における日常的・直接的な内部統制を第1のディフェンス・ライン，業務部門において監督機能として実施される

---

[38] 37に同じ。
[39] 37に同じ。
[40] 本書の第3章4および第4章（2）参照。また，ダグラスJ.アンダーソン，ジーナ・ユーバンクス著，堺咲子訳「COSO―ガバナンスと内部統制3つのディフェンスライン全体でのCOSOの活用―」『月刊監査研究』503号（2015年）参照。

図表 5-9 ● 財務報告に係る内部統制 — 重合的な内部統制

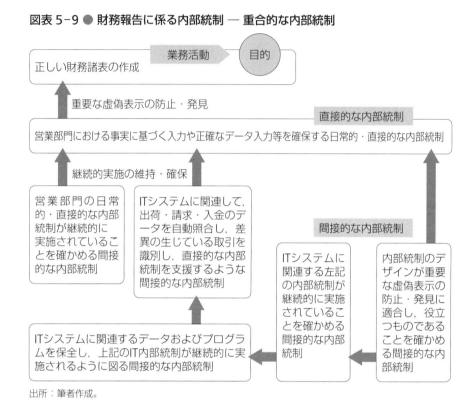

出所：筆者作成。

間接的な内部統制を第2のディフェンス・ライン，独立した立場から第1および第2のディフェンス・ラインによる内部統制が有効に実施されていることを確かめ，保証を付与する内部統制を第3のディフェンス・ラインとして整理しており，内部監査を第3のディフェンス・ラインに属する機能として整理している。

　公認会計士等監査においては，このような内部監査の役割・位置付けを理解したうえで，どのような情報が共有可能か，どのような作業が利用可能か，さらにはどのような内部統制に対する独立モニタリングとして内部監査に依拠することが可能なのかについて検討することが必要であると考えられる。

②内部統制の継続的実施を監視する経営者評価とこれを担う内部監査の重要性の再認識

　前述のとおり，財務諸表の重要な虚偽表示を防止・発見するには，日常的・直接的な内部統制のみならず，間接的な内部統制が整備・運用されていることが重要である。内部監査部門のみならず，現業部門または関連する間接部門においても他の直接的・間接的な内部統制が継続的に実施されていることを確かめるために，このような間接的な内部統制が実施されることが通常想定されている。

　しかしながら，上場企業の内部統制報告制度において作成される「リスクと統制の対応表」（Risk-Control-Matrix：RCM）では，統制上の要点として現業部門の担当者レベルの行う日常的・直接的な内部統制は識別されて記載されているものの，その継続的な実施を確保するために現業部門の上席者が日常的に行う承認等の内部統制や間接部門において実施される内部統制は評価対象として十分に識別されていないことがある。

　これは前述した3つのディフェンス・ライン・モデルでいえば，第1のディフェンス・ラインにおいて整備・運用して評価すべき統制上の要点が中途半端に識別されるにとどまり，第2のディフェンス・ラインに相当する内部統制は統制上の要点として識別せずとも，全体としての内部統制を適切に評価できると判断していることを示すことになる。その場合には，第3のディフェンス・ラインに相当するものとして，上場企業の内部統制報告制度において実施される経営者による内部統制の評価が，現業部門の直接的な内部統制の継続的な実施を経営者が確かめるための事実上唯一の手段として取り扱われていることとなる。

　このような内容のRCMが作成されている当該上場企業においては，財務報告に係る重要な内部統制の全社的な状況を経営者が評価して不備の把握と適時な対応を行ううえで，経営者が直接に現業部門の直接的な内部統制の状況を評価するという「超トップ・ダウンで超ダイレクトな」手法がとられているといった外観を呈しており，現業部門や間接部門による監督としての内

部統制は度外視されていることとなる。

　このような場合，内部監査が経営者評価を担うのであれば，内部統制の全社的な整備・運用状況を第1のディフェンス・ラインにおける管理者による監督や第2のディフェンス・ラインにおける間接部門による監視は評価対象とせず，「超トップダウンかつ超ダイレクトに」第1のディフェンス・ラインにおける担当者レベルの内部統制を評価するという重要な役割を内部監査が担っていると考えるほかない。

　しかしながら，このような状況に際して公認会計士等監査を行う場合には，現業部門および間接部門において内部統制の継続的実施を監督する内部統制，「統制に対する統制」を重要な内部統制として識別しておらず，全体として厚みの十分にない，視野の狭い内部統制観の下で経営者による内部統制の評価，不備の把握と対応が行われていることも認識して内部統制に対する監査を実施することが必要であると考えられる。また，間接的な内部統制の整備・運用の改善を提言することも必要であると思われる。

　なお，このようにRCMを作成して内部統制の評価を行ううえで現業部門および間接部門において実施される間接的な内部統制が経営者評価の対象とされていないことは，当該内部統制が整備・運用されていないことを直ちに意味するものではない。しかし，現業部門等においてそのような間接的な内部統制が適用されているにもかかわらず，経営者がそのデザインや運用の状況を十分に把握しておらず，不備があっても感知することが困難である可能性を示唆している。

　経営者による評価をより骨太なものとするために，第1のディフェンス・ラインに相当する現業部門の管理者による内部統制および第2のディフェンス・ラインに相当する間接部門による監督としての内部統制についても内容の再把握を行い，そのデザインが適切であるかどうか，また，経営者評価の範囲に含めるかどうかについての再検討が望まれる。これに関して，内部監査および公認会計士等監査においては，専門職または職業的専門家としての役割を発揮することが期待される。

③内部統制報告制度における内部監査等による経営者評価に関する取組み姿勢の見直し

内部統制報告制度における評価や監査については，形骸化を防ぐためにも公認会計士等監査および内部統制監査の実務からは，以下の再検討・再認識の必要性が感じられることがある（図表5-10参照）。

図表5-10 ● 内部統制報告制度における内部監査等による経営者評価の見直し

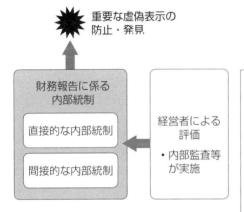

出所：筆者作成。

a）財務報告に係る内部統制の果たす目的についての留意・銘肝

財務報告に係る内部統制に対する評価や監査の実施にあたっては，単に内部統制に使用する文書がそろっているかどうかに捉われず，「これらの内部統制の組合せによって重要な虚偽表示を防止発見できるかどうか？」を念頭において評価を行うことが肝要である。

財務報告に係る内部統制は，企業の事業が急拡大している，新規事業を開始する，新機軸のITシステム化を図るなど，業務環境や業務プロセスに特定の変化が生じる場合を除き，通常は安定した環境の下で実施されることが

多い。そのため,毎期行われる経営者による評価も一定の対象・手法で前回と同様に実施すれば足りるという思い込みが生じがちである。

内部統制によって重要な虚偽表示が防止・発見できているのかという原点を忘却の彼方においたまま,評価や監査が行われていないかどうか,公認会計士等監査および内部監査においては常に自問自答することが必要と考える。

b) 内部統制のデザインが重要な虚偽表示の防止・発見に適合しているかどうかについての留意・銘肝

財務報告に係る内部統制の評価または監査においては,内部統制が重要な虚偽表示を防止・発見できているかどうかを確かめるが,内部統制が所定のとおり継続的に実施されているかどうかを確かめるだけではなく,所定の内部統制のデザインが重要な虚偽表示の防止・発見に適合しているかどうかについても確かめることが必要である。

経営者による評価については一定の対象・手法で前回と同様に実施すれば足りるという思い込みが生じがちであるが,業務環境や業務プロセスに重要な変化が識別されていないか,これにともない重要な虚偽表示の可能性に変化が生じ,内部統制が適合していない状況になっていないかを意識して内部統制の評価または監査を実施することが必要である。

また,業務環境や業務プロセスに重要な変化が識別されていなくとも,内部統制が重要な虚偽表示の防止・発見に適合していないと担当者が判断して所定の内部統制のデザインを変更して実施していることがある。経営者が未承認のままそのような臨機応変な対応が生じていないか,その対応は経営者が追認し得るような合理的なものであるかどうか,また,事後,重要な虚偽表示の防止・発見に適合するようにデザインを改めて公式に変更する必要がないかどうかに留意して内部統制の評価または監査を実施することが必要である。

さらに,公認会計士等監査において重要な虚偽表示が発見されている場合には,まさに重要な虚偽表示の防止または発見に内部統制が適合していないことを示唆しているため,その原因を分析し,重要な虚偽表示の防止・発見に適合

するようにデザインを変更することを企業の経営者に提言する必要がないかどうかに留意して内部統制の評価または監査を実施することも必要である。

とくに，公認会計士等監査において重要な虚偽表示を評価した結果，不正を示す兆候や不正を示唆する状況を識別している場合には，監査手続の変更および追加，経営者への説明の徴求，ならびに追加手続の実施により，経営者の説明の合理性を確かめることとなる。さらに，不正による重要な虚偽表示の疑義があると判断した場合には監査計画を修正し，監査役と協議することとなる[41]。このような状況に対応して，経営者には，不正による重要な虚偽表示の識別・特定と並行してその発生原因を分析し，防止・発見のための内部統制の見直しを行うことが求められる。

c) 経営者評価は「制度で求められている」から行うわけではないことについての留意・銘肝

財務報告に係る内部統制に対する経営者評価について，制度で求められているから実施していると理解してしまい，経営者評価を業務（財務報告業務）の改善に活かすことが企図されていない状況もあるように思われる。たとえば，年度当初に計画した事業拠点ごとの経営者評価の終了後，経営者の内部統制報告書発行までに内部統制の不備が判明したとしても，「もう内部統制の評価は済んだから」と考えて，経営者評価に適時に織り込もうとせず，経営者または管理者が内部統制の不備の報告に非常に消極的になっていることがあるように思われる。

財務報告に係る内部統制に不備が生じていないかどうかについて継続的に評価し，重要な虚偽表示を防止・発見するように自律的に継続的改善を図ることは，上場企業であるか否か，内部統制報告制度が適用されるかどうかにかかわらず，経営者に求められる責任であると考えられる。内部統制の独立的な立場からのモニタリングは，元来，経営者の責任として果たすべきものであることを再認識し，評価結果を業務の継続的改善に自律的に活用する姿勢で経営者評価に取り組むことが必要と考える。

---

[41] 監査における不正リスク対応基準 第二 9，10，11 および 17 参照。

④不正リスクへの対応〜経営者による内部統制の無効化に関する課題

　前述のとおり，公認会計士等監査および内部監査ともに，それぞれの監査の基準に不正リスクへの対応に関する規定があり，両者が連携して対応することが期待される。しかしながら，公認会計士等監査と内部監査では，経営者による不正に関してその対応に差があるように思われる。

　公認会計士等監査においては，経営者による不正に関して，以下の監査における不正リスク対応基準および監基報の規定を踏まえ，経営者による内部統制の無効化リスクの評価にかかわらず，仕訳入力の検討，経営による見積りの偏向の有無の検討，通常または通例でない取引の事業上の合理性の検討が求められている[42]（図表5-11 参照）。

図表5-11 ● 公認会計士等監査において求められる経営者による不正に対する対応

- 「監査人は，経営者等の誠実性に関する監査人の過去の経験にかかわらず，不正リスクに常に留意し，監査の全過程を通じて職業的懐疑心を保持しなければならない。」[43]
- 「経営者は，直接的又は間接的に会計記録を改竄すること，不正な財務諸表を作成すること，又は他の従業員による不正を防止するためにデザインされた統制手続を無効化することができる立場にある場合が多いので，監査人が経営者不正による重要な虚偽表示を発見できないリスクは，従業員不正による場合のリスクよりも高い。」[44]
- 「経営者は，有効に運用されている内部統制を無効化することによって，会計記録を改竄し不正な財務諸表を作成することができる特別な立場にある。経営者による内部統制を無効化するリスクの程度は企業によって異なるが，全ての企業に存在する。内部統制の無効化は予期せぬ手段により行われるため，不正による重要な虚偽表示リスクであり，それゆえ特別な検討を必要とするリスクである。」[45]

出所：筆者作成。

　経営者不正に関するこれらの規定は，公認会計士等監査において「この企業，この経営者では生じ得ない」と思い込まず，どの企業のどの経営者に関しても内部統制を無効化するリスクを想定して職業的懐疑心を保持・発揮し

---

[42] 監査における不正リスク対応基準 第一1および監基報240第7項，第30項および第31項参照。
[43] 監査における不正リスク対応基準 第一1参照。
[44] 監基報240第7項参照。
[45] 監基報240第30項参照。

て監査に臨むことを求めるものである。

　これらの規定にいう内部統制の無効化とは，単に内部統制を無視することだけではなく，不正を隠蔽するために巧妙かつ念入りに仕組まれたスキームをともなうことによって，内部統制が外観として有効であるように見せかけることを含むものと解される。

　公認会計士等監査においては，経営者の関与する内部統制の無効化をともなう財務諸表の重要な虚偽表示については，経営者の下で整備運用される内部統制によって防止発見することは困難であるという内部統制の限界を認識したうえでなお，内部統制の限界を超える重要な虚偽表示の可能性に対しても評価し，実証手続を実施することによって対応することが求められていると解される。

　これに対して，内部監査においては，不正についてその発生可能性を識別するプロセスおよび内部統制を評価することとされている。また，不正の兆候に正当な注意を払い，内部監査の実施を通じて不正の兆候が発見された場合には，企業のリスク・マネジメント・プロセスにフィードバックすることが求められている[46]。

　この内部監査実務指針の取扱いは，不正の兆候に注意を払うものの，自ら不正を追及するというよりも，企業の不正に対応するプロセスおよび内部統制を評価し，不正に関する情報を提供してリスク・マネジメント・プロセスを支援することに主眼がおかれており，必要と考えられる場合には不正発見後に内部監査として調査を実施し，改善勧告を行うことを旨としていると解される。

　なお，内部監査に関しては，経営者による内部統制の無効化を対象とした特段の規定は内部監査基準等に見当たらず，公認会計士等監査とは異なり，経営者による内部統制の無効化リスクがどの企業にも存在するという想定のもとで評価および対応手続を立案・実施することまでは求められていない。内部監査において，経営者による内部統制の無効化の兆候が識別された場合には，企業のリスク・マネジメント・プロセスにフィードバックして対応を

---

[46]　内部監査実務指針6.2「4. 不正リスクのマネジメントの評価」参照。

図表 5-12 ● 経営者による内部統制の無効化リスクへの対応

公認会計士監査における対応
- 経営者による内部統制の無効化リスクが存在すると想定する(「ない」と考えない)。
- リスクを評価し,リスクの程度に応じて対応手続を立案して実施する。
- リスクが極めて低く,対応手続は不要と判断される場合であっても,仕訳入力の検討,経営による見積りの偏向の有無の検討,通常または通例でない取引の事業上の合理性の検討が求められている。

内部監査における対応
- 不正についてその発生可能性を識別するプロセスおよび内部統制を評価することとされている。しかしながら,経営者による内部統制の無効化リスクが存在すると想定することまでは求められていない。
- 経営者による不正の兆候にも正当な注意を払い,内部監査の実施を通じて不正の兆候が発見された場合には企業のリスク・マネジメント・プロセスにフィードバックすることが求められていると解される。
- 経営者による不正の兆候が発見された場合には,実効あるリスク・マネジメント・プロセスの遂行のために,内部監査から取締役会および監査役等への報告経路の活用が必要である。

出所:筆者作成。

促すこととなると思われる(図表5-12参照)。

なお,このような経営者による内部統制の無効化の兆候について,企業が適切にリスク・マネジメントを行うためには,当該経営者から独立した立場にある者が対応することが必要であるが,リスク・マネジメント・プロセス(関連する内部統制を含む)は,通常,経営者の指揮命令下におかれている。また,わが国の内部監査基準においても,内部監査は組織上最高経営者に直属することを原則としており[47],組織上,内部監査が経営者から独立した立場にあるとはいえない場合が多い。

内部監査においては,経営者による内部統制の無効化の兆候を発見した場合,対象からの独立性の観点からその対応には制約が存在するものと考えられる。しかしながら,このような制約はあるものの,以下のa)およびb)に示す対応が行われている場合には,経営者による内部統制の無効化に関して公認会計士等監査が内部監査と「情報共有」することは可能であると思われ

---

47 内部監査基準 2.2.1 参照。

る。

a）取締役会・監査役会への報告経路の確保

前述のとおり，わが国の内部監査基準において，内部監査部門は組織上最高経営者に直属するとされているが，さらに，職務上取締役会から指示を受け，同時に，取締役会および監査役（会）または監査委員会への報告経路を確保しなければならないとされている[48]。

この規定に基づき確保された報告経路を通じて経営者による内部統制の無効化の兆候が取締役会および監査役等に報告される場合には，取締役会の指示の下，経営者から独立したリスク・マネジメント・プロセスが実施されることが想定される。また，関係者の人権等に配慮した対応をより広い見地で検討する機会も与えられる。そして，その結果，公認会計士等監査においては，経営者による内部統制の無効化の兆候に関して，経営者からの独立性の確保のもとで確度の高い情報が監査役等または内部監査から入手され，共有されることとなる。

経営者による内部統制の無効化の兆候に関する情報の有効な共有と対応を行うためには，取締役会等に当該事項の報告を行い，経営者からの独立性を確保した企業のリスク対応プロセスが実施されるように内部監査が主体的に活動することが要諦となる。

b）内部監査の組織上の位置付けおよび統制環境の評価

前述のとおり，経営者による内部統制の無効化の兆候は不正の兆候であり，リスク・マネジメント・プロセスへのフィードバックは内部監査実務指針上の規定である。しかしながら，穿った見方をすればこれは一種の内部告発であり，とくに内部監査部門が組織上，最高経営者に直属している場合や間接的に指揮命令系統にある場合には，経営者からの黙示的なプレッシャーが潜在することとなり，取締役会等やリスク・マネジメント担当部署への伝達を停滞させる要因ともなり得る。

公認会計士等監査においては，内部監査と「情報共有」「作業の利用」を行

---

[48] 47に同じ。

うにあたり，内部監査の組織上の位置付けを把握することが重要である。また，内部監査が最高経営者に直属または間接的に指揮命令系統にある場合には，取締役会および監査役等への報告が行われているか，最高経営者に不利な情報も含め，経営者に対する監査報告内容をそのまま取締役会等にも報告しているかなど，内部監査の統制環境を評価し，正しい情報提供を行う気風が備えられていることを確かめることが肝要である。

なお，内部監査基準では，業務の品質を確保するために，品質管理プログラムを制定し，日本内部監査協会の定める「倫理綱要」の遵守状況を評価することが求められており[49]，内部監査の実施者に対して倫理綱要に示された倫理行動規範を遵守することが求められていると解される。倫理綱要は，公認会計士等監査において，「情報共有」「作業の利用」を行うにあたって内部監

図表 5-13 ● 内部監査基準において遵守状況の評価が求められる「倫理綱要」
    ― 内部監査に関する統制環境を評価するうえで参考となる規定

倫理綱要 倫理行為規範 1　誠実性 （中略） 　1.2　（内部監査人は，）法令を遵守し，法令で要求される，および専門職として期待される開示を行うこと （中略） 2　客観性 　2.1　（内部監査人は，）自己の公正不偏な評価を侵害する，または侵害すると予想されるどのような活動や関係にも関与してはならない。このような関与には，組織体の利害と衝突する恐れのある活動や関係も含む。 　2.2　自己の専門職としての判断を侵害する，または侵害すると予想されるどのようなことも受容してはならない。 　2.3　開示されない場合には検討対象の活動の報告を歪める恐れのあるような重要な事実を知ったときには，そのすべてを開示すること

出所：内部監査人協会「専門職的実施の国際的なフレームワーク―2017年版―」(International Professional Practices Framework：IPPF)（日本内部監査協会発行）」37-38頁より「倫理綱要」の一部を抜粋補足して作成。なお，内部監査基準4.1.2は，このIPPFに組み込まれた「倫理綱要」の遵守状況の評価を求めていると解される。

---

[49] 内部監査基準4.1.2参照。

査を支える統制環境の評価を行ううえで参考になるものである。とくに，倫理行為規範のうち，誠実性・客観性に関する規定が参考になる（図表5-13参照）。

⑤ **グループ監査の進展に対応した「情報共有」が十分に行われているか?**

　公認会計士等監査においては，複数の構成単位（子会社等）の財務情報を含むグループ財務諸表（主として連結財務諸表）の監査に関する実務指針として監基報600「グループ監査」が公表されている。

　この実務指針においては，グループ全体統制を理解することが求められており[50]，たとえば，内部監査機能を親会社等に集中化しているような場合には，内部監査による監視は，グループ全体統制の一部として扱うことができるとされている[51]。

　グループ全体統制としての内部監査の役割は，グループ財務諸表が全体として所定の会計の基準に従って作成されるように図ることにある。しかしながら，公認会計士等監査の立場からは，内部監査を含むグループ全体統制に依拠することよりも，連結プロセスまたは構成単位の財務情報のどこにグループレベルの重要な虚偽表示が潜んでいる可能性があるかに関して，内部監査から情報を入手することにより多くの関心が寄せられるように思われる。

　とくに昨今，不正によるものも含め，在外子会社において突発的に重要な虚偽表示が判明する事例が多くみられることからすれば，商品・サービスに関する例外的事象（物理的・経済的欠陥や通例外の取引）や法令違反・資産の巨額な私消の可能性など，会計上の事象として認識するに至らないものの将来において損失として顕在化する可能性のある事項に関する情報がグループレベルで（とくに在外子会社に関して）広範かつ前広に把握されることが，企業経営に求められている。同様に，そのような情報が前広に共有されることが公認会計士等監査においても期待されている。

50　監基報600 第16項参照。
51　監基報600 付録1参照

内部監査基準において内部監査が自らリスク評価を行うことが求められていることは前述のとおりであるが，重要な構成単位以外の構成単位を含め，グループレベルの潜在的なリスク情報の前広な共有への期待に応え得るようなリスク評価が行われている内部監査の事例はそれほど多くないと思われる。

　財務報告において，連結財務諸表のようなグループ財務諸表が主たる地位を占めていることを踏まえ，公認会計士等監査と内部監査が十分な「情報共有」「作業の利用」を行うには，内部監査においてグループレベルの深度あるリスク評価の態勢の構築が求められるものと考える。

⑥監査手法の進化に対応した「情報共有」「作業の利用」「依拠」が検討されているか?

　昨今の情報技術（Information Technology：IT）の進展を受けて，公認会計士等監査においては，Continuous Auditing（以下，「継続的監査」）が提唱されている[52]。

　継続的監査とは，企業のシステムからデータを抽出し，公認会計士等の用意した（または企業のシステムを運用する）サーバ上に分析機能等を組み込むことによって，常時監査を行うものである。たとえば，被監査会社における取引，仕訳等があらかじめ設定した一定の条件に該当した場合，システムに組み込まれた監査機能によってその条件に該当した取引や仕訳等に関して不正の有無などを検証することが可能となる。

　このような監査手法は，現行のCAAT（Computer Assisted Audit Techniques）を24時間365日継続的に実施し，対象となる母集団の取引・項目を100％読込み，一定の条件に該当する取引や項目を自動的かつリアルタイムに抽出し，可能な場合には証憑データとシステム上で突合するものであるが，この手法の適用は公認会計士等監査に限定されるものではない。

　継続的監査においては，異常値の解析やエラー訂正後の完成資料を監査す

---

[52] 日本公認会計士等協会IT委員会研究報告第48号「ITを利用した監査の展望 〜未来の監査へのアプローチ〜」（平成28年3月28日）参照。

るのではなく，異常値やエラーの含まれるデータを公認会計士等のみならず，企業も同時に原因分析し，虚偽表示の訂正プロセスも適時にチェックするような監査に変化することが期待されており，企業内でまず内部監査が継続的監査を実施することが期待されていると思われる。

　公認会計士等監査において発見される虚偽表示や内部統制の不備は，元来，企業が統制リスクを低減するように内部統制を整備・運用して発見・防止することが望まれるものである。多くの企業では，虚偽表示の可能性のあるデータが感知されるのであれば，むしろ，自律的に虚偽表示を防止・発見・是正したいと考えるのが通常であり，虚偽表示や内部統制の不備の可能性が高い事案があれば，公認会計士等監査に先立ち，内部監査が率先して当該事案に対応し，虚偽表示の防止・発見に努めることが期待される。

　このような考え方は，継続的監査においても通じるものであり，企業が自らシステム上に分析機能等を組み込み，内部監査部門が公認会計士等監査に先立って継続的監査を行い，その結果を公認会計士等監査において依拠する，または利用するスタイルがとられることが多くなるのではないかと思われる（図表5-14参照）。

　このようなスタイルによる継続的監査の実施は，以下のように，リスク・アプローチの的確な実施を促し，公認会計士等監査において「情報共有」「作業の利用」および，内部監査を含む内部統制への「依拠」を深めていくことになると思われる。

　　ア）内部監査と公認会計士等監査が重要な虚偽表示や内部統制の不備の可能性を示す情報を適切に共有して継続的監査における抽出条件を設定することは，固有のリスクや統制リスクを的確に識別し，監査リスクを適切に評価した監査を可能とすることとなる。
　　イ）内部監査が前広に継続的監査を行い，自律的に虚偽表示を防止・発見することにより，内部統制への依拠を可能とし，統制リスクの低減を通じて監査リスクを低めることとなる。
　　ウ）内部監査が継続的監査において抽出した取引および項目について証憑

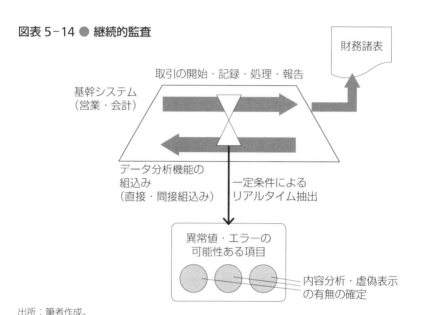

図表 5-14 ● 継続的監査

出所：筆者作成。

　データ突合した作業結果を利用することにより，発見リスクの低減を通じてさらに監査リスクを低めることとなる。
　監査用モジュール（Embedded Audit Module）の組込みや会計データの標準化，証憑データの標準化などの，技術的課題はあるが，今後，内部監査関係者が積極的に継続的監査の研究・導入検討に本格的に取り組むことが期待される。

5. おわりに―根底にある課題への対応―

　これまで解説した公認会計士等監査と内部監査の「情報共有」「作業の利用」および「依拠」は，古くから監査における課題として取り上げられ続けている。この課題については，2009年3月期以降に開始された財務報告に係る内部統制の評価および監査に関して，経営者による内部統制の評価が求められ，多くの企業では内部監査が当該評価を担当し，制度上も公認会計士等

監査との間で必要となるコミュニケーションを行うようになったことによって相当程度解消され今日に至っている。

しかしながら，関係者には，未だに公認会計士等監査と内部監査との「情報共有」「作業の利用」がうまくいかないというモヤモヤとした不満が見受けられ，公認会計士等監査と内部監査との「情報共有」「作業の利用」「依拠」は，いつまで経っても解消しない永遠の課題のようにすら思われる。

以下においては，本章の結語として，「情報共有」「作業の利用」「依拠」の根底にある課題とその解消の手掛かりについて考えておくこととしたい。

(1) 公認会計士等監査と内部監査の「情報共有」「作業の利用」「依拠」
――情報・作業等に対するニーズの相互理解

公認会計士等監査と内部監査との「情報共有」「作業の利用」がうまくいかないというモヤモヤとした不満が見受けられる原因は種々あると思われる。根本的にはその原因は公認会計士等監査と内部監査とのコミュニケーションの不足に根ざしている思われる。たとえば公認会計士等監査および内部監査のそれぞれの監査の目的はどこにあるのか，どのような情報や作業をなぜ共有したいまたは利用したいと考えているのか，また，公認会計士等監査は，内部監査の実施する業務の何に依拠したいと考えているのか，両者のニーズがリスクおよび監査重点事項に照らして具体的かつ十分に議論されていないことがあると思われる。また，そもそも公認会計士等監査と内部監査が相互に相手方の監査の基準や監査アプローチの概要を理解していないこともあると考えられる。

公認会計士等監査と内部監査がコミュニケーションを行う場合には，単に業務の重複を避け，監査計画や監査報告に関する書面を交換するのみならず，一定の時間を割いて面談を実施し，相互にリスクや監査項目に関してなぜどのように監査を行うのかについての説明やディスカッションを行うことが有益であると思われる。また，たとえば公認会計士等監査において作成されるマネジメント・レターに記載された虚偽表示や内部統制の不備について，

同様の面談・説明・ディスカッションを行うことで，それらの原因と改善案の検討を深めることができる。

このような面談による詳細な情報交換は，公認会計士等監査および内部監査それぞれの監査の目的や情報・作業に関するニーズを相互に把握し，相手方の有する情報や実施する作業の利用可能性に関する気付きを得るための貴重なブレーン・ストーミングの場を提供するものとなる。また，相手方の監査の基準および監査アプローチに対する理解を深める契機となり，公認会計士等監査と内部監査の「情報共有」「作業の利用」を向上させるために有益であると考えられる。

(2) 公認会計士等監査と内部監査の「情報共有」「作業の利用」「依拠」
―根底にある意識・態度・態勢の変革

前述のように公認会計士等監査および内部監査それぞれの情報・作業に関するニーズの相互理解が不足しているように思われるが，その背景には，以下に示すような公認会計士等監査と内部監査との相互不信または無関心の意識・態度が横たわっていることが多いように思われる。

"内部監査には監査および会計に関する知識・技術・経験が不足しているため，話を聴いてみても公認会計士等監査にとって有益な情報が打てば響くように得られない"

"公認会計士等監査は財務報告に関心があり，金額や数値を追えば足り，業務に精通する必要はないため，話を聴いてみても内部監査の実施する業務監査にとって有益な情報が得られない"。

いささかステレオタイプといわれるかもしれないが，このような意識や態度が公認会計士等監査や内部監査の根底に依然として貼り付いており，それが公認会計士等監査と内部監査とのコミュニケーションを浅いものにとどめている可能性がある。このような意識や態度が実際に見受けられるのであれば，公認会計士等監査と内部監査が共有するコーポレート・ガバナンスという同一の目的の達成に対する重要な阻害要因とならないように，その変革が

必要になると思われる。

　前述のとおり，公認会計士等監査と内部監査は，それぞれの監査の目的が異なるため，相手方から得られる情報を自己の視点で読み解き，自己の関心・ニーズにつながるものを拾い出す手間をかけることが本来必要なはずである。また，"公認会計士等監査は業務に精通していない""内部監査は監査に精通していない"としても"公認会計士等監査は監査に精通している""内部監査は業務に精通している"わけであり，自己の難点を補い，自己の実施する監査業務の品質の向上に有益な情報やノウハウを相手方から得ることのできる機会があるはずである。

　公認会計士等監査と内部監査がコーポレート・ガバナンスという同一の目的を共有していることに対する共通の意識を醸成し，相互不信・相互無関心を解消し，コミュニケーションを高めるように，意識・態度・態勢を変革していくことが重要と考える。

(3) 連結環としての監査役

　2015年6月1日に東京証券取引所より公表された「コーポレートガバナンス・コード」補充原則3-2②（ⅲ）において外部会計監査人と監査役，内部監査部門や社外取締役との十分な連携の確保が定められたことに対応して，日本監査役協会から「会計不正防止における監査役等監査等の提言―三様監査における連携の在り方を中心に」（2016年11月）が公表されている。このなかでは，監査役等，内部監査，公認会計士等監査の三者間の連携にあたって，監査役等は3つの監査を統括する意識で主体的役割を果たし，3つの監査の役割を理解し，相互に改善点について意見交換を行う等により，リスクの分析等において3つの監査全体の実効性を高め，そのための監査役等による情報発信が期待されている。また，監査役等は，公認会計士等監査と内部監査との連携を推進し，定期的に報告を受けることで監査全体の実効性を高めることが謳われている。

　これまで述べてきた公認会計士等監査による内部監査に関する「情報共有」

「作業の利用」「依拠」は，このような監査役等の積極的・主体的姿勢を踏まえ，監査役等との連携を意識して取り組むことによって，コーポレート・ガバナンス全体の有効性の向上に資するものとなる。公認会計士等監査においては監査役等との相互のコミュニケーション[53]が求められ，また，内部監査においても，監査役等への報告経路の確保，連携が求められている[54]。このようなそれぞれの監査の監査役等との関係を基礎として，監査役等を連結環とした公認会計士等監査－監査役等監査－内部監査のコミュニケーションが行われることが期待される。

(4)「三様監査」から「コーポレート・ガバナンスのために連携する3つの監査」へ

「三様監査」とは，監査役等，公認会計士等監査および内部監査の総称であり，古くから使用されている語であるが，前述のとおり，コーポレートガバナンス・コードにおいて，公認会計士等監査と監査役等，内部監査の十分な連携の確保が定められたことから，"三様監査の連携"が巷間提唱されるに至っている。

筆者は，コーポレート・ガバナンスという同一の目的に向けてこれら3つの監査が連携することには賛同する。しかしながら，"三様監査"の"連携"という表現には強い違和感を覚えており，とくに私論を申し述べておきたい。

この三様監査という語には，各監査が「連携」する（（同一目的に向けて）一緒に手を携えて監査する）ものではなく「連係」する（他の監査と係り合って監査する）ものとして1970年代央から永く用いられてきた歴史的経緯がある[55]。このような過去の経緯に鑑みると，元来，同一の目的を目指して積極的に「連携」するのではなく，目的はそれぞれバラバラであるが接点があればコミュニケーションを行い「連係」することを標榜していたはずの「三様監査」という語を用いて，今更，積極的に連携せよと説くことには大いなる矛

---

53 監基報 260 参照。
54 内部監査基準 2.2.1，4.3.1，4.5.1，5.5.1，8.1.1，8.5.3 参照。
55 八田進二「三様監査の誤解を解く」『会計プロフェッション』第 12 号（2017 年）参照。

盾が感じられる。

　コーポレートガバナンス・コードの公表に際して，監査役等監査，公認会計士等監査および内部監査の3つの監査がコーポレート・ガバナンスという同一の目的を掲げて「連携」することが新たに期待されるようになった時代に，接点があれば「連係」するといった消極的姿勢の染み付いた「三様監査」という古語を引続き使用することは，無理な接ぎ木をするように思え，もはや適切ではないと考える。

　もっとも，この3つの監査を総称する他の適切な語があるかといえば見当たらず，そのため，筆者も本節の見出しに「コーポレート・ガバナンスのために連携する3つの監査」と冗長な表現を用いざるを得ないのではあるが…。

(5) コーポレート・ガバナンスのために連携する3つの監査

　コーポレートガバナンス・コードにおいて，公認会計士等監査と監査役等，内部監査の十分な連携の確保の要請に対応して，3つの監査の連携が強化されていくことが予想される。

　しかしながら，コーポレートガバナンス・コードは，いわゆるソフトローとして，プリンシプル・ベース・アプローチの下でコンプライ・オア・エクスプレインの考え方に立脚するものであり[56]，制度の組換えや特定の具体的な手法を強制するものではない。

　この考え方を踏まえると，3つの監査の連携は，コーポレート・ガバナンスという上位目的から演繹して，上から目線で役割や責任を3つの監査に割当て制度を組み換えるようなものではなく，現行の制度の枠組みを基礎として3つの監査がそれぞれ固有の目的を保持しつつ，相互に必要なコミュニケーションを行い，相互理解を醸成しながら，コーポレート・ガバナンスの達成のために実行可能な事項を下から積み上げていく帰納的な考え方のもとでその連携が図られるべきものであると考えられる。

---

[56] 油布志行他「『コーポレートガバナンス・コード原案』の概要及び同原案における開示関係の規律」『週刊経営財務』3212号（2015年）参照。

本章においてこれまで解説した公認会計士等監査と内部監査との「情報共有」・「作業の利用」・「依拠」も，このような3つの監査における双方向のコミュニケーションの下で行われていくべきものと考える。

関連する法令・基準等と参考文献・報告書等

書籍・論文・報告書・白書等
- 八田進二「三様監査の誤解を解く」『会計プロフェッション』（青山学院大学大学院会計プロフェッション研究科），第12号，2017年
- 油布志行他「コーポレートガバナンス・コード原案」の概要及び同原案における開示関係の規律」『週刊経営財務』3212号，2015年
- 日本監査役協会「会計不正防止における監査役等監査等の提言－三様監査における連携の在り方を中心に」2016年11月
- ダグラスJ. アンダーソン，ジーナ・ユーバンクス著，堺咲子訳「COSO－ガバナンスと内部統制3つのディフェンスライン全体でのCOSOの活用－」『月刊監査研究』503号，2015年
- 日本公認会計士協会「IT委員会研究報告第48号『ITを利用した監査の展望～未来の監査へのアプローチ～』
- 日本内部監査協会「第19回監査実態総合調査　2017年監査白書」2019年
- 株式会社東芝第三者委員会「株式会社東芝第三者委員会調査報告書（要約版）」2015年7月

監査基準
- 企業会計審議会　監査部会「監査基準の改訂及び監査における不正リスク対応基準の設定について」（2013年3月13日）：第一　1，第二　9，10，11，17
- 　同「監査基準の改訂に関する意見書」（2018年7月5日）
- 内部統制基準：Ⅰ2（5）／Ⅰ4（4）
- 内部統制実施基準：Ⅰ2（5）②ニ／Ⅲ4（6）③
- 日本公認会計士協会「監査基準委員会報告書200『財務諸表監査における総括的な目的』」12項（10）①・②，15項
- 同「監査基準委員会報告書240『財務諸表監査における不正』」2項，7項，30項，31項

第 5 章 公認会計士等監査における内部監査への期待と課題

- 同「監査基準委員会報告書 260『監査役等とのコミュニケーション』」
- 同「監査基準委員会報告書 315『企業及び企業環境の理解を通じた重要な虚偽表示リスクの識別と評価』」3項, 11項, 22項, 25 項
- 同「監査基準委員会報告書 330『評価したリスクに対応する監査人の手続』」3項, 7項
- 同「監査基準委員会報告書 450『監査の過程で識別した虚偽表示の評価』」13 項
- 同「監査基準委員会報告書 540『会計上の見積りの監査』」7 項, 12 項（3）
- 同「監査基準委員会報告書 580『経営者確認書』」6 項
- 同「監査基準委員会報告書 600『グループ監査』」16項, 付録 1
- 同「監査基準委員会報告書 610『内部監査の利用』」2項, 5 項
- 同「監査保証実務委員会実務指針 82 号『財務報告に係る内部統制の監査に関する実務上の取扱い』」44-2 項（1）③
- 国際監査基準（ISA）：315（改訂）「重要な虚偽表示リスクの識別と評価」（Exposure Draft：Proposed International Standards on Auditing 315（Revised）, Identifying and Assessing the Risk of Material Misstatements）／ 610（改訂）「内部監査の利用」（International Standards on Auditing 610（Revised）"Using the work of internal auditors"）

内部監査基準・指針等

- 内部監査基準：1.0.1 ／ 2.2.1 ／ 3.2.3 ／ 4.1.2 ／ 4.3.1 ／ 4.5.1 ／ 5.2.1 ／ 5.5.1 ／ 6.2.1（4）／ 7.2.1 ／ 8.1.1 ／ 8.5.3 ／ 9.0.1
- 内部監査基準実務指針
  実務指針 5.2「リスク評価に基づく計画の策定」指針 2「監査対象領域のリスク評価」
  実務指針 6.2「リスク・マネジメント」指針 4「不正リスクのマネジメントの評価」

法令・コーポレートガバナンス・コード

- 会社法：362 条 4 項 6 号／ 396 条 5 項 3 号
- 公認会計士法：24 条 1 項 2 号
- コーポレートガバナンス・コード：原則 3 − 2　外部会計監査人／補充原則 3-2 ②（ⅲ）

第6章

内部監査の論点および実務上の課題の法的検討

内部監査に関する法令・規則上の規律(1)
～会社法・金融商品取引法に基づく規律～

Q1 内部監査は、一般に、会計監査や監査役等の監査のような法令に基づく監査（法定監査）と対比して任意監査と位置付けられているが、とくに上場会社の内部監査について、会社法や金融商品取引法上の要請としてどのような規律があるか？

A 内部監査は、現行法令上、明文の定義規定はなく、直接的な規律はないものの、会社法や金融商品取引法の求める内部統制システムのモニタリング機能を果たす重要な仕組みであり、それらの法令による実質的な規律に服していると考えられる。

1. 内部監査基準に基づく内部監査と法令の関係

　内部監査は、「内部監査基準」（一般社団法人日本内部監査協会、平成26年改定。以下、内部監査基準）において、「ガバナンス・プロセス、リスク・マネジメントおよびコントロールに関連する経営諸活動の遂行状況を評価し、助言・勧告を行うアシュアランス業務」と「特定の経営諸活動の支援を行うアドバイザリー業務」とされ、実務上は、同基準に基づいて運用されている。これは「内部監査基準」が「組織体における内部監査にあたり実施可能にして合理的である限り遵守されなければならない性質のもの」と考えられるからである[1]。

　もっとも、内部監査は、上記の点からみると不正リスク等に対応するために不可欠であると考えられるものの、現行の会社法や金融商品取引法には明文の定義規定はない。

---
[1] 内部監査基準「2. 内部監査基準の目的・運用」参照。

しかし，以下に述べる点からすれば，内部監査は，現行の会社法や金融商品取引法からみて，内部統制システムに対するモニタリング機能を果たす重要な仕組みであるとされている。そうすると，これらの法令に基づく要請を受け，実質的に規律されていると捉えることができ，それらの要請等に従った対応をしなければ適正に内部統制システムを整備・運用していないこととなる点で，内部監査は，まったく任意の制度であるとはいえないと評価できる。

2. 会社法に基づく内部統制システムと内部監査

会社法は，株式会社の内部統制システム一般の基本方針を定めるべきことを定める（会社法362条4項6号等）。そして，上場会社の多くが採用する監査役会設置会社については，会社法施行規則100条[2]が，会社の内部統制システムとして，大要図表6-1の項目について取締役会決議を求める。

図表6-1 ● 内部統制システム整備の基本方針の決議項目

①情報保存・管理体制
②リスク管理体制
③効率性の確保
④コンプライアンス体制
⑤企業グループ管理体制
※なお，監査役に関する体制（ⓐ補助使用人とその独立性，使用人に対する指示の実効性，ⓑ監査役への報告体制，ⓒ監査役に関する費用負担等）の整備も求められる。

これらは，一般には，内部統制システムの基本方針として定められるべき項目を規定したものにすぎないと解されている。しかし，会社法は，不正リスク対応やグループ管理等の目的で，この決議を通じて，企業の実情に応じ

---

[2] 監査等委員会設置会社については同規則110条の4，指名委員会等設置会社については同112条において，監査役を監査等委員会，監査委員会に置き換えた形で，内容的にはほぼ同様の規定が定められている。

て個別の内部統制システムを構築し、それをいわゆる PDCA サイクルに基づき運用していくことを求めていると解される。そのため、これらの項目は、内部統制システムのモニタリング機能を果たす内部監査に対する規律としての意義も有していると考えることが可能である。

　まず、①情報保存・管理体制については、取締役の意思決定や業務執行にかかる文書や情報、企業秘密、個人情報等の保存・利用の適正性、有効性等が問題となるが、この点は、ガバナンス・プロセスやリスク・マネジメントとも密接に関わるものであり、内部監査のアシュアランス業務がこれを評価対象とする必要があると解される[3]。

　また、②リスク管理体制や④コンプライアンス体制が内部統制システムの内容とされ、会社がコンプライアンス違反や不正会計などの発生を自律的に予防し、早期発見するための適正な対処が求められることから、内部統制システムの一部として内部監査によるモニタリング機能を確保する体制を構築することが導かれる。そして、その実効性を確保するために、内部統制システムの一内容として、内部監査部門の体制整備（人員・権限等）、独立性と客観性の確保、報告体制の構築などが必須となると解される[4]。

　なお、内部監査には経営諸活動を支援するアドバイザリー業務を含むことからすれば、この業務によって経営の効率化が図られることが期待されており、会社法に基づく内部統制における効率性確保（図表6-1③）についても、内部監査が一定の役割を果たすと解することもできよう。

　これらの点を含めて、内部監査は、会社法上の内部統制システムに内在す

---

[3]　なお、①の内容として、当該文書等の「内部監査部門による閲覧および謄写の確保に関する事項を定めた文書管理方針及び文書管理規程を定めることが考えられる」との見解もある（弥永真生『コンメンタール会社法施行規則・電子公告規則（第2版）』495頁（商事法務、2015年））。

[4]　④に関する解釈として、「取締役会はリスクの種類や重大さあるいは損害をもたらす蓋然性の大きさに応じた実効的な内部統制システムおよび内部監査体制を構築するための規程を定め、内部監査部門（あるいはそれに相当する職能を果たす部門。以下同じ）の被監査部門などからの独立性、内部監査部門の情報収集のための権限と能力の確保、適切な人材の配置による実効性の確保、内部牽制及び内部監査の有効性の検証、必要に応じた外部の専門家の利用、取締役会または監査役（会）に対する報告系統の確立などについて、十分な方策を講じなければならない。」と論じるものもある（弥永・注3・497頁）。

る要請に応える制度と考えられる。

3. 金融商品取引法による規律：財務報告に係る内部統制報告制度と内部監査

　金融商品取引法は、「財務報告に係る内部統制」[5]の強化を図ることを通じてディスクロージャーの適正を確保することを目的として、内部統制報告制度[6]（J-SOX）を導入しており、同制度においても、内部監査に対する一定の規律が定められていると考えることができる。

　ここで、内部統制報告書の用語、様式および作成方法は、内部統制府令および、一般に公正妥当と認められる財務報告に係る内部統制の評価の基準に従うとされる（内部統制府令1条1項）。そして、この基準として企業会計審議会において「財務報告に係る内部統制の評価及び監査の基準」（以下、内部統制基準）および「財務報告に係る内部統制の評価及び監査の基準に関する実施基準」（以下、内部統制実施基準）が定められている。

　その中では、内部統制の重要な担い手として内部監査人が挙げられ、「内部統制の目的をより効果的に達成するために、内部統制の基本的要素の一つであるモニタリングの一環として、内部統制の整備及び運用状況を検討、評価し、必要に応じて、その改善を促す職務を担っている。」（内部統制基準Ⅰ4（4））とされている。

　そして、内部統制実施基準Ⅰ4（4）では、内部監査人は、「内部統制の整備及び運用状況を調査、検討、評価し、その結果を組織内の適切な者に報告する」ことを職責とするとされている。その前提として、同基準では、内部監査人は、「内部統制の独立的評価において重要な役割を担っている」ため、㋐「内部監査の対象となる組織内の他の部署等からの制約を受けることなく、客観性を維持できる状況になければなら」ず、経営者においては、㋑「内部

5　「当該会社における財務報告が法令等に従って適正に作成されるための体制」（財務計算に関する書類その他の情報の適正性を確保するための体制に関する内閣府令（以下、内部統制府令）2条2号、金融商品取引法24条の4の4第1項、内部統制府令3条）。

6　金融商品取引法24条の4の4。同制度で求められる内部統制報告書は、有価証券報告書とあわせて提出しなければならず、虚偽記載等には民事・刑事上の責任が生じる。

監査人の身分等に関して，内部監査の対象となる業務及び部署から独立し，当該業務及び部署に対し直接の権限や責任を負わない状況を確保することが重要である」こと，⑰「内部監査人から適時・適切に報告を受けることができる体制を確保することが重要である」ことから，これらを実現することが求められている。

　以上からすれば，適正に内部統制報告を遂行すべき責務を負う企業経営者に対する上記規律を通じて，内部監査を金融商品取引法上も基礎づけることができると解される（なお，**Q5** 参照）。

第6章
内部監査の論点および実務上の課題の法的検討

〈参考〉 有価証券報告書等による開示に表れる内部監査

　上場会社は、金融商品取引法24条に基づき、事業の内容に関する重要な事項その他の公益又は投資者保護のため必要かつ適当なものとして内閣府令[7]で定める事項を継続開示するための有価証券報告書の提出が求められる。これは重要な事項の虚偽記載等に対する民事[8]・刑事[9]等のペナルティの存在を前提とした義務である。

　そして、同報告書中には、「コーポレート・ガバナンスの状況等」の記載が必要であり、財務報告の適正性を基礎づける事情の開示としての役割も有するが、内部監査に関しても、「(a) 内部監査の組織、人員及び手続について、具体的に、かつ、分かりやすく記載すること。(b) 内部監査、監査役監査及び会計監査の相互連携並びにこれらの監査と内部統制部門との関係について、具体的に、かつ、分かりやすく記載すること。」が必要である[10]。あわせて内部統制システムの整備状況等の開示も求められる[11]。

　上記は、開示という観点からの規制ではあるものの、かかる内容での開示が求められていること自体、内部統制システムの一部として適正な内部監査部門が存在し、機能していることが法令上の要請となっていることの表れと考えることもできよう[12]。

---

[7] 企業内容等の開示に関する内閣府令（以下、開示府令）。
[8] 提出会社につき、金融商品取引法21条の2第1項、役員等につき、金融商品取引法24条の4。
[9] 金融商品取引法197条の2。さらに法人の両罰規定につき、同法207条1項2号。
[10] 開示府令15条（様式3）の注（37）が準用する8条（様式2）の注（56）b。
[11] 注10の注（54）a。
[12] なお、有価証券報告書のおける内部監査に関する開示例として、以下参照。
　①株式会社東芝 2018年3月期（76頁以下）
　　https://www.toshiba.co.jp/about/ir/jp/library/sr/sr2017/tsr2017.pdf
　　なお、同社の2015年3月期（59頁以下）の開示内容も参照。
　　https://www.toshiba.co.jp/about/ir/jp/library/sr/sr2014/tsr2014.pdf
　②キヤノン株式会社 2017年12月期（63頁以下）
　　https://global.canon/ja/ir/yuuhou/canon2017.pdf
　③三菱重工業株式会社 2018年3月期（61頁以下）
　　https://www.mhi.com/jp/finance/library/financial/pdf/2017/h29_04_all.pdf

内部監査に関する法令・規則上の規律(2)
~証券取引所規則に基づく規律~

内部監査は任意監査とされつつ,上場会社については,証券取引所の規則等に基づく要請としてどのような規律があるか?

上場会社には,証券市場のプレイヤーとしてふさわしい内部統制システムの構築・整備・運用が求められ,内部監査についても,その内部統制システムの一部として,新規上場や上場後の内部管理体制について,上場規程やコーポレートガバナンス・コード等の証券取引所のルールによって規律されている。

1. 証券取引所規則における内部監査の位置付け

　上場会社は,証券取引所に株式を上場し,多くの投資家から信頼を得て,資金調達や発行株式等の流通を行う必要があるが,そのためには,証券取引所の規則を通じて,証券市場のルールに従う上場会社として相応しい内部統制システムの構築・整備・運用が求められる。

　具体的には,①新規に株式を公開して上場会社となる局面で求められる規律の面,②その発行する株券等が上場有価証券市場で取引され,流通する上場会社に求められる規律の面のいずれについても,以下に述べるように,証券取引所規則に基づき,適正な内部管理体制を整備していることが求められ,内部監査もかかる体制の一部として一定の規律を受けると考えられる。そのため,内部監査は,まったく任意の制度とはいえないものになっていると評価できる(以下では,主に東京証券取引所を例にとって論じる)。

2. 新規上場の場面における規律

東京証券取引所有価証券上場規程[13]（以下，上場規程）207条1項3号では，上場審査の対象事項の1つとして，企業のコーポレート・ガバナンスおよび内部管理体制の有効性が挙げられている。つまり，コーポレート・ガバナンスおよび内部管理体制が適切に整備・運用され，有効に機能していることが上場の条件なのである。

そして，上場規程207条4項に基づき上場審査に関して必要な事項を定める「上場審査等に関するガイドライン」[14] Ⅱ 4 (2) では，上記の点に関し，新規上場申請者およびその企業グループが経営活動を有効に行うため，内部管理体制が，次のaおよびbに掲げる事項その他の事項について，適切に整備・運用されている状況にあると認められることが必要とされる。

図表6-2 ● 上場審査等に関するガイドラインにおける要請

> a　新規上場申請者の企業グループの経営活動の効率性及び内部牽制機能を確保するに当たって必要な経営管理組織（社内諸規則を含む。以下同じ。）が，適切に整備，運用されている状況にあること。
> b　新規上場申請者の企業グループの内部監査体制が，適切に整備，運用されている状況にあること。

また，同ガイドラインⅡ 4 (3) では，新規上場申請者の企業グループの経営活動の安定かつ継続的な遂行および適切な内部管理体制の維持のために必要な人員が確保されている状況にあると認められることも必要とされる。

したがって，新たに上場会社となるためには，安定的かつ継続的な監査業務の遂行を可能とする内部監査組織が整備・運用されていることが前提となっていると解され，上場会社となるうえで証券取引所規則による内部監査

---

[13] http://jpx-gr.info/rule/tosho_regu_201305070007001.html
[14] http://jpx-gr.info/rule/tosho_regu_201305070042001.html

に関する要請が存している[15]。

3. 上場後の管理等の場面における規律

上場後の上場会社の管理の場面では、内部監査の位置付けに関して直接規定した上場規程上の明文規定はない。ただし、企業行動規範の遵守すべき事項として、上場会社は業務の適正を確保するために必要な体制を整備・運用すべき旨の規定があり、そのような体制整備の一部である内部監査に関して間接的に整備・運用が求められているといえる[16]。

また、特設注意市場銘柄に指定された後の内部管理体制の審査の場面では、下記のとおり、例示ではあるが、「内部監査又は監査役による監査など、業務執行に対する監査の体制の状況及び当該監査の実施の状況」が検討項目の筆頭に挙げられており、実効的に内部監査が機能しているかについて、審査対象となるものと考えられる。

図表6-3 ● 上場管理等に関するガイドライン III　実効性の確保に係る審査

> 2. 規程第501条第3項及び第6項に規定する内部管理体制等の審査は、次の（1）から（7）までに掲げる事項その他の事情を総合的に勘案して行う。
> 　（1）　内部監査又は監査役による監査など、業務執行に対する監査の体制の状況及び当該監査の実施の状況
> 　（2）　経営管理組織又は社内諸規則の整備などの内部管理体制の状況
> 　（3）〜（7）　略

なお、上場廃止事由として、内部管理体制の改善に関して、「改善の見込みがない」、「改善の見込みがなくなった」および「改善がなされなかった」

---

[15] なお、上場申請書には「新規上場申請のための有価証券報告書」の添付が求められ、同報告書には、Q1〈参考〉で記載したコーポレート・ガバナンスの状況の記載が求められている。また、「監査概要書」において、会計組織、経理規程、原価計算制度ほか「内部統制組織、内部監査組織」について「公認会計士又は監査法人による評価について記載した書面」の添付が必要となる（有価証券上場規程施行規則（東京証券取引所）208条2項（3））。

[16] 上場規程439条1項。

と取引所が認める場合などが規定されており，上場廃止となるか否かの判断においても，内部管理体制の状況（その中に内部監査機能の実効性も含まれると考えられる）がきわめて重要な要素となることが規定されている[17]。

4. その他のルール(1) コーポレートガバナンス・コード

　コーポレートガバナンス・コードに関して，上場会社は，上場規程の企業行動規範の望まれる事項の1つとして，コーポレートガバナンス・コードの尊重が規定されるとともに（上場規程445条の3），遵守すべき事項の1つとして，コーポレートガバナンス・コードを実施するか，実施しない場合の理由の説明が求められ（同436条の3），コーポレートガバナンス・コードの各原則を実施するか，実施しない場合にはその理由の説明をコーポレート・ガバナンス報告書において記載することが求められる。

　ここで，コーポレートガバナンス・コードでは，原則3-2において，上場会社に対し，適正な監査の確保に向けて適切な対応を行うべきであるとし，これを受けた補充原則3-2②(iii)において，取締役会および監査役会に対し，外部会計監査人と内部監査部門との十分な連携の確保を求めている。また，補充原則4-13③においても，上場会社は，内部監査部門と取締役・監査役との連携を確保することが求められている。

　さらに，補充原則3-2②(iv)では，外部会計監査人が不正を発見し適切な対応を求めた場合や，不備・問題点を指摘した場合の会社側の対応体制の確立が求められている。内部監査基準において企業のリスク評価を求められる内部監査部門は，外部会計監査人が不正への対応を検討する際に有益なインプットを提供できると期待され，また不備・問題点の指摘があった場合の会

---

[17] 上場廃止事例として，株式会社フード・プラネットの例がある（https://www.jpx.co.jp/news/1021/20170428-12.html）。
　同社が内部管理体制確認書において示した予定のとおりには改善が進んでいないことや，改善策の実施に必要な資金や人員の確保を含め，改善を完了させるための具体的な計画は示されず，内部管理体制等の改善を実行する態勢がないなどの理由で，改善の見込みがないと判断され上場廃止となった。

社側の対応においても，指摘事項に関する調査や状況の把握，問題点や不備への対応策の評価などにおいて，内部監査部門が有用な役割を果たすとも考えられる。

このような点から，必要に応じて係る各機関からの要請に対応し，連携することができる内部監査部門が求められているといえる。

図表6-4 ● コーポレートガバナンス・コード　補充原則3-2②

> 取締役会及び監査役会は，少なくとも下記の対応を行うべきである。
> （ⅰ）（ⅱ）略
> （ⅲ）外部会計監査人と監査役（監査役会への出席を含む），内部監査部門や社外取締役との十分な連携の確保
> （ⅳ）外部会計監査人が不正を発見し適切な対応を求めた場合や，不備・問題点を指摘した場合の会社側の対応体制の確立

5. その他のルール(2) 不祥事予防プリンシプル

さらに，日本取引所自主規制法人が企業不祥事の予防と早期発見・対応を求める「上場会社における不祥事予防プリンシプル」[18]（以下，不祥事予防プリンシプル）においても，プリンシプル・ベースではあるものの，内部監査部門に関して，その牽制機能の重要性を常に意識し，必要十分な情報収集と客観的な分析・評価に基づき，積極的に行動すること，および，これらが着実に実現するよう，適切な組織設計とリソース配分に配意することが求められている（同プリンシプル・原則2・解説2-2）。そこで，内部監査の組織設計・運用において，取締役会などが自社の状況を評価する際の視点としてこの点を検討すべきといえよう（**Q7**参照）。

また，上記の不祥事予防プリンシプルでは，原則4において，「コンプライアンス違反を早期に把握し，迅速に対処することで，それが重大な不祥事に発展することを未然に防止する。早期発見と迅速な対処，それに続く業務改

---

[18] https://www.jpx.co.jp/regulation/listing/preventive-principles/index.html

善まで，一連のサイクルを企業文化として定着させる」ことを提言している。さらに，原則5・解説5-1では，グループ全体に行きわたる実効的な経営管理を行う子会社・孫会社等をカバーするレポーティング・ライン（指揮命令系統を含む）が確実に機能し，監査機能が発揮される体制を本プリンシプルを踏まえ適切に構築することが重要であるとの考え方が示されている。これらの点も，上場会社の内部監査の体制整備や運用に関する自社の状況をチェックする際の重要な視点となろう。

　以上のように，上場規程その他の証券取引所のルールや不祥事予防プリンシプルは，上場会社に求められ，また期待される内部監査に関する規範や指針を示し，規律していると考えることができよう。

〈参考〉 東京証券取引所有価証券上場規程

（業務の適正を確保するために必要な体制整備）
第 439 条
　上場内国会社は，当該上場内国会社の取締役，執行役又は理事の職務の執行が法令及び定款に適合することを確保するための体制その他上場内国会社の業務並びに当該上場内国会社及びその子会社から成る企業集団の業務の適正を確保するために必要な体制の整備（会社法第 362 条第 4 項第 6 号，同法第 399 条の 13 第 1 項第 1 号ハ若しくは同法第 416 条第 1 項第 1 号ホに規定する体制の整備又はこれらに相当する体制の整備をいう。）を決定するとともに，当該体制を適切に構築し運用するものとする。

（コーポレートガバナンス・コードを実施するか，実施しない場合の理由の説明）
第 436 条の 3
　上場内国株券の発行者は，別添「コーポレートガバナンス・コード」の各原則を実施するか，実施しない場合にはその理由を第 419 条に規定する報告書において説明するものとする。この場合において，「実施するか，実施しない場合にはその理由を説明する」ことが必要となる各原則の範囲については，次の各号に掲げる上場会社の区分に従い，当該各号に定めるところによる。
　(1)　本則市場の上場会社　　　　　　　　　　基本原則・原則・補充原則
　(2)　マザーズ及び JASDAQ の上場会社　　　 基本原則

取締役会の内部統制システムに対する監視・監督機能と内部監査の評価

Q3 取締役会は、自らその基本方針を決定した内部統制システムについて、経営陣による整備・運用状況を監視・監督すべき役割を担うが、その中で、内部監査に関して、どのような観点から監視・監督と評価をすべきか？

A 取締役会は、内部統制システムの整備・運用の監視・監督とその見直しの中で、内部監査部門が会社組織上適正に位置付けられているか、実効性のある内部監査を実現するための条件を満たしているか、取締役会として的確な対応ができるための内部監査部門からの十全な報告体制があるか、といった点から内部監査について監視・監督と評価を行うべきである。

1. 取締役会による監視・監督義務と内部監査

　取締役会は、取締役・執行役の職務執行に対する監督権限を有するが（会社法362条2項2号、399条の13第1項2号、416条第1項2号）、その中核は、代表取締役等による業務執行[19]の監視・監督義務である[20]。

　もっとも、上場会社のような大規模な事業を営む会社においては、取締役会は、すべての業務執行について直接の監視・監督を及ぼすことは困難である。そのため、取締役会は、適切な内部統制システムを構築することを通じて監視・監督を果たすことになり（会社法362条4項6号参照）、内部統制シ

---

[19] これは、当然に使用人を用いた業務執行を含み、会社全体の事業を意味する。
[20] 取締役会の構成員としての個々の取締役についても同様の義務が存する（最判昭和48年5月22日民集27巻5号655頁）。以下、個々の取締役の義務も含めて取締役会による監視・監督義務を論じる。

ステムの構築義務を負うと解される[21]。

その内容は，監視・監督義務という点から，以下のように分析することができる[22]。

① 取締役会の決議した基本方針に基づき代表取締役等によって適切な内部統制システムが構築されたかどうかを監視・監督する義務

② 構築された内部統制システムが有効に機能しているかを継続的に監視・監督し，必要があればこれを見直す義務

ここで，内部監査は，内部統制システムの一内容として位置付けることができるから（**Q1**参照），内部監査に関してみると，

ⓐ 代表取締役等が内部統制システムの一部として適切な内部監査に関する体制を構築しているかどうかを監視・監督する義務

ⓑ ⓐで構築された内部監査体制が有効に機能しているかを継続的に監視・監督し，必要があればこれを見直す義務

を，取締役会が負うことになろう。

このうち，ⓐに関して，「内部監査部門を会社の組織上どのように位置づけるべきか」，という点も検討する必要がある[23]。

他方，ⓑについては，取締役会として「構築された内部監査体制の実効性についてどのような観点から検討すべきか」，「内部監査部門の報告について，どのような点に留意して検討すべきか」，といった点が問題となろう。

2. 内部監査部門の会社組織上の位置付け

取締役会は，代表取締役等の業務執行に対し，取締役会における審議だけでなく，内部監査部門が監査した結果について報告を受けることにより，会

---

[21] 大阪地判平成12年9月20日判時1721号3頁（大和銀行事件），最判平成21年7月9日判時2055号147頁（日本システム技術事件）等。

[22] 「取締役の監視・監督義務と内部統制システム構築義務」清水毅『実務に効くコーポレート・ガバナンス判例精選』142頁（有斐閣，2013年）参照。

[23] 内部監査に関する体制構築について，そもそも内部監査部門に監視・監督権限を付与すべきかどうかという点も問題となり得るが，本設問の検討対象とはしていない。

社の業務活動が内部統制システムの基本方針に準拠して適正かつ合目的に遂行されているか否かについて，監視・監督権限を行使することができる。

ところで，内部監査は，「ガバナンス・プロセス，リスク・マネジメントおよびコントロールに関連する経営諸活動の遂行状況を，内部監査人としての規律遵守の態度をもって評価し，これに基づいて客観的意見を述べ，助言・勧告を行うアシュアランス業務」を行うものである[24]（**Q1**参照）。

それゆえ，代表取締役等の最高経営責任者[25]は，内部監査部門による上記業務の遂行によって企業活動全般にわたる内部統制システムの実効性を確認し，その結果を取締役会に報告することになる[26]。

そこで，会社組織上，内部監査部門は，一般に，最高経営責任者に直属する組織体制がとられる。

この点，近時頻発する経営者不正への対応として，内部監査部門を監査役会等[27]に直属させ，その指揮命令の下におくべきとの見解もある。これに対して，監査役会等による経営者不正の監視はコーポレート・ガバナンスの問題であり，業務執行について権限も責任もない監査役会等に直属させれば，内部監査が内部統制の枠外となり，経営者自身による業務執行に対するモニタリング機能が失われ，事業活動の有効かつ効率的な遂行を阻害しかねないとの弊害があるとする批判がなされている[28]。とくに，監査役会については，この批判は的を射ていると解される[29]。

---

[24] 内部監査基準 1.0.1。
[25] 通常，代表取締役または代表執行役等の業務執行の最高責任者を意味する。
[26] 内部統制の体制に基づき，あるいは，案件によって報告が必要となる場合には，取締役会等へ直接報告がなされることもある。
[27] 監査役会のほか，監査等委員会・監査委員会を含む。
[28] たとえば，宇澤亜弓『不正会計リスクにどう立ち向かうか！─内部統制の視点と実務対応─』389頁（清文社，2018年）。なお，岩原紳作『商事法論集Ⅰ会社法論集』207頁以下（商事法務，2016年）参照。
[29] ただし，組織上，監査役会に直属する形が妥当でないとしても，監査役が内部監査部門に対して，調査や報告について指揮・命令することに法的な根拠があると解する余地があり，実務上も情報共有などにとどまらずに，踏み込んだ指揮・命令がなされることが認められ，また，必要となる場合もある。

他方で，機関設計上も執行と監督が分離した指名委員会等設置会社では，監査委員会が，業務執行を行う（代表）執行役を監視・監督する取締役会の内部の委員会として，直接内部監査部門を利用した監視・監督の役割を担い，会社組織上も監査委員会に内部監査部門を直属させることもできると解される[30]。取締役会によるモニタリングを重視するガバナンス体制である監査等委員会設置会社の監査等委員会についても，理論的には，同様のことがいえるであろう。

　また，内部監査は，上記のとおり，アシュアランス業務として，ガバナンス・プロセス，リスク・マネジメント，コントロールの評価を対象としている。この点からすれば，経営者不正等を想定して監査役等が行う監査・監督のための対応において，同業務から得られた情報を監査役等が利用することが必要な場合もあろう。つまり，内部監査部門に関して，組織上の位置付けの問題とともに，内部監査部門からの報告経路についての検討も必要となる。

　内部監査部門の会社組織上の位置付けについては，これらのバランスを踏まえた対応が求められる。この点，内部監査基準では，「内部監査部門は，組織上，最高経営者に直属し，**職務上取締役会から指示**を受け，同時に，**取締役会および監査役（会）または監査委員会への報告経路を確保**しなければならない」[31] とされている[32]。

　以上によれば，取締役会としては，内部監査部門を監査委員会等に直属さ

---

[30] 会社の機関構成として監査等委員会や監査委員会を採用する場合は，もともと内部統制システムを利用した監査が予定されており，それは内部監査部門を利用した監査監督を想定しているといえる。坂本三郎『一問一答　平成26年改正会社法』37，54頁（商事法務，2014年）。

　なお，社長直属で充実した体制の経営監査部が組織されていたにもかかわらず，重大な経営者不正の問題を生じた株式会社東芝では，対応策として，内部監査部を監査委員会に直属する組織として監査委員会室に加えて配置する体制に変更している。

　・株式会社東芝の2015年3月期の有価証券報告書参照
　　http://www.toshiba.co.jp/about/ir/jp/library/sr/sr2014/tsr2014.pdf
　・同社の2017年3月期の有価証券報告書参照
　　http://www.toshiba.co.jp/about/ir/jp/library/sr/sr2017/tsr2017.pdf

[31] 内部監査基準2.2.1.太字は筆者による。

[32] 注26で述べた取締役会への報告に加え，内部監査部門からの監査機関への報告経路の確保が求められている点が重要である。

せる必要性も考慮しつつ，少なくとも報告体制を十全に確保することを通じて，内部監査の各業務が実効性を発揮することができる具体的な組織体制の構築を推進することが求められる。

3. 内部監査の実効性の確保について

　取締役会が内部統制システムに基づく監視・監督において内部監査部門を利用する前提として，内部監査が実効的に行われ，客観的で公正な監査結果等の情報が提供されなければならない。

　そのために，取締役会としては，上記の点を確保するうえで，内部監査部門の権限や責任を明確化した社内規程を整備する必要がある。

　そのうえで，取締役会において，内部監査基準を尊重しつつ，内部監査計画の承認[33]や内部監査部門からの報告と監査結果に基づくフォローアップ状況の確認[34]等といった手続きの中で，主に①内部監査部門の独立性，②内部監査担当者の専門的能力，③内部監査自体の品質といった点について検証するとともに，内部監査体制の実効性をチェックすることが求められる。

図表 6-5 ● 内部監査の実効性チェックのポイント

① 内部監査部門の独立性[35]
② 内部監査担当者の専門的能力
③ 内部監査自体の品質

　このうち，①が求められるのは，内部監査部門がその監査対象である会社の事業部門から独立し，かつ，個々の事業部門の業務執行に責任を負う取締役からも独立していなければ，客観的かつ公正な監査（とくにアシュアランス業務）を実施できないからである。

---

[33] 内部監査基準5.3.1。
[34] 内部監査基準実践要綱（日本内部監査協会　平成18年6月）〔3〕1. 参照。
[35] 内部監査基準2.1.1，2.1.2，3.1.1，4.3.1など参照。

この独立性に関しては，監査対象からの独立性と経営者からの独立性という2つの面から考えることができる[36]。前者に関して，内部監査基準が「内部監査人は，以前に責任を負った業務について，特別のやむを得ない事情がある場合を除き，少なくとも1年間は，当該監査業務に対するアシュアランス業務を行ってはならない。」[37]とされていることが参考になる。後者については，前述の2．で論じた内部監査部門の組織上の位置付けや報告体制などが問題となろう。

　また，②については，内部監査部門の人材配置について，とくに内部監査部門のトップにそれに相応しい能力[38]が備わった人材が配置されているか，内部監査部門のスタッフの人数，また，それを補うべき外部機関の利用の要否[39]といった点を検討することとなろう。

　さらに，③については，内部監査部門において，「内部監査基準」が求める適正な「品質管理プログラム」[40]が作成され，それに基づく評価が行われ，その結果が定期的に最高経営責任者，取締役会および監査役会等に報告される必要がある[41]。

　そして，係る「品質管理プログラム」の内容について，取締役会としても，監視・監督機能を果たすうえで，内部監査部門における予算の確保，監査スケジュールの相当性，監査資料の効果的な入手，内部監査部門要員の育成・研修などの妥当性の評価結果を確認し，適切な措置を講じるよう経営陣に求めることが必要といえよう[42]。

---

[36] 柿崎環「内部監査の独立性と上場会社のコーポレート・ガバナンス」『現代監査』27号58頁（2017年）参照。
[37] 内部監査基準2.1.4。
[38] 内部監査基準実践要綱〔3〕1．①では，法務，会計，財務，税務，経済，計量的分析手法，情報技術等に対する知識，問題発見能力，調査能力および追加調査等の要否についての判断能力などが求められている。
[39] 内部監査基準実践要綱〔3〕1．④～⑥参照。
[40] 内部監査基準4.1.1，内部監査基準実践要綱〔4〕1．参照。
[41] 内部監査基準4.3.1。少なくとも年1回とされる。
[42] 内部監査基準実践要綱〔4〕1．なお，品質評価については，少なくとも5年ごとの外部評価も求められており（同要綱〔4〕2），取締役会としては，その採否等も検討する必要がある。

4. 内部監査部門の報告に対する取締役会の留意点

内部監査基準によれば，内部監査の結果は，定期的（少なくとも年1回）に最高経営者および取締役会に報告されるべきとされている[43]。

その報告の中で，とくに不正リスクの監視・監督という点からみて重要なのは，図表6-6のような内部監査部門の指摘事項および勧告の有無とその内容であり，そのような報告がなされた場合に，取締役会として適切な措置を講じることが求められる[44]。

図表6-6 ● 重要な指摘事項および勧告の例

① 不正，または法令もしくは定款違反
② 財務上またはレピュテーション上重大な影響を及ぼす可能性のある，ガバナンス・プロセス，リスク・マネジメント，コントロール上の不備
③ 不適切な会計処理
④ 上記以外の統制環境上の重大は不備等

(実務指針5.7の4（1）②)

また，上記指摘や勧告がなされた事項について，対象部門等がいかなる是正措置を講じたか，是正のためにどのような具体的な方策の提言をし，それに対して対象部門がどのように取り組んでいるか，に関しても，内部監査部門がフォローすることが求められるから，取締役会としても，その点の報告の有無と内容を確認し，それに応じた対応をとることになる[45]。

なお，内部監査の結果，会社にとって受容できない事項として指摘され，最高経営責任者と話し合いがあったにもかかわらず，未解決のままと判断される事項が存する場合，実務指針5.7では，内部監査部門から，取締役会に

---

[43] 内部監査基準5.7.1，内部監査基準実務指針（以下，「実務指針」）5.7「最高経営責任者および取締役会への定期的な報告」（平成29年3月公表）。
[44] 実務指針5.7「4 報告内容」の（1）②参照。なお，この報告には，最高経営責任者や取締役会等がその責任を果たすのに資する事項を含めるべきとされる（同4（2））。
[45] 内部監査基準8.5.1，8.5.2。

とどまらず監査役会および監査等委員会または監査委員会への報告がなされなければならないとされる[46]。これらの報告がなされた場合にはその重要性に応じて迅速に適切な対応がなされるよう積極的な行動が求められ，とくに重大な不正リスクが存する場合には報告先の取締役や監査役は役員全体で対応することが求められる。

---

[46] 内部監査基準 8.5.3，実務指針 5.7「5　未解決事項への対応」。

第6章 内部監査の論点および実務上の課題の法的検討

監査等委員会(監査委員会)の監査業務と内部監査部門との関係

Q4 監査等委員会設置会社や指名委員会等設置会社では，監査等委員会・監査委員会による監査に関して，内部監査部門の利用や同部門との関係についてどのように考えるべきか？

A 監査等委員会や監査委員会は，①**内部監査計画の策定に関する関与**，②**内部監査部門に対する指揮命令**，③**直接の監査結果報告の受領**，④**内部監査部門の人員に対する人事権限等**の面で，自らの監査の実効性を高めるために必要な関係を構築すべきである。

1. 監査等委員会・監査委員会と取締役会の監視・監督権限との関係

　監査等委員会設置会社と指名委員会等設置会社（両方の会社をあわせて，以下，監査等委員会設置会社等）は，いわゆる取締役会のモニタリング・モデル[47]を目指した機関構造であるとされる（なお，以下では実務において実例の多い監査等委員会設置会社を中心に論じる）。

　監査等委員会設置会社では，監査役（会）設置会社の場合と同様に，取締役会が業務執行者である代表取締役を取締役の中から選定し，原則として業務執行の決定を行うことから（会社法399条の13第1項，4項），取締役会が業務執行者に対する監視・監督機能を有していることは明らかである。他方で，監査等委員会は，他の取締役と区別して，監査等委員である取締役として選任された取締役により構成され（会社法329条2項，399条の2第1項）[48]，取締役の職務執行の監査の権限を有するとともに（会社法399条の2

47　取締役会の機能を，業務執行者に対する監督を中心とするもの。
　　たとえば，坂本・注30・60頁など。

第3項1号），取締役の報酬や指名の点についても一定の監督権限を有する（会社法342条の2第4項，361条6項）。また，取締役会において，監査等委員会の体制を定めるが[49]，取締役会の業務執行決定権限の多くを（代表）取締役に委任することも可能である（会社法399条の13第1項，5,6項)[50]。これらの点からすれば，取締役会の監視・監督権限を認めつつも，業務執行に対する監視・監督についてとくに監査等委員会の機能を重視した体制となっているともいえよう。

2. 監査等委員会による監視・監督権限の行使

　監査等委員会では，監査役会と異なり，常勤の監査等委員の選定が求められていない（会社法390条3項参照）。また，監査等委員の過半数は社外取締役でなければならず（会社法331条6項），全員が非常勤の社外取締役で構成されることも可能である。このようなことから，常勤監査役が選定され，監査役が自ら監査を行う監査役会制度とは異なり，監査等委員会では，とくに常勤の監査等委員などを選定しないかぎり，自ら監査権限を直接行使しないことが制度上想定されている。

　そのため，監査等委員会は一般に，内部統制システムを利用した監査を行うものと解されている[51]。具体的には，内部統制システムが適切に構築され，有効に運用されているかをチェックし，内部監査部門などからの報告を受け，必要に応じて内部監査部門に対して具体的な指示を出すことにより監査を行うものと考えられる。このような解釈については，監査等委員が取締役会の一員として，自らの職責において，取締役の職務や企業グループの業務の適正を確保するための体制に加え，監査等委員会の職務の執行に必要な体制を

48　そのため，監査委員会が取締役会の内部組織であるのと異なり，監査等委員会は，取締役会から一定の独立性を有する機関と解されている。坂本・注30・48頁。
49　会社法施行規則110条の4第1項。
50　ただし，会社法399条の13第1項1号ハについては，取締役にその決定を委ねることはできない（同2項）。
51　坂本・注30・54頁等。

定めるとされること（会社法399条の13第1項1号ハ，416条1項1号ロ）もその根拠の1つと考えることができよう[52]。

その結果，監査等委員会による監査に必要な体制の内実は，会社の内部監査機能（その組織上の名称はともかく）に依拠することになる。

そこで，監査等委員会による内部監査部門の利用や両者の間の関係（連携）が問題となる。

3. 監査等委員会による内部監査部門の利用と連携[53]

監査等委員会と内部監査部門の具体的な関係については，内部監査部門の組織上の位置付けにかかわらず，上記のとおり，監査等委員会による内部統制システムを利用した監査として求められる要素を考えると，同システムの構築内容の一部に，下記の内容を含む必要があろう[54]。

> ① 内部監査計画の策定に関する監査等委員会の関与
> ② 監査等委員会による内部監査部門に対する指揮命令
> ③ 内部監査部門から監査等委員会に対する直接の監査結果報告
> ④ 監査等委員会が利用する内部監査部門の人員の人事権限

この中で，実務的には，まず③の点の充実が図られるべきである。とくに，報告内容の正確性，適時性等を確保するために，内部監査部門から監査等委

---

[52] 塚本英巨「監査等委員会設置会社の監査体制」『旬刊商事法務』2099号4頁（2016年）。
　　なお，監査役の体制については，監査役が議決権を有しない取締役会において内部統制システムの一環として定められる（会社法施行規則100条3項）。
[53] 監査等委員会による内部監査部門の利用等に関しては，その前提として，内部監査部門の会社組織上の位置付け（最高経営責任者直属か，監査等委員会直属か）も問題となるが，この点はQ3に譲る。
[54] 日本弁護士連合会の「社外取締役ガイドライン」（2013年2月14日・2015年3月19日および2019年3月14日改訂）第3・9（2）においても，監査等委員である社外取締役に関し，「内部統制システムを活用した組織的監査への寄与」として，「①監査に必要な情報について，監査等委員会のスタッフ，内部統制部門，内部監査部門，会計・経理部門等を統括する取締役から定期的な報告を求める。②職務の執行に当たり必要があれば，いつでも，監査等委員会のスタッフ，内部統制部門，内部監査部門，会計・経理部門等に対して具体的な指示を出し，その報告を受けることができる。」という点が求められている。

員会に対して報告がなされ，かつ，それが適切な時期に行われるべきである（定期的な報告とともに，重要な事項は別途速やかな報告）。この点，取締役会において，定期的な報告体制等を会社の規程として定める必要もあろう。

次に，個々の監査を進めるに際して②が問題となり得るが，監査等委員会が自ら監査対象を定め，監査を進める必要が生じた場合には，たとえ会社組織上は内部監査部門が経営執行部直属であっても，監査等委員会からの一定の指揮命令（少なくとも調査の要求権限とそれに対する協力義務）が認められるべきである[55]。

とくに，この指揮命令が，最高経営責任者による指揮命令に優先する旨を内部統制システム構築に係る取締役会の決議で明確にしておくべきであると考えられる。係る指揮命令を一般化し，業務執行側との定期的かつ実務的な擦り合わせを可能にするために，①の点で（とくに内部監査のアシュアランス業務（**Q3**）に関し），内部監査計画の策定に監査等委員会が関与し，その見直し等にも対応できる体制を作ることも必要である[56]。

さらに，④については，内部監査部門の人員を監査等委員会のスタッフとして兼任させる，その人事について監査等委員会の同意権限を認めるなどの点を，内部統制システム構築に係る決議において明確化する等の対応も考えられよう。

他方で，内部監査体制の効率性の確保（コストや被監査部門の負担等を含む）の観点からは，①〜④の実施の結果，内部監査部門が執行部門と監査等委員会に対して重複した活動を求められることは避けるべきであり，そのための方針策定が求められる。

---

[55] この指揮命令が業務執行に該当し，業務執行権限を有しない監査等委員には認められないとの議論もあるが，その職責から当然に認められる各委員の「職務」と解するべきである。なお，法務省民事局参事官室「会社法改正に伴う会社更生法施行令及び会社法施行規則等の改正に関する意見募集の結果について」平成27年・29〜30頁参照。
[56] 昨今の海外事業・子会社におけるリスクを考えれば，その監視・監督という点で，とりわけ内部監査計画策定時点からの関与が求められよう。

〈参考〉

　日本監査役協会「役員等の構成の変化などに関する第18回インターネット・アンケート集計結果」（監査等委員会設置会社版）（平成30年4月27日）によれば，監査等委員会設置会社における内部監査部門の状況と監査等委員会との関係は以下のような状況である。指名委員会等設置会社の監査委員会と内部監査部門との関係についての各割合は，おおむねより高いものとなっており，それと比較すれば監査等委員会と内部監査部門との関係が密接ではないものの，監査役会よりは各割合が高い点が多いという傾向である。

　①ほぼ100％の会社で内部監査部門が設置され，その人員は，増加傾向にある。その組織上の位置付けは，社長直属が大半を占めているが減少傾向にある。連携関係についても何らかの形で調整が行われている会社の割合は，87.4％となっている。

　②監査等委員による内部監査部門への指示等については，過半数の会社（55.2％）でその権限が社内規程化されるとともに，実際に依頼等がなされた実績も相当割合（68.2％）に及んでいる。

　③監査等委員会への報告体制は形成されているが，とくに，有事に際しては，監査等委員会のみに報告がなされる会社も13.2％存している。

　④内部監査部門長の人事権
　監査等委員会が同人事に関与する会社が過半数（55.4％）となっている。とくに，人事同意権を有するのは19.6％である。

内部統制報告制度と不正リスク対応

金融商品取引法上の内部統制報告制度（いわゆるJ-SOX）は，上場会社に対して，財務報告の重要な虚偽表示を防止するための不正リスク対応を求めるものか？不正リスクへの対応として，どのような点に留意すべきか？

内部統制報告制度は，財務報告に係る内部統制の有効性に関する評価の実施とその報告を経営者に求めるが，その前提として，不正による重要な虚偽表示を防止・発見する内部統制を経営者が整備・運用することを要請していると考えられ，不正リスクに対応した内部統制の整備・運用の実効性確保のためには内部監査機能が重要である。

1. 内部統制報告制度の概要

カネボウ事件をはじめとするディスクロージャーをめぐる不適切な事例を踏まえ，金融商品取引法では，投資者に対する適正な企業情報の開示を確保するために財務報告に係る内部統制を強化することを目的として，上場会社等に対し，財務報告に係る内部統制[57]の有効性に関する経営者の評価と公認会計士・監査法人による監査を義務付ける内部統制報告制度が2008年4月1日以後開始する事業年度から導入されており，上場会社は，有価証券報告書とあわせて内部統制報告書を提出する必要がある[58]。2002年企業改革法（SOX

---

57 「財務報告」とは，財務諸表及び財務諸表の信頼性に重要な影響を及ぼす開示に関する事項に係る外部報告をいい，「財務報告に係る内部統制」とは，会社における財務報告が法令等に従って適正に作成されるための体制をいう（内部統制府令2条1号，2号）。
58 金融商品取引法24条の4の4，193条の2第2項。

法）404条等に基づく米国の内部統制報告制度にちなんで日本版SOX法やJ-SOXとよばれることもある制度である。

　内部統制報告制度における「内部統制」は，企業会計審議会が公表した内部統制基準において，「内部統制とは，基本的に，業務の有効性及び効率性，財務報告の信頼性，事業活動に関わる法令等の遵守並びに資産の保全の4つの目的が達成されているとの合理的な保証を得るために，業務に組み込まれ，組織内のすべての者によって遂行されるプロセスをいい，統制環境，リスクの評価と対応，統制活動，情報と伝達，モニタリング（監視活動）及びIT（情報技術）への対応の6つの基本的要素から構成される」と定義されている[59]。

　本来，経営者は，取締役会が決定した基本方針に基づいて有効な内部統制を整備・運用する役割と責任を負い，ここでいう内部統制には，「財務報告に係る内部統制」も包含される[60]。そして，内部統制実施基準では，「財務報告の信頼性に係る内部統制は，財務報告の重要な事項に虚偽記載が生じることのないよう，必要な体制を整備し，運用することにより，財務報告に係る信頼性を支援する」とされる[61]。

　具体的にどのような体制を整備・運用するかは経営者の裁量に委ねられているものと考えられる[62]。しかしながら，内部統制報告制度において，経営者が内部統制を評価する具体的な方法として，業務プロセスにおける不正または誤謬により虚偽記載が発生するリスクとこれを低減する統制を識別して内部統制の整備・運用状況の有効性の評価を行うといった点が示されている[63]。このことに鑑みれば，経営者には，不正による財務報告の重要な虚偽表示を防止・発見する内部統制を整備し，運用することが当然の前提として要請されているというべきである。

---

[59]　内部統制基準Ⅰ.1.。
[60]　内部統制基準Ⅰ.4, Ⅱ.1.。
[61]　内部統制実施基準Ⅰ.1.(2)。
[62]　内部統制基準1.。
[63]　内部統制基準Ⅱ.3.(3)②。

これに対し，不正リスク対応の内部統制の整備・運用をまったく行わず，内部統制報告書で開示すべき重要な不備を報告しても，それ自体では会社に行政処分や法的責任の発生が想定されないことから，不正リスク対応は内部統制報告制度によって法的に要請されたものではないとの考え方もあり得る。

　しかしながら，有価証券報告書等の企業情報の開示制度が自己責任で投資する投資者保護の観点から適正な開示を求めるものと説明されるのに対し，内部統制報告制度は適正な企業情報の開示を確保するために一歩踏み込んで財務報告に係る内部統制を「強化」するという目的をもって導入されたものである。そうだとすると，財務報告に係る内部統制の有効性の評価結果を開示させる内部統制報告制度は，上場会社等に対して，不適正な開示，すなわち，不正（または誤謬）による重要な虚偽表示を防止・発見するための「有効な」財務報告に係る内部統制の整備・運用を求めたものと考えるべきである[64]。したがって，実際にどのような内部統制の整備・運用を行うかについては経営者の裁量に委ねられるとしても，内部統制報告制度は，財務報告の重要な虚偽表示の原因となる不正リスクに対応した内部統制の整備・運用を経営者に求めるものと考えるのが妥当である[65]。

2. 内部統制報告制度の運用の実効性

　金融庁が設置した「会計監査の在り方に関する懇談会」が2016年3月に公表した提言（「会計監査の信頼性確保のために」）では，近年の会計不正事案において経営トップの不正によって内部統制が機能不全に陥っていたことが指摘されているとしたうえで，内部統制報告制度実施のためのコスト負担が過大とならないようにするための方策を講じつつ，同制度の運用状況について必

---

[64] 内部統制実施基準Ⅰ.1.⑸では，金融商品取引法の内部統制報告制度は，経営者による評価及び報告と監査人による監査を通じて「財務報告に係る内部統制についての有効性を確保しようとするもの」と明記している。

[65] この点，判例上，取締役は，善管注意義務の内容として，企業において通常想定し得る不正行為については，それを回避するための内部統制システムを構築する必要があるとされている（最判平成21年7月9日判時2055号147頁（日本システム技術事件））。

要な検証を行い，制度運用の実効性確保を図るべきとの指摘がなされている。

これを受け，日本公認会計士協会は，2018年4月に監査・保証実務委員会研究報告第32号「内部統制報告制度の運用の実効性の確保について」（以下，研究報告32号）として，内部統制報告制度の運用状況の留意点を抽出し，実効性を確保するための提言をとりまとめて公表した。そこでは，これまで過年度決算を訂正した事案において，当初提出した内部統制報告書では内部統制は有効との評価結果を報告していたにもかかわらず，有価証券報告書の過年度訂正を契機として内部統制の評価を改め，開示すべき重要な不備を報告する例が多いことが指摘されている[66]。

これは，財務報告に係る内部統制が経営者によって有効と評価されて監査法人から適正意見を得ている場合においても，必ずしも額面どおりに受け取ることができない実態があり，内部統制報告制度の目的が十分に果たされていないとの問題点を示すものである。上場会社等としては，自社における内部統制報告制度の運用状況について再検討し，形骸化している場合においては運用の改善を図ることが必要といえる。

そこで，経営者に代わって内部統制の評価実務を担うことが多い内部監査について，次に検討する。

3. 内部統制に関する内部監査人の役割と責任

内部統制報告制度において，内部監査人は，内部統制の基本的要素の1つであるモニタリングの一環として，内部統制の整備・運用状況を検討，評価し，必要に応じて，その改善を促す職務を担うとされ，内部統制の独立的評価において重要な役割を担うとされている[67]。

そして，内部監査基準において，「内部監査部門は，組織体が不正リスクをいかに識別し，適切に対応しているかを評価しなければならない」と規定され，不正リスク対応（必ずしも会計不正にはかぎらない）の関係でも内部

---

[66] 研究報告32号2頁。
[67] 内部統制実施基準Ⅰ.4.(4)。

監査人は組織体のリスク・マネジメントの妥当性および有効性を評価し、その改善に貢献しなければならないとされている[68]。

しかし、内部統制報告書で開示すべき重要な不備が報告された事例では、内部監査の問題が指摘される例が少なからず存在する。たとえば、研究報告32号では、開示すべき重要な不備が報告された不正事案の分析がなされ、大規模企業における全社的な内部統制および決算・財務報告プロセスにおける不備を紹介しているが[69]、その中で内部監査部門の機能不全として、図表6-7のような事例が紹介されている。

図表6-7 ● 内部監査部門の機能不全の事例

- 経理や業務に精通した人材が配置されていない事例
- グループ全体を監査する人員が配置されていない事例
- 重要な業務プロセスを評価範囲に含めていなかった事例
- 社長にコンプライアンス意識が欠如していることにより社長直轄の内部監査部門が機能しなかった事例
- 社長直轄ではないため内部監査部門の権限が弱く、内部監査部門が発見した不正の疑いに対して圧力がかかり是正されなかった事例

(研究報告32号9-10頁をもとに筆者作成)

研究報告32号は、内部統制報告書に記載された是正措置や調査報告書を参考にした内部統制の構築において留意すべき項目として、①取締役会の活性化、②企業風土の改革、③内部通報制度の実効性の確保といった項目に続き、④内部監査部門の監査体制を挙げる[70]。この内部監査部門の監査体制に関しては、そのモニタリング機能を有効に活用する観点から、適切な知識・経験のある人材・人員を配置することのほか、組織内での内部監査部門の地

---

[68] 内部監査基準6.2.1(4)。
[69] 大規模企業における全社的な内部統制の不備事例として、「ア 取締役会の機能不全、イ 役員及び従業員のコンプライアンス意識の欠如、ウ 内部通報制度の実効性不足、エ 内部監査部門の機能不全、オ 不適切な業績管理、カ リスク識別が不十分」に分類して不備事例の紹介がなされている。
[70] このほか、⑤業務管理の実効性の確保、⑥リスク評価及び対応、⑦新規取引、非定型的取引に関する決算・財務報告プロセスといった項目を挙げる。研究報告32号10-13頁参照。

位の強化・独立性の確保の点で組織上の位置付け・報告ルートが重要である。

　内部統制報告制度で要求される経営者による内部統制の評価は，経営者に代わって内部監査部門が実施する実務が一般的であるところ，内部統制実施基準において，「経営者を補助して評価を実施する部署及び機関並びにその要員は」，「評価に必要な能力を有していること，すなわち，内部統制の整備及びその評価業務に精通していること，評価の方法及び手続を十分に理解し適切な判断力を有することが必要である」とされており，また「評価の対象となる業務から独立し，客観性を保つことが求められる」とされている点に留意すべきである[71]。

　また，組織上の位置付け・報告ルートに関して，内部監査基準において「内部監査部門が組織上最高経営者に直属するとともに，取締役会及び監査役（会）又は監査委員会への報告経路が確保されなければならない」と規定されていることにも留意すべきである[72]。実務的には，こうした複線的な報告経路が確保されていない上場会社等の例も数多くみられるが，内部監査によるモニタリング機能を十全に発揮させるためには欠くことができないきわめて重要なポイントであるといえよう。

71　内部統制実施基準 II.3.（1）①。
72　内部監査基準 2.2.1。

企業グループの管理における内部監査部門の活用

Q6 経営陣によるグループ内部統制の整備・運用に関して，上場会社の取締役会は，どのような点に着目して内部監査をチェックすべきか。

A 上場会社の取締役会は，グループ会社の内部監査に対して，内部監査項目の確認のほか，自社には適用がない法規制・事業リスクに関する確認を重点的に行うことになっているか，当該グループ会社が企業グループに連結ベースで与える影響力の大きさに応じて内部監査の範囲や深度を定めているか，などの点に着目してチェックを行うことが考えられる。

1. 企業グループにおける内部統制システムの整備

株式会社のうち大会社（会社法2条6号），監査等委員会設置会社（同条11号の2），指名委員会等設置会社（同条12号）では，取締役会が内部統制システムの整備を決定する必要があるが，整備すべき項目の1つに「企業集団の業務の適正を確保するための体制」（同法362条4項6号等）がある[73]。その具体的な内容として，法務省令は，①子会社の取締役等の職務の執行に係る事項の親会社への報告に関する体制，②子会社の損失の危険の管理に関する規程その他の体制，③子会社の取締役等の職務の執行が効率的に行われることを確保するための体制，④子会社の取締役等および使用人の職務の執

---

[73] 従前は当該体制は法務省令に規定されていたが，企業のグループ経営の進展により親会社の株主にとって子会社等の経営の効率性や適法性の重要度が増したと考えられ，平成26年会社法改正において会社法の条項として規定されることとなった。

行が法令および定款に適合することを確保するための体制（会社法施行規則100条1項5号等[74]）を規定する。

しかし，上記①から④までの項目は例示であると解されており[75]，たとえば，「企業集団の業務の適正を確保するための体制」として，子会社における業務の適正確保のための議決権行使の方針，親会社に対する通知等を要する子会社の経営上の重要事項の規定，親会社に対して定期的な報告を要求する子会社の業務執行状況および財務情報，親会社の内部監査部門などによる子会社に対する監査，親会社の取締役・監査役等などと子会社の監査役等あるいは内部監査部門などとの連絡・情報交換の体制などを決定する対応が考えられる[76]。このうち，内部監査部門については，取締役などの経営陣のために情報収集や報告を行うという機能を有していることから，グループ会社に関する情報収集やグループ会社の内部監査部門との連携等を行うことは「企業集団の業務の適正を確保するための体制」として構築されるべき内部統制システムの一部になると考えられる。

2. グループ内部統制システムの運用の実効性の確保について

平成26年の会社法改正にともなう法務省令の改正により，内部統制システムの運用状況の概要について，事業報告における記載が求められることとなり，企業グループにおける内部統制システムについても事業報告に記載されることとなった（会社法施行規則118条2号）[77]。

この点，内部統制システムについては，①内部統制システムの基本方針の決定または決議（会社法362条4項6号等），②内部統制システムの基本方針に基づいた具体的な内部統制システムの構築（内部統制・内部監査部門の設

---

[74] 監査等委員会設置会社及び指名委員会等設置会社は，会社法施行規則110条の4第2項5号および112条2項5号。

[75] 坂本三郎ほか「立案担当者による平成26年改正会社法関係法務省令の解説」『別冊商事法務』397号3頁（2015年）。

[76] 弥永・注3・498頁。

[77] 上場会社では，一般に，有価証券報告書のコーポレート・ガバナンスの状況の欄において，内部統制の運用状況を記載している。

置や社内規程の整備等），③当該具体的な内部統制システムの日々の運用，④当該運用の状況を踏まえた内部統制システムの基本方針または具体的な内部統制システムの見直しといったいわゆる PDCA サイクルに基づき整備され運用されていることが期待される。そのため，会社法施行規則118条2号が定める「運用状況の概要」には，主として③（具体的には，社内研修の実施状況や内部監査部門の活動状況など）を記載することが想定されるが，②や④もあわせて記載する対応も考えられる[78]。このような運用状況の概要の記載等も通じて，取締役は，構築した内部統制システムの運用状況を把握し，当該状況に関して適宜検証を行い，必要に応じて見直し，内部統制システムの高度化を図ることとなる。

そして，内部監査部門は，取締役などの経営陣の手足として，グループ内部統制を含む内部統制システムの高度化に携わることとなる。そのため，内部監査部門は，PDCA サイクルがグループ全体で有効に働くようにするという観点からも，子会社に関する情報収集や子会社の内部監査部門との連携を深める対応もあり得るだろう。

3. 取締役会のチェックのポイント

グループ内部統制の整備・運用に関して，上場会社の取締役会は内部監査をどのような点に着目してチェックすべきか。

前述のとおり，内部監査部門は，取締役などの経営陣のために情報収集を行い，これを報告することを通じて，グループ内部統制の整備・運用に関する取締役の義務の履行に貢献する側面がある。

そこで，内部監査部門がどのような情報を収集するのかが問題となるが，まず，グループ会社に対する内部監査項目をどのように設定するかが重要となる。たとえば，自社における内部監査の項目と同様の項目をグループ会社においても確認するだけでなく，自社とグループ会社との関係・グループ会社との相違点などの観点から内部監査項目を策定する対応が考えられる。

---

[78] 坂本・注75・19，20頁。

なお，一般的な事業子会社等に関しては，全般的項目として，取締役会等の会議体の開催，業務分掌，規程の整備・運用状況，人事労務，ITシステム（開発・保守・セキュリティ，委託），情報管理，現物・資産管理，経理財務などの確認や，物品の生産，在庫，購入・仕入，販売などの項目のほか，個別的項目として，親会社との情報交換・コミュニケーションの状況，（親会社には適用がない）法規制・許認可，（親会社には該当がない）事業リスクの評価などに重点が置かれることになろう。上場会社の取締役会は，グループ会社に係る内部監査において，これらの性質に着目した項目・方法等を内容とする監査計画が策定され，また，実施されているかのチェックをすることが肝要であろう。

グループ会社に対する内部監査の方法については，連結ベースで当該グループ会社が与える影響力の大きさや，不正の発生するリスク評価に応じて範囲や深度を定めるというリスクベース・アプローチを採用することも考えられる。多数の子会社を有する企業グループにおいてすべての子会社を内部統制の評価範囲に含めることは困難である。そこで，これを適切に決定することが重要となるところ，「子会社の規模だけに囚われず，不適切な会計処理が発生する可能性も検討することが極めて重要」とされている[79]。取締役会は，グループ会社の内部監査において，どのようなアプローチが自社または自社グループにとって適切であるかとの視点で監査項目・方法の妥当性をチェックすることも考えられる[80]。

また，前述の不適切な会計処理が発生する可能性の検討との関係では，内部監査の対象となるグループ会社が会社法上の大会社であるか否か，事業・業務内容，経営上の重要性，親会社が設立したかM&A等により外部から取得したか，インシデントの発生状況，過去の内部監査結果，新規業務の立ち

---

[79] 研究報告32号17頁。
[80] なお，内部統制報告制度上，「経営者は，内部統制の有効性の評価に当たって，財務報告に対する金額的及び質的影響の重要性を考慮し，合理的な評価の範囲を決定しなければならない」と定められている（内部統制基準Ⅱ2(2)）。

上げの有無などの要素[81]をもとにリスクベース・アプローチに基づき範囲，深度，監査方法（往査，アンケート等）や監査頻度を定める対応も考えられる。

　他方で，企業グループの状況に応じ，親会社の決定に基づく基準や策定したグループ管理規程をグループ会社に対して適用することによりグループ全体で統一的な観点で内部監査を実施するという対応も考えられる[82]。

---

[81] 山内洋嗣ほか「企業グループにおける内部監査」『旬刊商事法務』2159号44，47頁（2018年）参照。
[82] グループ会社の内部監査制度の設計については，本文に述べたほか，①親会社の内部監査部門がすべてのグループ会社の内部監査を実施する方法，②各グループ会社で設置された内部監査部門が自社（当該グループ会社）の内部監査を実施し，当該結果を親会社に報告する方法，③グループ会社の規模・業態等に応じてグループ会社ごとに①と②の方法を併用する方法などが考えられる。また，グループ会社の内部監査の報告先についても親会社にするのか，当該グループ会社自体にするのか，双方に報告するのかなどの設計の工夫があり得る。

上場会社における不祥事予防プリンシプルと内部監査

上場会社における不祥事予防プリンシプルの要請を踏まえると，内部監査に関して，どのような留意点があるか。

上場会社における不祥事予防プリンシプルの要請を踏まえると，内部監査に関しては，監査項目としてコンプライアンスに係る制度やその運用状況を検証する取組みを行うこと，グループ全体の規模や業務量等を勘案して内部監査部門に関し適切な組織設計とリソース配分に配意すること，内部監査において不正の共通原因を調査すること，内部監査部門の活動を評価する取組みを行うことなどの工夫が考えられる。

1. 不祥事予防プリンシプルの意義

不祥事予防プリンシプルは，上場会社の間で不祥事の発生そのものを予防する取組み（事前対応）を推進するために日本取引所自主規制法人によって策定された指針であり，以下の6つの原則により構成される。

図表6-8 ● 不祥事予防プリンシプルの6つの原則

```
実を伴った実態把握（原則1）
使命感に裏付けられた職責の全う（原則2）
双方向のコミュニケーション（原則3）
不正の芽の察知と機敏な対処（原則4）
グループ全体を貫く経営管理（原則5）
サプライチェーンを展望した責任感（原則6）
```

不祥事予防プリンシプルは，各上場会社において自社の実態に即して創意工夫を凝らし，より効果的な取組みを進めるための，プリンシプル・ベースの指針であると位置付けられている。

不祥事予防プリンシプルの各原則は，核となるメッセージである「本文」と本文の意図を解説・補充した「解説」で構成されるが，「解説」はあくまでも本文を解説するものであり，コーポレートガバナンス・コードの「補充原則」のように，プリンシプルの一部を構成するものではない[83]。ただし，「解説」部分は，実務対応にあたり有益であり，本章でも適宜言及する。

不祥事予防プリンシプルにおける原則は，内部監査の実施にあたっても参考となる。そこで，以下，不祥事予防プリンシプルの原則（とくに原則1，2，4）について，内部監査との関連において説明する。

2. 内部監査の留意点①：原則1（実を伴った実態把握）

原則1は，自社のコンプライアンスの状況を正確に把握することが，不祥事予防の第一歩となることから，コンプライアンスに係る制度やその運用状況はもとより，自社の企業風土や社内各層への意識の浸透度合い等を正確に把握することにより，自社の弱点や不祥事の兆候を認識する点の重要性を説く（同原則解説1-1）。

この点，内部監査項目としてコンプライアンスに係る制度やその運用状況を検証することが一般的に行われているが，これに加えて，企業風土や社内各層への意識の浸透度合い等も当該項目に追加して検証する対応が考えられる。たとえば，内部監査にあたり被監査部門が内部監査を積極的に受け入れて協力する企業風土が醸成されているかを検証することなども考えられる。なお，この検証にあたっては，社会的意識と乖離していないかという懐疑心をもって批判的に行うことが有用である。

---

[83] 佐藤竜明「『上場会社における不祥事防止のプリンシプル』の解説【上】」『旬刊商事法務』2165号16頁（2018年）。

3. 内部監査の留意点②：原則2（使命感に裏付けられた職責の全う）

　監査機関・監督機関の行動について定める原則2には，内部監査部門の行動も含まれると解され（同解説2-2第1文，不祥事予防プリンシプルに係るパブリックコメント回答3頁16番参照），内部監査部門の機能発揮も不祥事予防において重要視されている。

　そして，本原則本文第3文では，内部監査に関し，「適切な組織設計とリソース配分に配意する。」旨を定める。この点，企業不祥事の発生原因として内部監査部門の機能が弱く，適切な牽制・モニタリングが実施できなかったことも挙げられることがあり[84]，グループ全体の規模に比して必要な監査を実施できるだけの人数が配置されたといいがたいことや被監査部門の業務に精通した人員が配置されないことが指摘されるケースも見受けられる[85]。そこで，本原則に基づき，グループ全体の規模や業務内容等を勘案した内部監査部門の適切な組織設計とリソース配分が重要である。

4. 内部監査の留意点③：原則4（不正の芽の察知と機敏な対処）

　原則4は，不祥事予防のためには，不正を芽のうちに摘み，迅速に対処することが重要であると述べ，原則1から3までの取組みを通じ，コンプライアンス違反を早期に把握し，迅速に対処し，また，同様の違反や類似の構図が他部署や他部門，他のグループ会社にも存在していないかの横展開を行い，グループ全体に関わる共通の原因を解明し，それに即した業務改善を行う点を説く（解説4-1）。

　内部監査では，コンプライアンス違反が把握された場合には経営陣に内容が報告されることとなり，当該違反への迅速な対処・業務改善のために必要な機能を果たすものである。また，とくに，内部監査部門が，統一的な視点

---

[84] 塩崎彰久ほか「『上場会社における不祥事防止のプリンシプル』対応上の留意点（上）」『ビジネス法務』18巻8号80頁（2018年）。
[85] 「株式会社東芝第三者委員会調査報告書」（2015年7月20日）283頁等参照。

で他部署や他部門，他のグループ会社におけるコンプライアンス違反の有無・状況の検証（余件調査）を行うことは前記の共通原因の解明に重要な役割を果たすものとなりえるだろう。

　また，本原則に関しては，「経営陣がこうした活動に取り組む姿勢や実績を継続的に示すことで，全社的にコンプライアンス意識を涵養でき」，また，このような「改善サイクルの実践が積極的に評価されるような仕組みを構築することも有益である」とされている（解説4-2）。

　そこで，経営陣がこのような「姿勢や実績」を示すために，内部監査部門に必要な権限を付与し，また，被監査部門に対して内部監査への協力を促すような環境を整備することが全社的にコンプライアンス意識の醸成につながるものと考えられる。

　また，「改善サイクルの実践が積極的に評価されるような仕組みの構築」との関係では，改善サイクルが実践されるような動機付けができる枠組みを構築することが効果的である。そのため，たとえば，不正予防の見地から，改善対象の事象を発見する内部監査部門の活動を評価する人事・業績評価面での取組を行うことも有用であると考えられる。

不正調査と内部監査部門の役割

不正を調査するために上場会社が社内調査委員会を設置した場合，内部監査人はどのように関与すべきか？

現状，不正事案において，とくに，会計不正事案については，内部監査人が社内調査委員会の中心的役割を担うことは少ないが，今後は，内部監査人の専門職化が進み，財務会計の専門的知見を有する内部監査人が増加していくことにより，調査活動における内部監査人の関与が増えることやその中心的役割を担うことが期待される。

1. 不正調査で内部監査人に期待される役割

内部監査人は，内部監査の実施にあたって，内部監査人としての正当な注意を払わなければならないとされ，内部監査基準では，専門職としてとくに留意すべき事項の1つとして「違法，不正，著しい不当および重大な誤謬のおそれ」が挙げられている[86]。

そして，内部監査基準実践要綱では，不正行為が発見された場合，内部監査人は，「組織体内の適切な権限を有する経営者層にこれを報告するとともに，その状況において必要とされる調査を実施し，これに基づいて勧告を行う」とされている[87]。また，同要綱では，不正調査を実施する際に，内部監査人が一定の役割（図表6-9参照）を果たすべきことが規定されている。内部監査人は，不正調査において，調査計画と手続の策定など，まさに調査主体としての役割を担うことを期待されているといえよう。

---
[86] 内部監査基準 3.2.2 ④。
[87] 内部監査基準実践要綱 [3] 2. ④。

図表 6-9 ● 不正調査における内部監査人の役割

不正調査を実施するに際して，内部監査人は次のことを行わなければならない。
 ⅰ．共謀の程度と範囲を評価すること
 ⅱ．調査を有効に実施するために必要な知識，技能および能力を明確にすること
 ⅲ．不正行為の当事者，その影響，手口および動機を明らかにするための計画と手続を策定すること
 ⅳ．調査の過程においては，経営管理者および法律顧問その他の専門家との連携を考慮すること
 ⅴ．不正調査の当事者および調査範囲内にいる従業員の人権ならびに組織体自体の評判に配慮すること

　実際，業務に関連して発生した従業員の不祥事件について内部監査部門が特命監査として調査し，その結果を経営層や監督当局に報告する例は，金融機関を中心に実務的にも多くみられるところである。

2. 社内調査委員会が設置される場合の不正調査の状況

　他方，近時の不正調査の実務では，複数の委員によって構成される調査委員会が組成され，調査の遂行に責任を負う主体として，調査計画と手続を立案するとともに，調査補助者を活用するなどして実際の調査手続を実施する実務が一般的に定着している。

　そのような調査委員会の調査体制には，①外部の専門家のみによって構成されるいわゆる第三者委員会[88]，②社内のリソースを活用して関係部署から横断的に集められた役職員によって構成される社内調査委員会，さらには，③社内の役職員を中心としながらも調査の客観性を高めるために外部委員として専門家を一部加えた調査委員会を組成するなどさまざまな例がみられる。日本取引所自主規制法人「上場会社における不祥事対応のプリンシプル」は，

---

[88] 日本弁護士連合会「『企業等不祥事における第三者委員会ガイドライン』の策定にあたって」では，第三者委員会は，企業等から独立した委員のみをもって構成され，徹底した調査を実施したうえで，専門家としての知見と経験に基づいて原因を分析し，必要に応じて具体的な再発防止策を提言するタイプの委員会をいうとされている。

「内部統制の有効性や経営陣の信頼性に相当の疑義が生じている場合，当該企業の企業価値の毀損度合いが大きい場合，複雑な事案あるいは社会的影響が重大な事案である場合などには，調査の客観性・中立性・専門性を確保するため，第三者委員会の設置が有力な選択肢となる。」としているが，実際の調査体制は，上記の選択肢から，事案の性質や監査法人の意向などさまざまな事情を考慮して選択される。

　外部専門家のみによって構成される第三者委員会の場合には内部監査人が調査の中心的役割を担うことは想定されないが，それ以外の調査体制，とくに社内調査委員会の場合には，内部監査人が調査委員会の委員あるいは調査補助者など何らかの形で調査に関与することは可能である。しかしながら，内部監査が不正の発覚の端緒となるケースは時折みられるものの，その後に組成される社内調査委員会に内部監査人が関与する例はそれほど多くみられない。とくに，財務諸表に影響が及ぶ会計不正事案を調査する社内調査委員会では内部監査人が関与する例が乏しいのが実状と思われる。

　会計不正事案についてみると，実務的には，内部監査人が社内調査委員会の調査に関与する例として，①社内調査委員会の委員の一人として内部監査部門の部門長が就任するケース，②内部監査人が調査補助者として証憑類の精査や再発防止策の立案をするケース，③内部監査人が事務局として関係者のインタビューの日程調整等の実務を担うケースなどがみられる。しかし，筆者の実務経験では，いずれのケースでも内部監査人が事実認定や財務諸表への影響額を確定する際に中心的役割を担う例はあまりみられず，会社の事業内容や業務フロー等を熟知していながら，第一線の現場部門から離れた独立性・客観性のある地位にあることに着目され，社内調査委員会の証拠収集のサポートや再発防止策の立案などに限定された範囲で関与していることが多いように見受けられる。

3. 社内調査委員会の調査での内部監査人の関与が少ない状況の分析

　会社の内情を熟知しつつ，客観的な立場でアシュアランス業務を行う内部

監査人は，本来であれば，会計不正事案であっても社内調査委員会の中心的な役割を担ってもおかしくない存在であるが，実際には内部監査人が関与する例がそれほど多くみられない理由はいくつかあると思われる。

まず，内部監査人の財務会計に関する専門知識・能力の問題が挙げられる。会計不正事案の調査では，財務諸表への影響を数値として確定し，しかもそうした数値を前提に財務諸表の修正再表示や提出済みの有価証券報告書等の訂正を行う事態が想定されることから，財務諸表監査を行う監査法人に対して調査計画や手続の実施経過，重要なエビデンスなどを十分に説明して納得を得ることが最終的なゴールとなる。したがって，監査法人と的確にコミュニケーションできるレベルの高度な財務会計の専門的知見が必要となる。しかし，現状の日本企業の内部監査部門では，公認内部監査人の資格保有者は相当程度いるものの，公認会計士など高度な財務会計の専門的知見を有する内部監査人を擁している例はまだまだ少ないのが実状だと思われる[89]。一般的に，内部監査人の財務会計の専門的知見の不足から，平時においても内部監査人と監査法人との緊密な連携がとれている例は多くないところ，有事においてはこうした連携はいっそう難しくなる。

次に，これまでは，内部監査人の側に不正調査の実務経験やノウハウ，知見が乏しかったという問題が挙げられるであろう[90]。一般的に，不正は発覚を免れるための隠蔽工作をともなうことから，特定のシナリオの不正リスクを想定した内部統制の整備・運用を行っていないかぎり，通常の内部統制が機

---

[89] 日本内部監査協会「第19回監査総合実態調査結果（2017年監査白書）」集計編・全体版〈第23表〉「内部監査部門の資格保持者数―業種別」によると，調査回答数846社のうち，公認内部監査人資格保有者を擁するのは合計387社（45.7％）であるのに対し，公認会計士資格保有者を擁するのは合計87社（10.3％）とされている。これに対して，欧米では，いわゆるビック4とよばれる大手会計事務所出身の公認会計士資格を保有する内部監査人が豊富にマーケットに存在し，一種の専門職として内部監査人の専門職化が進んでいる。

[90] 前注のとおり，内部監査人は通常，国際的資格である公認内部監査人（CIA）を取得することが多い。一般社団法人日本公認不正検査士協会「ACFE（ACFE JAPAN）とCFE（公認不正検査士）資格について」によると，同協会に所属する会員のうち，1200名以上が不正調査や不正対応の専門資格である公認不正検査士（CFE）であるが，企業の内部監査業務に従事しているのはその一部の模様である。

能していても発見まで至らないケースが多い。したがって，アシュアランス業務として実施されることの多いルールの遵守状況のチェックや業務プロセスのサンプルテストといった手続では，不正の兆候を把握してその事実確認を行う事態に直面することが少なく，インタビューや証憑類の精査，デジタルフォレンジックによるメールの調査など深度のある手続によって実態解明を行う知見や経験を蓄積する機会が乏しいというのが実状である。

　以上のような事情が複合的に作用することにより，会計不正事案の社内調査委員会における内部監査人の関与は全体として低い水準にとどまり，現状では，影響額の確定や監査法人との調整など調査の中心的役割を担う外部専門家として不正リスク対応に精通した公認会計士が所属する大手監査法人系のフォレンジック部門やコンサルティング企業に作業を委託し，活用するケースが多い。

　もっとも，内部監査部門の体制が必ずしも十分とはいえず大きな期待ができない現況にある上場会社が少なくないものの，大手監査法人系のフォレンジック部門出身の公認会計士が企業の内部監査部門に移籍する例も頻繁にみられるようになってきており，今後は内部監査人の専門職化が進むと思われる。また，日本企業でもグローバル展開している会社では，海外拠点において，高度な専門的知見をもつ会計事務所などに内部監査を一部アウトソースする例もでてきているようであり，そうしたアウトソース先からのナレッジトランスファー等により内部監査のレベルアップにつながることが期待される。

　今後は，こうした内部監査人の専門職化やレベルアップが進むことにともなって，会計不正事案の社内調査委員会の調査でも，内部監査人が中心的役割を担う存在として関与するケースが増えることが期待される。さらにいえば，内部監査人が会計不正事案の不正調査の実務経験や知見を蓄積して，本来の監査計画に基づく内部監査の実務に還元することにより，内部監査自体の高度化が進むよい循環が産まれることも大いに期待される。

不正防止のための内部通報制度の整備と内部監査

不正防止の観点から,内部通報制度の整備はどのように進めるべきか。また,内部監査部門はそれにどのように関与すべきか。

内部通報制度の整備にあたっては,「公益通報者保護法を踏まえた内部通報制度の整備・運用に関する民間事業者向けガイドライン」に従い制度が活用されるように,経営者が果たすべき役割を明確化すること,経営者からの独立性を有する通報ルートを整備すること,内部通報制度の継続的な評価・改善を行うことなどの対応が考えられる。

このような内部通報制度の整備・運用について,内部監査部門は,通報窓口,調査担当部署になることや内部通報制度の継続的な評価・改善を実施する部署になることなどの工夫が考えられる。

1. 内部通報制度の意義と状況

内部通報制度は,現在では,不正の発見や防止の観点から非常に効果的な手段であると考えられる。公益通報者保護法自体は,事業者に対して公益通報を行った労働者の保護を定めるが,企業は,公益通報者保護法で保護される通報対象事実のみならず,当該事実以外の事象についても内部通報制度でカバーすることによって適正な企業運営が可能になる側面がある。また,会社法施行規則100条3項5号は監査役設置会社における内部統制システムの構築の1項目として,「監査役に報告をした者が当該報告をしたことを理由として不利益な取扱いを受けないこと」を確保するための体制を定める。この体制は公益通報者保護法上の事業者の体制そのものではないものの重なり合

う側面があるとされており[91]，構築すべき内部通報制度の一内容といえる。

　消費者庁の「平成28年度民間事業者における内部通報制度の実態調査報告書」によると，内部通報制度を導入していると回答のあった事業者のうち，社内の不正発見の端緒として①「従業員等からの内部通報（通報窓口や管理職等への通報）」が最も多く（58.8％），次いで②「内部監査（組織内部の監査部門による監査）」（37.6％），③「職制ルート（上司による日常的な業務のチェック，従業員からの業務報告等）」（31.5％）の順となっている[92]。したがって，経営者は，不正防止・早期発見の観点から，内部通報制度を充実させ，その実効性をより高めることが重要といえる。

　また，同報告書によると，通報窓口の設置部門として，①「総務部門」が38.7％と最も高く，②「法務・コンプライアンス部門」（32.9％），③「人事部門」（19.5％），④「監査部門」（17.0％）の順になっている[93]。従業員数別にみると，従業員数の少ない事業者ほど，通報窓口は，「経営トップ（社長等）直轄」や「監査部門」の割合が高い傾向がみられる一方，1000人を超える事業者では，「法務・コンプライアンス部門」が4割を超えている[94]。その中で，内部監査部門が通報窓口の設置部門とされるケースも相応にあり，内部監査を通じて広く社内の実情を知り，事実調査等の手法に精通した内部監査部門が，その職務の1つとして通報を受付け，そこから得た情報に基づき，内部監査を進めることなども考えられ，内部通報制度の整備・運用において意義があり，検討に値する対応であると考えられる。

2. コーポレートガバナンス・コードの要請

　コーポレートガバナンス・コードは，上場会社に対して，「その従業員等が，不利益を被る危険を懸念することなく，違法または不適切な行為・情報開示に関する情報や真摯な疑念を伝えることができ」，また「伝えられた情報

91　坂本・注75・5頁。
92　同報告書58頁。
93　同報告書29頁。
94　同報告書30頁。

や疑念が客観的に検証され適切に活用されるよう，内部通報に係る適切な体制整備を行う」ことを求めるとともに，「取締役会は，こうした体制整備を実現する責務を負うともに，その運用状況を監督すべきである」旨を定める[95]。

取締役会がその責務を果たすためには，たとえば内部監査などを通じて自社の内部通報制度の運用状況に係る報告を受けて，適切に整備・運用されているかを評価・検討することが重要である。その際に，補充原則2-5①の求める「経営陣から独立した窓口」が内部通報制度の実効性の向上に寄与しているか，また「情報提供者の秘匿と不利益取扱の禁止に関する規律」が有効に機能しているといえるかの評価の報告を受けることは有益である。

3. 実効性評価

内部通報制度について，消費者庁は「公益通報者保護法を踏まえた内部通報制度の整備・運用に関する民間事業者向けガイドライン」（最終改訂平成28年12月，以下，内部通報GL）を定めている。内部通報GLは，事業者のコンプライアンス経営への取組みを強化するために，従業員等からの法令違反等に関する通報を事業者内において適切に取り扱うための指針を示すものである。民間事業者は，これを遵守する法的義務を負うものではないが，内部通報にかかる適切な体制整備を行うにあたり，内部通報制度の実効性の向上に向けて事業者が取り組むことが推奨される事項が具体的に示されており，実務上参考になる。

内部通報GLは，内部通報制度の実効性を向上させるため，たとえば，整備・運用の状況・実績，周知・研修の効果，従業員等の制度への信頼度，同GLに準拠していない事項がある場合にはその理由，今後の課題等について，内部監査や中立・公正な第三者等を活用した客観的な評価・点検を定期的に実施し，その結果を踏まえ，経営者の責任の下で，制度を継続的に改善していくことが必要であるとする。

これに基づき，内部統制システムの整備・運用状況の監視・監督の一環と

---

[95] コーポレートガバナンス・コード 原則2-5。

して，取締役会が定期的な内部通報制度の実効性評価を行っていくことがグッド・プラクティスというべきであろう。なお，その具体的な実効性評価の担い手としては，たとえば，内部監査部門が内部通報に基づく調査を行っていないような場合には，取締役会が内部監査部門に対して実効性評価を行わせる対応も考えられる。

4. 内部通報制度についての主要な検討事項

　取締役会は，内部通報制度を整備・運用し，これを見直していく際にどのような項目を検討すべきであろうか。

　内部通報 GL は，内部通報制度の整備として，(1) 通報対応の仕組みの整備，(2) 経営幹部から独立性を有する通報ルート，(3) 利益相反関係の排除，(4) 安心して通報ができる環境の整備の4つの大きな項目を定めており，取締役会は，内部統制システムの一部である内部通報制度に対して，PDCA サイクルに従い，これらの項目を重点的に検討する対応が考えられる。

　内部監査との関係では，通報に基づく調査担当者として内部監査部門を指定することに加え，場合によっては通報窓口を担当させる制度設計も考えられる。

　利益相反管理には留意する必要があるが，たとえば，内部監査部門が内部通報に基づく調査を行っていないような場合には，当該評価において内部監査部門が関与することも有益であると考えられる。内部監査部門が内部通報制度が機能しているかを検証するために，運用実績（たとえば，通報件数，対応結果等）を内部監査において調査することや整備・運用にあたっての従業員の意見・要望等が内部通報制度に反映されているかどうかの状況を調査することなどの対応が考えられる。

　なお，近時，事業者が自らの内部通報制度を評価して，認証基準に適合する場合に登録を受ける内部通報認証制度が開始した。

5. グローバルな内部通報制度の導入と課題

　近時は，経済のグローバル化が進展し，企業の取引の多くを国外取引が占め，多くの海外グループ会社を有するケースが増加し，経営者がグローバルな内部通報制度を導入する必要性が高まっている。内部通報 GL も，グループ企業共通の一元的な窓口の設置を定めるなど，グループ会社を対象とした内部通報制度によるコンプライアンスの推進を推奨している[96]。もっとも，グローバルな内部通報制度を導入する際には別の考慮も必要である。

　まず，グローバルな内部通報制度の導入にあたり，各国における法令・規制面での制約に服するため，各国の法令・規制も遵守できるような設計をしなければならない。たとえば，個人データの域外移転規制を定めている国も多く，海外現地法人や支店などにおける個人データを日本に対して移転することが制約される可能性がある。また，各国の法令・規制（とくに人事労務法制等）において，匿名通報の制限，通報目的の制限，通報対象者の制限，内部通報の登録・監督機関による承認等の手続の定めがあるケースもある[97]。また，運用面でも言語や時差などの内容により国内会社への内部通報に基づく調査よりも負担が生じることも考慮する必要があろう。

　グローバルな内部通報制度の導入にあたっては，このような項目を意識して，たとえば，本国と同様の内部通報制度を導入するのか，各国ごとにカスタマイズした内部通報制度を導入するのか，地域統括会社が存在する場合には同社が当該地域の内部通報制度を統括する建付けにするのかなどの制度設計の検討を行った上で採用する対応が考えられる。

　そのうえで，グローバルな内部通報制度が有効に機能しているか内部監査において検証し，実効性を評価することは有用であると考えられる。

---

[96]　内部通報 GL Ⅱ 1 (1)。
[97]　石川智也ほか「『グローバル内部通報制度』構築の検討事項」『ビジネス法務』17 巻 5 号 96 頁（2017 年）参照。

第6章 内部監査の論点および実務上の課題の法的検討

不正調査における再発防止策としての内部監査部門の強化の留意点

Q10 不正調査において，不正の発生原因として内部監査の問題を指摘し，再発防止策として内部監査部門の強化を提言する際，どのような点に留意すべきか？

　再発防止策において，内部監査の監査計画，手続や監査手法などについて指摘や提言をする際は，モニタリング機能を担う内部監査部門の問題を外形的に指摘するにとどまらず，内部統制上の問題を視野に入れて根本原因を分析し，業務内容や業務フローに関する内部監査人の知見を活用するなどして，的確かつ具体的な提言がなされるべきである。

1. 不正調査における原因分析と再発防止策の提言の重要性

　近時，上場会社で不正が発覚した場合に第三者委員会や社内調査委員会といった調査委員会が設置され，そのような調査委員会が調査主体として調査の方針，計画や手続を策定して調査を実施するとともに，調査結果をとりまとめる実務が定着している（**Q8** 参照）。そして，上場会社から調査委員会に委嘱される事項としては，発覚した不正の事実関係の確認にとどまらず，発生原因の分析や再発防止策の提言まで含まれるのが一般的である[98]。

　近時は，こうした調査委員会の調査では不正の発生原因の分析について，再発を防止するためには，個別事象の表面的な原因の分析にとどまらず，企

---

[98] 日本弁護士連合会「企業等不祥事における第三者委員会ガイドライン」は，「第三者委員会は，認定された事実の評価を行い，不祥事の原因を分析する。」（第1.1.(3)）と規定するとともに，「第三者委員会は，調査結果に基づいて，再発防止策等の提言を行う。」（第1.3）と規定する。

業風土やガバナンスの問題までさかのぼった根本原因（Root cause）の解明が重要である旨の指摘がなされる傾向が強まっている[99]。そして，根本原因の分析に基づく再発防止策の提言が調査委員会によって行われ，調査終了後は会社側で金融商品取引所（および自主規制法人）と調整を図りながらかかる提言を具体化した個々の施策が立案・導入されて改善に向けた取組みが行われる実務が一般化している。

　このように，調査委員会による原因分析と再発防止策の提言は，不正発生後の改善と再発防止に向けた会社の取組みを方向付けるものであり，きわめて重要な役割を担う。

2. 原因分析と再発防止策の提言の実務の現状

　上記のとおり，不正調査における原因分析と再発防止策の提言の重要性は高まっているが，実際には，調査報告書において，ガバナンスや企業風土の問題にまで踏み込んだ根本原因の分析がなされていない例，あるいは，再発防止策の提言に具体性が乏しく，紋切型の指摘や提言にとどまっている例も散見されるようである[100]。

　その背景として，いくつかの要因があると思われるが，まずもって指摘できる点は，調査を実施するに際しての時間的制約である。とくに会計不正事案の調査の場合，直近で提出予定の金融商品取引法の継続開示書類の提出期限までに調査を終了させ，必要な場合には過年度訂正を行ったうえで当該継続開示書類の提出を行う必要に迫られるというきわめてタイトなスケジュールのなかで調査が実施されるのが通常である。そのため，調査の最優先事項として過年度訂正の前提となる事実関係と財務諸表への影響額の確定に重点

---

[99] この点，日本取引所自主規制法人「上場会社における不祥事対応のプリンシプル」（2016年2月14日）においても，「不祥事の原因究明に当たっては，必要十分な調査範囲を設定のうえ，表面的な現象や因果関係の列挙にとどまることなく，その背景等を明らかにしつつ事実認定を確実に行い，根本的な原因を解明するよう努める。」として，根本原因の解明を重視している。

[100] たとえば，内部監査による不正の早期発見がなされなかったことをもって内部監査の機能不全を指摘するにとどまり，不正リスクを視野に入れた内部監査の実施といった，改善策としての具体化のイメージがみえにくい提言が行われるケースが散見される。

がおかれ，原因分析と再発防止策の提言に十分な時間と労力をつぎ込むのがむずかしいことが多いという実状がある。

次に，原因分析と再発防止策の提言は，事実関係の確認とは異なる方法論やスキルが求められるところ，それ自体，難易度が高いという問題がある。たとえば，原因分析でガバナンスや内部統制の問題を指摘するためには，会社法のガバナンスのルールや会社法および金融商品取引法上の内部統制の概念や実務についての十分な知見が必要であることに加え，的確な指摘を行うためには内部統制が整備されていることを把握するだけではなく，それらが実際にどのように運用されているかについても，会議体の議事録の閲覧や内部監査の監査計画・結果の確認，内部通報の通報実績の把握，業務フローのサンプルチェックなど幅広い情報収集も必要となる。これらは多分にコンサルタントの専門的な知見とノウハウの活用が効果的と考えられるタスクといえるが，現状の不正調査の実務では，事実認定に秀でた法律家や企業会計の実務に通じた公認会計士を中心に組成されることが一般的であるため，かかる知見とノウハウが不足しているという面も指摘できるように思われる。

以上のようなさまざまな制約のなかで実施される調査委員会の調査において，実際にどのようにして的確な原因分析と再発防止策の提言を行うかという点は，とくに近時の調査実務の大きな課題といえる。

3. 指摘を行う際の留意点①：間接的な発生原因としての指摘

それでは，実際の不正調査の実務では，不正の原因分析と再発防止策の提言のなかで，内部監査について，どのような問題の指摘や改善策の提言がなされているのであろうか。この点，会計不正事案の調査では，不正が発生した直接的な原因が内部監査にあるとはいいがたいものの，内部監査により不正が早期に発見ができなかった点が間接的な原因として指摘されることが多い。

たとえば，ある大型事案の第三者委員会の調査では，個別の不正類型のそれぞれにつき内部統制部門としての経営監査部が適切に監査していれば工事

損失が発生している，いわゆるロスコン案件を認識しえた可能性などを指摘するとともに，総括のなかで，間接的な原因として経営監査部の主たる業務が経営コンサルタントで会計監査の観点からの業務はほとんど行われていなかった点を指摘している[101]。これを受けて，その後の再発防止策として，内部監査部門を執行から切り離し，社外取締役だけで構成される監査委員会が直轄するものとして新設される内部監査部が内部監査を担当する体制に変更するとともに，内部監査部の業務を会計監査，内部統制監査，適法性監査および妥当性監査に限定・集中する体制が導入されるに至っている[102]。

4. 指摘を行う際の留意点②：内部監査に関する具体的な指摘事項

　内部監査の組織上の位置付けや独立性に関する問題として，調査の過程で内部監査の機能不全を招いた大きな原因が発見された場合，たとえば，内部監査人が不正の兆候を把握していたが，いずれかの段階で監査結果報告が捻じ曲げられて経営層に報告されなかったといったような事実関係が確認されたケースでは，問題点が明確であり指摘しやすいといえよう。

　しかし，内部監査の監査計画，手続や監査手法などの事項については，具体的に何をしていれば不正が早期に発見されていたかはそれほど明確ではないことが多い。しかも，多くの事例では，内部統制の一部としてモニタリング機能を担う内部監査の機能不全の問題というよりは，モニタリングの対象となる内部統制，とくに，特定の不正リスクを想定した予防的統制や発見的統制が整備されていないことがそもそもの原因といえるようなケースもある。その場合，不正の早期発見に至らなかった点を捉えて内部監査部門の不十分性の指摘だけを強調すると片手落ちとなる可能性があるところであり，予防的統制や発見的統制の整備・運用の不備に対する指摘とのバランスを考えて内部監査に対する指摘や再発防止策の提言を行う必要があろう。

---

[101] 「株式会社東芝第三者委員会報告書」（2015年7月20日）281頁等。
[102] 「株式会社東芝内部管理体制の改善報告」（2017年10月20日）。

5. 指摘を行う際の留意点③：
的確な原因分析と再発防止策の提言を行うための留意点

　上記で指摘した点を踏まえると，内部監査についての的確な根本原因の分析を行って具体的な再発防止策の提言を行うためには，業務内容や業務フローに関する内部監査人の豊富な知見を活用して内部監査を含む内部統制の脆弱性を的確に把握することによって，的を射た実行可能かつ具体的な再発防止策のアイデアを得ることが重要と考えられる。そして，大きな枠組みとしての内部統制の改善策を検討するなかで，その一部のモニタリング機能を担う内部監査の問題点と改善点を洗い出すアプローチが有益と考えられる。

　実際，第三者委員会を除く，社内調査委員会などの調査体制の場合には，内部監査人が調査委員会の委員や事務局として関与してそのような役割を担う例もみられるところであり，内部監査のアドバイザリー業務の効果の発揮が期待される場面といえよう（**Q8**参照）。

　また，調査委員会として，内部監査の具体的な再発防止策を提言するためには，内部監査の最新実務の知見を得ておくことが有益な場合がある。たとえば，ある著名な大型事案では，第三者委員会の調査終了後に会社が導入した再発防止策のなかで，網羅的・効率的な監査を行うためCAATおよびコンピュータ・フォレンジック（メールの常時モニタリング）を国内グループ会社の監査に導入することが公表されている[103]。

　こうした具体的な再発防止策は，第三者委員会の調査報告では言及されていなかったものであるが，再発防止策の具体化の過程で内部監査の実効性向上の方策として導入された模様である。こうした最新の監査実務についても，実効的な再発防止策として調査委員会によって提言されることも今後は大いに期待されるところである。

---

[103]「富士フイルムホールディングス株式会社改善状況報告書」（2018年6月25日）。

関連する法令・基準等と参考文献・報告書等

書籍・論文

- 坂本三郎『一問一答平成 26 年改正会社法』商事法務, 2014 年
- 坂本三郎ほか「立案担当者による平成 26 年改正会社法関係法務省令の解説」
『別冊商事法務』397 号, 2015 年
- 弥永真生『コンメンタール会社法施行規則・電子公告規則(第 2 版)』商事法務, 2015 年
- 清水毅「取締役の監視・監督義務と内部統制システム構築義務」野村修也・松井秀樹編『実務に効くコーポレート・ガバナンス判例精選』有斐閣, 2013 年
- 岩原紳作『商事法論集Ⅰ会社法論集』商事法務, 2016 年
- 宇澤亜弓『不正会計リスクにどう立ち向かうか!—内部統制の視点と実務対応—』
清文社, 2018 年
- 柿崎環「内部監査の独立性と上場会社のコーポレート・ガバナンス」
『現代監査』27 号, 2017 年
- 塚本英巨「監査等委員会設置会社の監査体制」『旬刊商事法務』2099 号, 2016 年
- 山内洋嗣ほか「企業グループにおける内部監査」『旬刊商事法務』2159 号, 2018 年
- 佐藤竜明「『上場会社における不祥事防止のプリンシプル』の解説【上】」
『旬刊商事法務』2165 号, 2018 年
- 塩崎彰久ほか「『上場会社における不祥事防止のプリンシプル』対応上の留意点(上)」
『ビジネス法務』18 巻 8 号, 2018 年
- 石川智也ほか「『グローバル内部通報制度』構築の検討事項」
『ビジネス法務』17 巻 5 号, 2017 年

その他資料

- 金融庁「『会計監査の在り方に関する懇談会』提言—会計監査の信頼性確保のために」
2016 年 3 月
- 法務省民事局参事官室「会社法改正に伴う会社更生法施行令及び会社法施行規則等の改正に関する意見募集の結果について」2015 年 2 月
- 日本内部監査協会『「第 19 回監査総合実態調査結果(2017 年監査白書)」集計編・全体版』2018 年
- 日本監査役協会「役員等の構成の変化などに関する第 18 回インターネット・アンケート集計結果」(監査等委員会設置会社版), 2018 年 4 月
- 日本公認会計士協会「監査・保証実務委員会研究報告第 32 号『内部統制報告制度の運用の実効性の確保について』」2018 年 4 月

- 日本弁護士連合会「『企業等不祥事における第三者委員会ガイドライン』の策定にあたって」2010 年 10 月
- 日本弁護士連合会「企業等不祥事における第三者委員会ガイドライン」2010 年 7 月 15 日；改訂 2010 年 12 月 17 日
- 日本弁護士連合会「社外取締役ガイドライン」2013 年 2 月；改訂 2015 年 3 月；2019 年 3 月
- 消費者庁「平成 28 年度民間事業者における内部通報制度の実態調査報告書」2017 年 1 月
- 株式会社東芝第三者委員会「株式会社東芝第三者委員会調査報告書」2015 年 7 月
- 株式会社東芝「株式会社東芝内部管理体制の改善報告」2017 年 10 月
- 富士フイルムホールディング株式会社「富士フイルムホールディング株式会社改善状況報告書」2018 年 6 月 25 日

法令・上場規則・コーポレートガバナンス・コード

- 会社法：2 条 6 号, 11 号の 2, 12 号／329 条 2 項／331 条 6 項／342 条の 2 第 4 項／361 条 6 項／362 条 2 項 2 号, 4 項 6 号／390 条 3 項／399 条の 2 第 1 項／399 条の 2 第 3 項 1 号／399 条の 13 第 1 項 1 号ハ, 2 号,4-6 号／416 条 1 項 1 号ロ, 2 号
- 会社法施行規則：100 条 1 項, 3 項／100 条の 4／110 条の 4 第 1 項, 2 項 5 号／112 条 2 項 5 号／118 条 2 号
- 金融商品取引法：21 条の 2 第 1 項／24 条／24 条の 4 の 4／193 条の 2 第 2 項／197 条の 2／207 条 1 項 2 号
- 内部統制府令：1 条 1 項／2 条 1, 2 号／3 条
- 開示府令：15 条（様式 3）が準用する 8 条（様式 2）の注（56）a(b)
- コーポレートガバナンス・コード：
  原則 3―2／補充原則 3―2②（ⅲ）（ⅳ）／原則 2―5／補充原則 2―5①／補充原則 4―13③
- 有価証券上場規程（東京証券取引所）：
  207 条 1 項 3 号, 4 項／436 条の 3／439 条 1 項／445 条の 3／第 501 条第 3 項, 第 6 項
- 有価証券上場規程施行規則（東京証券取引所）：
  208 条 2 項（3）
- 上場審査等に関するガイドライン：
  Ⅱ 4（2），（3）／Ⅲ
- 不祥事予防プリンシプル：
  原則 1・解説 1 − 1／原則 2・解説 2―2／原則 4・解説 4 − 1,4 − 2／原則 5・解

説 5 – 1
・「上場会社における不祥事対応のプリンシプル」(日本取引所自主規制法人)
・内部通報 GL

判 例
・最判昭和 48 年 5 月 22 日民集 27 巻 5 号 655 頁
・最判平成 21 年 7 月 9 日判時 2055 号 147 頁 (日本システム技術事件)
・大阪地判平成 12 年 9 月 20 日判時 1721 号 3 頁 (大和銀行事件)

第7章

不正リスクに対する内部監査の役割と他の監査との連携

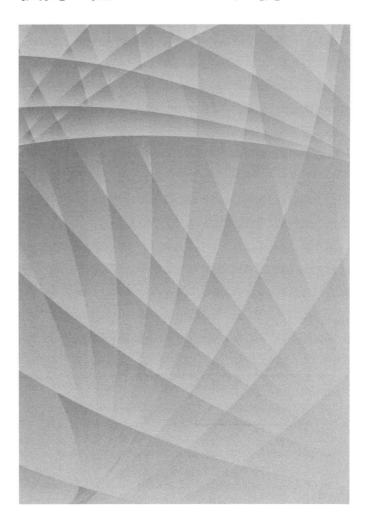

1. わが国における内部監査の位置付け

　本書で取り上げられているように，近年，不正に関して内部監査が注目されるケースの1つに，企業不祥事が発覚して第三者委員会が設置された場合が挙げられる。第三者委員会報告では，事後的な調査に基づく不祥事の原因や責任の検討が中心となることから，ガバナンスや外部監査とともに，企業内において内部統制の基本的要素の1つとして，日常的に企業内のモニタリング活動を担っている内部監査機能の役割が問われることとなる。

　たとえば，東芝事件における第三者委員会報告書においても，各カンパニー（事業部）における内部統制が機能していなかった点について，「経理部以外に不適切な会計処理をチェックすることができるような内部監査部門が設置されていなかった。・・・CP［カンパニー社長――筆者注］などカンパニーの指揮命令系統から独立した内部監査部門が設置されていなかったことが，内部統制が機能しなかったことの一因」[1]として，独立した内部監査の不在が内部統制の無機能化の原因の1つと述べている。

　国際的にも，2013年5月にトレッドウェイ委員会支援組織委員会から公表された内部統制の新たなフレームワーク[2]においては，原則8として，「組織は，内部統制の目的の達成に対するリスクの評価において，不正の可能性について検討する」ことが内部統制の構成要素たるリスク評価を支える原則の1つに位置付けられるとともに，内部監査機能が，不正に対して，第1のディ

---

[1] 「株式会社東芝第三者委員会調査報告書」281頁（2015年）（http://www11.toshiba.co.jp/about/ir/jp/news/20150721_1.pdf）。
　ただし，東芝の内部監査部門は，MTG（Management Training Ground），すなわち経営層に入るためのトレーニング又は人員の選別のプログラムの一環として，社内全体を見渡す役割を期待されていたことが広く知られている。内部監査部門にいかなる役割を期待するのかについては，それぞれの会社の経営者の判断に委ねられる側面もあることを指摘しておきたい。

[2] The Committee of Sponsoring Organizations of the Treadway Commission（COSO），Internal Control - Integrated Framework（2013）.（八田進二・箱田順哉監訳『COSO内部統制の統合的フレームワーク』（日本公認会計士協会出版局，2014年）

フェンス・ラインである業務の現場，第2のディフェンス・ラインである管理部門に次いで，第3のディフェンス・ラインとして，不正に対抗する最後の砦となるべく，重要な役割を担うことが期待されている。

　しかしながら，わが国においては，内部監査に関しては長年にわたって，上場企業においてさえ，かなり軽視されてきたと思われる。第6章Q2で述べられているように，新規公開企業の上場審査にあたっては，「上場審査等に関するガイドライン」では，内部管理体制の整備の一環として有効な内部監査機能の整備が要請されるものの，上場後においては，「上場管理等に関するガイドライン」も含めて，平常時に，有効な内部監査機能の維持を求める規定はない。このことが，長らく上場企業においては，新規公開時に内部監査部門を備えていても，上場後に当該部門を廃止してしまうなどの傾向があった要因として考えられ，たとえば，わが国を代表する大手自動車会社にあっても，2003年に国家試験である「一級小型自動車整備士技能検定」試験の問題を系列ディーラーに漏洩していた事件が生じるまで，独立の内部監査部門を設置していなかったことはよく知られた事例である。

　そうした状況は，近年，大きく変容を遂げてきている。

　第1の契機は，外部監査における2002年の「監査基準」の改訂である。そこではじめて，内部監査に関する記述が，財務諸表監査の規範である「監査基準」において以下のように規定されたのである。

> 「四　他の監査人等の利用
> 3　監査人は，企業の内部監査の目的及び手続が監査人の監査の目的に適合するかどうか，内部監査の方法及び結果が信頼できるかどうかを評価した上で，内部監査の結果を利用できると判断した場合には，財務諸表の項目に与える影響等を勘案して，その利用の程度を決定しなければならない。」

　係る規定が，改訂前の「監査基準」になかったことは，従来の財務諸表監査における内部監査の認識を反映しているともいえよう。すなわち，内部監

査は，内部牽制とともに，内部統制の中心的な要素として位置付けられるものであり，試査を前提とする財務諸表監査においては，当然に内部統制の評価の一環として，内部監査の信頼性の判断や，内部監査の結果の利用を図ることは当然である。それが，監査基準において顧みられていなかったというのは，それだけそれまでの内部監査が規模を含めて脆弱なものであった[3]ことや，それにともなって財務諸表監査の監査人にとって，内部監査の結果の利用を期待していなかったことなどが反映しているものと解される。

　第2の契機は，2008年4月から適用が開始された内部統制報告制度である。わが国の内部統制報告制度は，全上場企業を対象としており，取引記録のサンプリング等に基づく内部統制の運用評価をも求めていることから，上場企業では，当初，臨時の内部統制推進部局を設置するなどして，文書化作業等の制度対応に追われた。その後，内部統制報告制度が2年度目，3年度目と推移するなかで，臨時の部局は役割を終え，それに代わって，内部監査部門が，経営者による内部統制評価を担うこととなったのである。

　内部監査部門が経営者の代わりに内部統制評価を担うことには，2つの理由がある。1つは，内部監査部門は，日常的に，内部統制の各要素の有効性をモニタリングすることを通じて，内部統制に精通していることが想定される。また，内部監査の技能の蓄積があれば，内部統制報告制度に対応した評価作業についても，一定の知見があることが期待される。もう1つは，第6章Q5で触れられているように，わが国の内部統制報告制度においては，経営者の代わりに内部統制の評価作業を行う者について，「評価の対象となる業務から独立し，客観性を保つこと」を求めており[4]，さらに，外部監査人が，経営者による内部統制の運用評価の結果の一部を利用する際の条件として，

---

[3] たとえば，2005年に実施した調査では，アンケートベースではあるものの，日本内部監査協会加盟の上場企業のうち，内部監査部門に10名以上の人員を備えている企業は，40社に満たなかった。詳しくは，次の文献を参照されたい。
　松井隆幸編著『内部監査機能―管理の観点からのアプローチ―』(同文舘出版，2007年)。

[4] 企業会計審議会「財務報告に係る内部統制の評価及び監査に関する実施基準」(2011年) Ⅱ．財務報告に係る内部統制の評価及び報告・3．財務報告に係る内部統制の評価の方法・(1) 経営者による内部統制評価・① 内部統制の評価体制。

実質的に，独立の内部監査部門によるものであることを挙げていること[5]が挙げられる。

このような理由から，内部監査部門は内部統制報告制度の経営者評価の業務実施者として位置付けられ，上場企業において一定の位置付けを占めるに至ったのである。

さらに，内部監査部門の位置付けを変容させることとなった第3の契機は，2015年の「コーポレートガバナンス・コード」の公表である。そこでは，補充原則4―13③において，「上場会社は，内部監査部門と取締役・監査役との連携を確保すべきである」と規定されている。この規定は，内部監査に関する規定ではない[6]。しかしながら，コードの遵守状況をコーポレート・ガバナンス報告書において明らかにすることが求められるなかで，内部監査部門が明記され，取締役・監査役との連携の確保が規定されたことの意味は大きいといえよう。

図らずも，2015年5月に施行された2014年改正会社法では，新たなガバナンス形態として，監査等委員会設置会社の設置が認められ，コーポレートガバナンス・コード等において，社外取締役の設置が実質的に求められたことから，監査等委員会設置会社に移行する企業が数多く出現することとなった。従来の監査役会設置会社においても，上記補充原則に基づき内部監査部門の利用やその活動への依拠が想定されるものの，監査等委員会設置会社においては，監査等委員として，常勤者の設置義務はなく，社外取締役を中心とすることから，内部監査部門の活動に依拠する程度がより高まったと考え

---

[5] 日本公認会計士協会監査・保証実務委員会報告82号「財務報告に係る内部統制の監査に関する実務上の取扱い」238頁。

[6] 諸外国のガバナンス・コードでは，内部監査の位置付けはさらに重要なものとなっており，日本内部監査協会では，ガバナンス・コード案が公表された際に，内部監査に関する規定を追加するよう意見表明している。

一般社団法人日本内部監査協会法令等改正対応委員会『「コーポレートガバナンス・コードの基本的な考え方（案）　コーポレートガバナンス・コード原案～会社の持続的な成長と中長期的な企業価値の向上のために～』に対する意見」（2015年）（http://www.iiajapan.com/pdf/iia/info/20150123.pdf）。

られるのである。

　先に述べた東芝の第三者委員会の調査報告書においては，今後の対応策の1つとして，「経営監査部を発展的に解消するなどした上で，東芝及び全グループ会社を内部監査の対象とする強力な内部監査部門を新設することが有効と考える。…（中略）…またこの部門は，P［社長──筆者注］やCFO等の経営トップらを統括責任者とすることなく，社外取締役などを統括責任者とすることにより経営トップらからの独立性を確保するものとし，経営トップらによる不正が行われた場合においても監査権限を適切に行使できるような体制とする。」[7]と提言されている。すなわち，内部監査は，社外取締役との連携を通じて機能するものとして，捉えられるようになっているのである。

　わが国の内部監査は，現状，このような位置付けを得るまでに至っている。

2. 財務諸表監査と内部監査

　財務諸表監査における内部監査については，本書では，第5章において詳述されている。ここでは，両者の連携に関して，2つの点について述べることとする。

　第1に，現行の監査規範において，財務諸表監査と内部監査の連携はいかなるものと捉えられるか，という点である。

　外部監査における「監査基準」では，先に述べたように，「内部監査の結果の利用」が規定されている。ここで留意すべきは，内部監査人の利用ではなく，あくまでも内部監査の結果の利用であるという点である。後述するように，海外においては，内部監査人を直接，財務諸表監査の作業者として迎え入れる「直接支援業務」（direct assistance）が行われている国もある。わが国の財務諸表監査においては，財務諸表監査の独立性の確保の観点から，係る業務の導入は行われていない[8]。

　「監査基準」の規定を踏まえて，日本公認会計士協会の監査基準委員会報

---

[7] 「株式会社東芝第三者委員会調査報告書」290-291頁。

告書（以下，監基報）610「内部監査の利用」（2015年5月）では，監査人が内部監査の利用の可否およびその利用の程度の判断を行うにあたって，「(1) 内部監査人の作業が財務諸表の監査の目的に照らして適切かどうか。(2) 内部監査人の作業が適切な場合には，内部監査人の作業が監査人の監査手続の種類，時期又は範囲に及ぼし得る影響」を判断しなければならないとされている（第7項）。また，(1) に関して，監査人は，「(1) 内部監査機能の客観性 (2) 内部監査人の専門的能力 (3) 内部監査人が専門職としての正当な注意を払い作業を実施するかどうか。(4) 内部監査人と監査人との間で有効なコミュニケーションが図れるかどうか。」を判断しなければならないと規定されている（第8項）。

このように，内部監査の結果の利用にあたっては，外部監査人は，内部監査機能の客観性や専門的能力，さらにはその作業の実施状況等を勘案して，その利用の可否を判断するという枠組みとなっている。この観点からは，あくまでも財務諸表監査の監査人にとって内部監査は，リスク評価の対象である内部統制の一部であり，内部統制の日常的なモニタリングを担う部門として，その評価作業の結果である内部監査報告書の内容をリスク評価の一環として利用するか否か，という位置付けとなる。

こうした内部監査の結果が利用できるか否かを判断するための，内部監査部門に対する評価は，近年では，先に述べたように，内部監査部門が内部統制報告制度の評価作業を担っている実態に鑑みて，外部監査人による内部統制監査の一環としても行われることとなる。

他方，財務諸表監査における不正リスクの評価という観点からすると，内部監査の位置付けは，やや異なる様相を呈してくる。

たとえば，同じく監基報240号「財務諸表監査における不正」（2015年5月）では，次のように規定している。

8 　直接支援業務が生成してきた経緯や今後の導入に向けての課題等については，次の文献を参照されたい。
　　町田祥弘「外部監査と内部監査の関係の新たな展開——内部監査人による外部監査の直接支援に関連して——」『月刊監査研究』462号（2012年）。

「18. 監査人は，内部監査機能を有する企業については，内部監査担当者が企業に影響を及ぼす不正，不正の疑いや不正の申立てを把握しているかどうかを判断するため，又は不正リスクに関する内部監査担当者の見解を得るため，内部監査担当者に質問を行わなければならない。」

　上記の「質問」の内容に関して，同報告書では，「内部監査担当者が不正を発見するために監査対象期間中に実施した手続」や「内部監査担当者が上記手続を実施したことにより発見した事項に対する，経営者による十分な対応の有無」を例示している（A17項）。
　また，同報告書では，大規模企業の場合に，経営者による不適切な行為を抑止する働きをもつものとして，取締役会や監査役等による有効な監視と並んで，「有効な内部監査機能」を挙げているのである（A24項）。
　このように，不正への対応という観点からすると，内部監査は，財務諸表監査の監査人にとって，不正の防止または発見に貢献する重要な社内の存在として捉えられることとなり，その活動に対して一定の考慮を欠かすことができないのである。
　以上のように，現行のわが国の財務諸表監査の監査規範においては，内部監査の利用・連携に関する規定は限定的であるともいえる。
　では，第2の点として，今後想定される両者の連携という観点から検討してみよう。
　まず，先に述べたように，わが国ではまだ認められていないものの，諸外国においてはすでに実施されている，内部監査の外部監査に対する直接支援業務が挙げられよう。直接支援業務は，外部監査と内部監査の関係に新たな展開をもたらすものと考えられる。外部監査の独立性に対する懸念があるにしても，そうした業務が米国等の外部監査実務において求められたのには，相応の背景がある。すなわち，外部監査人は，SOX法以前には，内部監査のアウトソーシングを含む，被監査企業に対するコンサルティング業務の同時提供を行うことによって，被監査企業の企業内容を深く知ることができると

ともに，効率的な監査業務の実施，とくに期末監査に多くの監査資源を割くことのない体制を構築することを自ら可能としていた。ところが，現在の厳しい独立性規制のなかで，さらに限られた監査報酬下での限られた監査資源の制約のもとで，効率的な監査の実施を図るに当たっては，企業内において一定の専門性を有する内部監査人の力を利用することが1つの解であったのであろう。同時に，内部統制報告制度の下，CEOの代わりに内部監査人が内部統制評価に一定の役割を果たすようになると，そうした役割期待はよりいっそう大きなものとなったと考えられる。

　わが国では，外部監査人の独立性への懸念から，内部監査の直接支援業務は導入に至っていないものの，内部統制報告制度の評価作業が内部監査部門によって実施されていることや，外部監査における人手不足等の観点からすると，将来的に導入の議論も生じ得るのではないかと考えられる[9]。ただし，その場合，日本では，内部監査機能において公認会計士資格を有する人員がほとんどいないことも，英米と比べた際の監査環境の大きな差異として問題となるかもしれない。

　今後，ITの進展を受けて，財務諸表監査が常時監査に近い「継続監査」（Continuing Audit）へと展開し，また，単に財務情報に対する保証だけではなく，コーポレート・ガバナンスに対する何らかの保証を付与するようになることを想定したときには，外部監査と内部監査の両者を統合した「統合監査（Unified Audit）」[10]が志向される可能性もあるであろう。

　また，もう1つの想定される連携として，すでに一部実施が開始されてい

---

[9]　現行法制では，たとえば，会社法396条5項では，次のように規定して内部監査部門による外部監査の直接支援が禁止されている。
　「会計監査人は，その職務を行うに当たっては，次のいずれかに該当する者を使用してはならない。
　〈中略〉
　三　会計監査人設置会社又はその子会社から公認会計士又は監査法人の業務以外の業務により継続的な報酬を受けている者」
　また，日本公認会計士協会が公表している監基報610「内部監査の利用」（2015年5月29日最終改正）においては，2014年版のISAにおいて明記された直接支援業務の規定が反映されていないことから，わが国における一般に公正妥当と認められた監査の基準としては，直接支援業務は認められていないものと解される。

る内部監査の品質保証の問題が挙げられる。

内部監査が今日のように一定の規模と重要性をもって認識されているなかで，各企業が内部監査の有効性について，外部者による品質保証を求めるケースが想定される。その場合には，日頃から内部監査を内部統制の一環として，あるいは，前掲のように内部監査の結果の利用の判断のために評価することが求められる監査法人は，内部監査の品質保証の外部評価者として，第1の選択肢となるであろう。ただし，自社の会計監査を実施している外部監査人たる監査法人については，内部監査の品質評価における外部評価者の選任において，独立性の観点から問題があるとされている[11]。

3. 監査役等と内部監査

監査役等（監査役，監査役会，監査等委員会および監査委員会）による監査と内部監査の連携の問題は，わが国固有のガバナンス形態である監査役（会）の存在によってかなり複雑な議論を生じている。

まず，監査役（会）を念頭に，両者の基本的な関係から整理したい。

日本監査役協会による「監査役監査基準」では，以下のように定めている。

「37条2項　監査役は，内部監査部門等からその監査計画と監査結果について定期的に報告を受け，必要に応じて調査を求める。監査役は，内部監査部門等の監査結果を内部統制システムに係る監査役監査に実効的に活用する。」

「38条2項　監査役は，その職務の執行に当たり，親会社及び子会社の監査役，内部監査部門等及び会計監査人等と積極的に意思疎通及び情報の交換を図

---

[10]　Sawyer, Lawrence B., Dittenhofer, Mortimer A. and Scheiner, James H., *Sawyer's Internal Auditing*, 5h ed., ch.29 "Relationship with External Auditors," the Institute of Internal Auditors, 1302（2003）.（日本内部監査協会監訳『ソイヤーの内部監査（第4巻）』258-259頁（2008年））

[11]　日本内部監査協会「内部監査品質評価ガイド」第7章 外部評価者選任時の留意事項・(3) 外部評価者の独立性の要件（2010年）。

るよう努める。」

また、同じく「内部統制システムに係る監査の実施基準」6条では、次のような規定もある。

「4．監査役は、内部監査部門等から、内部監査計画その他モニタリングの実践計画及びその実施状況について適時かつ適切な報告を受ける。監査役は、内部監査部門等から各体制における重大なリスクへの対応状況その他各体制の構築・運用の状況に関する事項について定期的に報告を受け、必要に応じ内部監査部門等が行う調査等への監査役若しくは補助使用人の立会い・同席を求め、又は内部監査部門等に対して追加調査等とその結果の監査役への報告を求める。
5．監査役は、前項に定める内部監査部門等との連携を通じて、内部監査部門等が各体制の構築・運用の状況を継続的に検討・評価し、それを踏まえて代表取締役等が必要な改善を施しているか否かなど、内部統制システムのモニタリング機能の実効性について、監視し検証する。」

「監査役監査基準」や上記の「実施基準」は、あくまでもこれをもとに各会社の監査役が自社の基準を策定するための参考資料でしかない。しかしながら、多くの会社においては、監査役協会の基準等をそのまま、あるいは一部変更のうえ、自社の基準として導入しているケースがほとんどであることから、上記の規定は、多くの会社において取り入れられているものと解される。すなわち、監査役の監査において、すでに内部監査部門は、欠くことのできない報告や業務を提供していると考えられるのである。

そこで、昨今問題とされているのが、日本監査役協会から提起された内部監査部門を監査役補助者として位置付ける議論である。
日本監査役協会は、2017年1月13日付で「監査役等と内部監査部門との連携について」と題する報告書[12]を公表し、以下のように提言している。
「監査役等の補助使用人に対する指揮監督権の行使として、内部監査部門

の職員の補助使用人としての活動について指示・承認をすることができるようにするため,内部監査部門の職員を監査役等の補助使用人とする(他部署との兼務とすることを含む)ことを内部統制基本方針等で定めることを検討すべきである。その際,内部監査部門長も補助使用人を兼務させれば,監査役等は内部監査部門長を通じる等して,内部監査部門に対して適切に指示・承認を行うことができる。

また,内部監査部門の職員を補助使用人としない(補助使用人を兼務させない)場合であっても,会社法第381条第2項の報告徴求権や業務財産調査権の行使の一環として,または,それを超えて,監査役等が内部監査部門の職員に一定の指示・承認を行うことができることを明確にするため,これらの指示・承認権限を内部統制基本方針等に明記して,業務執行機関の決定により制度的な担保を設けることを検討すべきである。」(15頁)。

係る提案については,学会においても賛否が分かれている。たとえば,柿崎環教授は,「監査役設置会社においても,監査役の監査活動の補助者として,監査役が必要と考える場合には,内部監査部門との連携は想定されているものと解される」として,さらに,「取締役会の社外取締役の構成比率が諸外国と比べて低い我が国の現状に鑑みれば,単に取締役会と監査役に対する内部監査のダブル・レポートラインを整備するだけでは足りず,取締役会ないし監査役と内部監査部門との関係を強化することで,経営者に対する牽制機能を働かせることが期待される」と論じておられる[13]。他方,八田進二教授や武田和夫教授は,三様監査のそれぞれの成立ちおよび機能に鑑みて,内部監査を監査役監査の一部とすることには否定的な見解を展開している[14]。

ここでは,当該問題についての詳論は避けるが,問題の焦点は,現在,監査役(会)において,会社法施行規則100条3項のもとで想定されているほ

---

[12] 日本監査役協会「監査役等と内部監査部門との連携について」(2017年)(http://www.kansa.or.jp/support/library/regulations/post-167.html)。
[13] 柿崎環「内部監査の独立性と上場会社のコーポレート・ガバナンス」『現代監査』27号(2017年)。
[14] 八田進二「三様監査の誤解を解く」『会計プロフェッション』12号(2017年)。
武田和夫「監査役監査と内部監査の連携について」『月刊監査研究』44巻4号(2018年)。

どには監査役補助者が選任されていないという状況にあるように思われる。たとえば、日本監査役協会による調査によれば、上場会社においては、50.6％の会社が監査役スタッフを設置しているものの、その人数は平均で1.92名であり、半分が兼任スタッフ（専属0.78名、兼任1.14名）となっている[15]。監査役として、あるいは監査役協会としては、係る現状、すなわち「手足がない」という監査役補助者の選任状況に鑑みて、現在では、先述のいくつかの契機を経て人員および専門性ともに潤沢となってきている内部監査部門を利用したいと考え、さらには法的にそれを担保してほしい、と考えたとしても不思議ではない。

これに対して、他のガバナンス形態では、内部監査部門との連携について議論が提起されることはない。たとえば、監査委員会や監査等委員会は、必ずしも常勤をおくことが求められておらず、監査委員はあくまで監査委員会の一員として、合議制のもとで活動することとなることから、内部監査部門等からの報告を受けて、それに基づいて種々の判断を行うものと解される。また、その場合に、監査委員会や監査等委員会は、「内部統制システムが適切に構築・運営されているかを監視し、必要に応じて内部監査部門等に対して指示を行うという方法で監査を行うことが想定されている」ことから、それらに属する委員が、「内部監査部門に対して監査等委員会の職務の執行に必要な範囲で指示を行うことは、その職務として当然に許容される」とされているのである[16]。

問題は、監査役は取締役の職務執行を監査する機関（会社法381条1項）として位置付けられていることから、業務執行には携わるべきではないとして、業務執行から遠ざけられている監査役の在り方にあるように思われる。

---

[15] 日本監査役協会「役員等の構成の変化などに関するアンケート集計結果 ―第18回インターネット・アンケート（監査役（会）設置会社版）―」（2018年）問3-1 監査役スタッフ（監査役の補助使用人）の有無。

[16] 法務省民事局参事官室「会社法の改正に伴う会社厚生法施行令及び会社法施行規則等の改正に関する意見募集の結果について」（2013年）、(9)内部統制システムの整備に関する規定についての意見（会社法施行規則98条・100条・110条の4・112条関係）・⑮。

そのために，実際，2014年の会社法改正時の議論においても，会計監査人の監査報酬の決定は業務執行にあたるとして，同意権にとどめられた経緯がある。

　前述の日本監査役協会の提言では，現行会社法のもとであっても，「監査役等が内部監査部門の職員に対して報告のために必要な調査を指示し，その調査結果の報告を受け，報告の内容を承認する権限や，監査役等が内部監査部門の職員に対して自ら行う業務・財産の調査が実効性のあるものとなるような協力を指示し，それを承認する権限も，会社法第381条第2項の報告徴求権や業務財産調査権の一部として認めうるものと解される。」としながらも，「しかしながら，報告のために必要な調査や，業務・財産の調査に必要な協力の範囲は明確ではなく，内部監査部門が監査役等の補助使用人ではない場合には，この範囲を明確にしておかないと，実務上，監査役等が内部監査部門に対して適切な指示・承認を行うことは困難である」こと，ならびに，「内部監査部門の活動（監査規則，内部監査部門の予算・要員，監査計画，リスク評価手法等）について監査役等が指示・承認を行うことも，それによって内部監査部門の組織・機能が充実すれば，違法行為の発見，是正が容易になる等の点で，監査役等の監査の職務の遂行に資する活動と解することができる」が「法定権限の行使として行う活動以外の監査役等の活動について，執行側が当然に協力の義務を負うわけではない」ことから，「監査役等が上記の指示・承認を行えるようにするためには，業務執行機関の決定により，内部監査部門は監査役等の指示・承認に従うべきことを定める必要があると解される。」と提言しているのである[17]。

　すなわち，現行法制下では，監査役の位置付けに鑑みて，監査役補助者として位置付けなければ，監査役による内部監査部門に対する指揮命令には実務上の限界があることから，内部監査を監査役補助者としようとしているものといえよう。他方で，それに対する反対論は，内部監査部門の本来の機能に鑑みて，経営者のみに対する補助者として位置付けることにあるように見

---

[17] 日本監査役協会「監査役等と内部監査部門との連携について」14, 15頁（2017年）。

受けられる。そうであるならば，内部監査を監査役補助者にするというのではなく，監査役についても，監査等委員会における常勤に対する解釈を適用する，あるいは，明確に，監査役の職務，ひいては監査役だけでなく，監査等委員会や監査委員会を含むすべての監査役等の業務監査として，内部監査部門に対して，一定範囲にかぎっての指揮命令権限を法令に規定するということが本来の在り方ではなかろうか。

いずれにしても，上記の議論は，わが国のガバナンスの過渡期の議論にすぎないのではないか。近い将来においては，わが国においても社外取締役が一定数設置されて，監査等委員会や監査委員会のような取締役内委員会を前提とした内部監査との連携の議論が提起されることとなるように思われる。

4. 内部監査に対する役割期待と今後の課題

日本内部監査協会の定める「内部監査基準」によれば，「内部監査部門は，組織上，最高経営者に直属し，職務上取締役会から指示を受け，同時に，取締役会および監査役（会）または監査委員会への報告経路を確保しなければならない」（2.2.1）とされており，実際に，内部監査協会が公表している『第19回監査総合実態調査　2017年監査白書』によれば，いわゆるダブル・レポーティング・ラインの確保は，回答企業の76.3％（上場企業では，78.9％）となっており[18]，もはや当然のこととなりつつある。内部監査の活動結果や情報は，監査役等にも報告され，外部監査においても当然に参照されることとなっている。

問題は，このような現在の内部監査部門の在り方をどのように評価し，内部監査部門に対して新たな役割への期待を寄せるかどうか，ということであろう。

MTG（本章注1を参照）の問題を別とすれば，現在の内部監査の機能は，定期監査，経営者の代わりとしての内部統制報告のための評価作業，経営者

---

[18] 日本内部監査協会『第19回監査総合実態調査　2017年監査白書』第81表（2019年）。

からの特命監査がほとんどであるといえよう。それどころか，古くから内部監査の機能の一部として位置付けられてきた経理業務に対する監査，いわゆる経理監査が最近ではシステム化の進展もあって，脆弱になってきているとの指摘もある。また，内部統制報告制度のための評価作業も，2011年の内部統制の評価作業の負担軽減を図るための基準の見直しを受けて，形骸化が進んでいるとの声も聞かれるところである。

　他方で，グローバルには，前述のCOSOの新たなフレームワークに基づいて，「不正の可能性について検討する」ことが求められている。係る検討を実施し得るのは，組織内においては，第3のディフェンス・ラインたる内部監査をおいてほかにないであろう。さらに，在外子会社を含めた企業集団の管理においては，米国の海外不正支払防止法（Foreign Corrupt Practice Act of 1977）対応としての贈賄防止など，不正リスクへの対応がいっそう図られる必要があり，この点でも，企業集団内における統合的な内部監査機能の構築・発揮が期待される。

　もっとも，このときに，不正リスク対応だからということで，「経営者からの独立性を有する内部監査」とか，「社外役員のみに帰属した内部監査」という議論が安易に提起されることには，疑念を抱かざるを得ない。なぜならば，内部監査は，内部統制の基本的要素の1つである「モニタリング」に位置付けられるとともに，多様な機能を担うことが期待されているからである。

　すなわち，内部監査は，内部統制の日常的なモニタリング，定期的検証の役割を果たす必要がある。それらは内部監査部門が担うのみならず，内部監査機能として，さまざまな部署が担うことも想定されている。また，経営者の求めに応じての特命監査も重要な役割である。たとえば，新規事業や業績の悪化した事業について，業務の有効性および効率性を評価する作業が課せられることもある。経営者には，有効な内部統制を整備・運用する責任はあるが，一方で，自社の業容に応じた内部統制をデザインすることは経営判断の範囲である。

　内部監査の役割期待として，不正リスクへの対応があり，その程度がいっ

そう高まってきているとしても，企業内で生じる不正に対して第一義的に対処する責任があるのは，経営者である。内部監査は，経営者による不正リスクへの対応策の一環として機能することが期待されることとなる。

　ただし，問題は，経営者不正の場合であろう。不正を犯す経営者は内部統制を無機能化し，資産の流用や不正な財務報告を行おうとする。そうした兆候がある際に，内部監査までもが経営者の指揮命令下にあるということで無機能化してしまうことのないように，方策を検討する必要がある。

　解の１つは，人事にあるように思われる。わが国の内部監査の脆弱性を指摘する際に，必ず挙げられることとして，内部監査部門が人事ローテーション対象となっていることが挙げられる。海外では，職能別採用が一般化しているケースが多く，内部監査部門は一種のプロフェッショナルとして内部監査部門に一貫して勤務し続けることが多い。わが国では，内部監査部門であっても，定期異動の対象であり，内部監査部門に人員が長く定着しないために，専門資格の取得がままならなかったり，場合によっては，内部監査基準では１年間のインターバルをおくことを要請しているにもかかわらず（同基準2.1.4），被監査部門との間で人員の異動が行われることさえある。ましてや，人事考課を経営者が握っていることによって，内部監査の無機能化のリスクが生じてはならないであろう。

　内部監査部門の人事について，監査役等の関与を一定程度認めること，ならびに，専門職採用を進めたり，内部監査部門での勤務期間を中長期のものとして資格の取得を図ったりすること，および内部監査部門への異動や内部監査部門から他部署への異動にあたって，被監査部門との間での異動とならない旨の方針を整備することが肝要であろう。

　そうした方策の先に，わが国においても，内部監査のアウトソーシングや，外部監査の直接支援業務も含めた外部監査の統合監査の将来像があるのではなかろうか。

関連する法令・基準等と参考文献・報告書等

書籍・論文

- (The) Committee of Sponsoring Organizations of the Treadway Commission [COSO], *Internal Control -Integrated Framework*, 2013.（八田進二・箱田順哉監訳『COSO 内部統制の統合的フレームワーク』日本公認会計士協会出版局, 2014 年）
- 柿崎環「内部監査の独立性と上場会社のコーポレート・ガバナンス」『現代監査』27 号, 2017 年
- 武田和夫「監査役監査と内部監査の連携について」『月刊監査研究』44 巻 4 号, 2018 年
- 日本内部監査協会『第 19 回監査総合実態調査　2017 年監査白書』2019 年
- 八田進二「三様監査の誤解を解く」『会計プロフェッション』12 号, 2017 年
- 町田祥弘「外部監査と内部監査の関係の新たな展開―内部監査人による外部監査の直接支援に関連して―」『月刊監査研究』462 号, 2012 年
- 松井隆幸編著『内部監査機能―管理の観点からのアプローチ―』同文舘出版, 2007 年

実務指針等

- 株式会社東芝第三者委員会「株式会社東芝第三者委員会調査報告書」2015 年 7 月
- 日本監査役協会「監査役等と内部監査部門との連携について」2017 年 1 月
- 日本監査役協会「役員等の構成の変化などに関するアンケート集計結果―第 18 回インターネット・アンケート（監査役（会）設置会社版）―」2018 年 4 月
- 日本公認会計士協会・監査基準委員会報告書 240 号「財務諸表監査における不正」
- 同・監査基準委員会報告書 610 号「内部監査の利用」
- 同・監査・保証実務委員会報告 82 号「財務報告に係る内部統制の監査に関する実務上の取扱い」
- 内部監査協会法令等改正対応委員会「『コーポレートガバナンス・コードの基本的な考え方（案）コーポレートガバナンス・コード原案～会社の持続的な成長と中長期的な企業価値の向上のために～』に対する意見」2015 年 3 月
- 法務省民事局参事官室「会社法の改正に伴う会社厚生法施行令及び会社法施行規則等の改正に関する意見募集の結果について」2013 年

【著者紹介】（執筆順，〔 〕内は執筆分担）役職等は出版日現在

〈編集委員　代表〉
清原　　　健〔はしがき　第1章，第2章〕弁護士／ニューヨーク州弁護士
　清原国際法律事務所　代表弁護士，第一東京弁護士会　総合法律研究所　会計・監査制度研究部会部会長，同金融商品取引法研究部会元部会長。金融庁・金融審議会専門委員（ディスクロージャーワーキング・グループ），同・会計監査についての情報提供の充実に関する懇談会　メンバー，同・企業会計審議会　監査部会元臨時委員，IFIAR（監査監督機関国際フォーラム）のAdvisory Groupメンバー。著書・論文等多数。

〈編集委員　副代表〉
武井　洋一〔第6章 Q1~4〕弁護士
　明哲綜合法律事務所パートナー，第一東京弁護士会　総合法律研究所　会計・監査制度研究部会副部会長。同総合法律研究所委員長，同会社法研究部会部会長，新司法試験考査委員（商法担当），日本トムソン株式会社社外取締役などを歴任。『役員会運営実務ハンドブック』（商事法務），『改正会社法対応版　会社法関係法務省令逐条実務詳解』（清文社），『会社役員のリスク管理実務マニュアル』（民事法研究会）（いずれも編著）など，編著書多数。

〈編集委員〉
三宅　英貴〔第6章 Q5，8，10〕弁護士
　アンダーソン・毛利・友常法律事務所スペシャル・カウンセル，第一東京弁護士会　総合法律研究所　会計・監査制度研究部会部会員。東京地方検察庁検事，証券取引等監視委員会開示検査課主任証券調査官，EY新日本有限責任監査法人フォレンジック部門などの経歴を生かして危機管理業務に従事。『Q&A 開示検査と会計不祥事対応の実務』（きんざい），『PMIにおける不正リスク管理と危機管理の留意点』（旬刊商事法務 No.2181）など著書・論文等多数。

鈴木　正人〔第6章 Q6，7，9〕弁護士／ニューヨーク州弁護士
　稲葉総合法律事務所パートナー弁護士，第一東京弁護士会　総合法律研究所　会計・監査制度研究部会部会員，金融商品取引法研究部会副部会長。金融庁・証券取引等監視委員会事務局証券検査課課長補佐，専門検査官として従事。主な業務は金融規制，金融取引，コンプライアンス対応，行政当局対応，ガバナンス構築支援等。主な著書として『近時の制度改正等を踏まえた地域金融機関の株主総会対策』（共著　金融法務事情　2016年4月10日号）』，『新・株主総会物語』（共編著　商事法務　2017年）等多数。

〈執筆者〉

南部 芳子〔第2章,第3章〕内部監査士

一般社団法人日本内部監査協会／日本内部監査研究所副所長

国際的な内部監査の専門職団体である内部監査人協会（IIA）の日本代表機関であり，内部監査および関連する諸分野についての理論および実務の研究，並びに内部監査の品質および内部監査人の専門的能力の向上を推進するとともに，内部監査に関する知識を広く一般に普及することを目的として活動している一般社団法人日本内部監査協会において，調査・研究活動に従事。同協会機関誌『月刊監査研究』にて，調査報告や記事を執筆。

谷口 靖美〔第2章,第4章〕US-CPA，CRMA，CIA，CSSA

プロティビティLLC 日本代表，マネージングディレクタ

米国企業改革法対応，リスクマネジメント，内部監査の高度化，ガバナンス，内部統制等さまざまな支援を提供。「2015年度コンサルティング女性リーダー（The 2015 Women Leaders in Consulting）」（米誌『コンサルティングマガジン（Consulting Magazine）』）受賞。著書『リスク・コントロール・セルフ・アセスメント』（同文舘出版），『COSO全社的リスクマネジメント—戦略およびパフォーマンスとの統合』（同文舘出版）翻訳メンバー。

結城 秀彦〔第2章,第5章〕公認会計士

有限責任監査法人トーマツパートナー，日本公認会計士協会理事（IT委員会担当），監査基準委員会委員，監査・保証実務委員会保証実務専門委員会専門委員長。元公認会計士試験委員（管理会計論）。著書として，『リスクマネジメントと内部統制』（税務研究会出版局）（共著），『ソイヤーの内部監査 現代内部監査の実践Vol4』（日本内部監査協会）（共訳），『内部監査実務ハンドブック』（中央経済社）（監修・共著）他。

町田 祥弘〔第7章〕

青山学院大学大学院会計プロフェッション研究科教授，博士（商学）早稲田大学

現在，金融庁・企業会計審議会監査部会臨時委員，国際会計研究学会監事，日本ディスクロージャー研究学会常任理事，日本内部統制研究学会理事。主な著書に，『会計プロフェッションと内部統制』（税務経理協会），『内部統制の知識』（日本経済新聞出版社），『内部統制の法的責任に関する研究』（日本公認会計士協会），『公認会計士の将来像』（同文舘出版），『監査の品質』（中央経済社），『わが国監査規制の新潮流』（同文舘出版）等があ

| 2019年4月25日　初版発行 | 略称：会計不正内部監査 |

会計不正の予防・発見と内部監査
―リスク・マネジメントとガバナンス強化に向けた活用―

編著者　Ⓒ　清原　健
　　　　　　武井　洋一
　　　　　　三宅　英貴
　　　　　　鈴木　正人

発行者　　　中島　治久

発行所　同文舘出版株式会社
東京都千代田区神田神保町1-41　〒101-0051
営業 (03) 3294-1801　編集 (03) 3294-1803
振替 00100-8-42935　http://www.dobunkan.co.jp

Printed in Japan 2019　　　DTP：マーリンクレイン
印刷・製本：三美印刷
ISBN978-4-495-20941-4

JCOPY〈出版者著作権管理機構 委託出版物〉
本書の無断複製は著作権法上での例外を除き禁じられています。複製される場合は，そのつど事前に，出版者著作権管理機構（電話 03-5244-5088, FAX 03-5244-5089, e-mail: info@jcopy.or.jp）の許諾を得てください。